职业教育系列教材·城市轨道交通类

城市轨道交通通信与信号

主　编　汪军生　　刘春霞　　梁　涛
副主编　李泽军　　韩丽东　　王双英　　董秀英　　郭建婕
参　编　龙真真

扫描二维码，获取教学资源

哈尔滨工业大学出版社

内 容 简 介

本教材从项目式教学的角度出发,对城市轨道交通通信与信号相关的知识点进行了全面介绍,共分为十五个项目,包括轨道交通信号系统、信号继电器、信号机、道岔及转辙机、轨道电路、计轴器、应答器、轨道交通联锁系统、轨道交通闭塞系统、城市轨道交通 ATC 控制系统、城市轨道交通通信系统、城轨电话与无线调度系统、城轨闭路电视和广播系统、时钟系统与乘客信息系统、电源及防雷技术。

本书可作为高、中职院校城市轨道交通运营管理专业的教材或参考用书,也可作为从事城市轨道交通规划、建设和运营管理的技术人员的培训教材。

图书在版编目(CIP)数据

城市轨道交通通信与信号 / 汪军生,刘春霞,梁涛主编. ——哈尔滨:哈尔滨工业大学出版社,2023.6
职业教育系列教材. 城市轨道交通类
ISBN 978-7-5603-9992-8

Ⅰ.①城… Ⅱ.①汪… ②刘… ③梁… Ⅲ.①城市铁路—交通信号—信号系统—职业教育—教材 Ⅳ.
①U239.5

中国版本图书馆 CIP 数据核字(2022)第 053974 号

城市轨道交通通信与信号
CHENGSHI GUIDAO JIAOTONG TONGXIN YU XINHAO

策划编辑	李艳文 范业婷
责任编辑	李佳莹
出版发行	哈尔滨工业大学出版社
社　　址	哈尔滨市南岗区复华四道街 10 号 邮编 150006
传　　真	0451-86414749
网　　址	http://hitpress.hit.edu.cn
印　　刷	河北华商印刷有限公司
开　　本	787 毫米×1 092 毫米 1/16 印张 15.5 字数 396 千字
版　　次	2023 年 6 月第 1 版
印　　次	2023 年 6 月第 1 次印刷
书　　号	ISBN 978-7-5603-9992-8
定　　价	53.00 元

(如因印装质量问题影响阅读,我社负责调换)

丛书专家指导委员会

杨旭丽　（湖南都市职业学院教授）

汪武芽　（江西交通职业技术学院副教授）

李慧玲　（天津铁道职业技术学院教授）

李　捷　（湖南铁道职业技术学院副教授）

李一龙　（湖南铁路科技职业技术学院教授）

苏云峰　（武汉铁路职业技术学院教授）

赵矿英　（河北轨道交通运输职业技术学院教授）

党鸿雷　（河北轨道交通运输职业技术学院教授）

纪书景　（河北轨道交通运输职业技术学院教授）

贾俐俐　（南京交通职业技术学院教授）

甄东生　（天津铁道职业技术学院副教授）

前　言

为了解决日益严重的城市道路拥堵及环境污染问题，以及为了满足广大市民出行需求，各大城市结合自身实际情况，大力发展公共交通体系。随着计算机技术、电子技术、通信信号技术在轨道交通领域的运用，大运量、高密度、高舒适度的城市轨道交通得到极力推崇，往后城市公共交通系统可能发生改变，但现阶段发展轨道交通依然是解决问题的首要选项。

城市轨道交通系统主要分为两个方面，即客运组织和行车组织。为了高效地组织客运运转，各城轨车站借助通信系统，比如 CCTV、PIS 等。为了高速、高密度行车，进一步提高线路利用率，并在安全和效率之间找到平衡点，城轨信号系统由原来的行车的"眼睛"，变为现在的"神经"。鉴于轨道交通通信信号技术进一步提升，在行车指挥和客流运转中的作用更加重要，编写《城市轨道交通通信与信号》教材显现出了更大的意义。

《城市轨道交通通信与信号》分为十五个项目，包括轨道交通信号系统、信号继电器、信号机、道岔及转辙机、轨道电路、计轴器、应答器、轨道交通联锁系统、轨道交通闭塞系统、城市轨道交通 ATC 控制系统、城市轨道交通通信系统、城轨电话与无线调度系统、城轨闭路电视和广播系统、时钟系统与乘客信息系统、电源及防雷技术。每个项目由多个任务组成，每个任务都有相应的工作任务和工单需要完成。

本书由中移铁通有限公司甘肃分公司汪军生、安徽城市管理职业学院轨道交通学院刘春霞、包头铁道职业技术学院梁涛担任主编。安徽交通职业技术学院李泽军、苏州高博软件技术职业学院韩丽东、合肥职业技术学院轨道交通学院王双英、安徽工商职业学院董秀英、南昌汽车机电学校郭建婕担任副主编。湖南高速铁路职业技术学院龙真真担任参编。其中项目一至项目二由刘春霞编写，项目三至项目五由梁涛编写，项目六至项目九由李泽军、韩丽东、王双英共同编写，项目十和项目十由董秀英、龙真真编写，项目十四至项目十五由汪军生、郭建婕编写。

由于编者水平有限，书中难免有不妥之处，恳请同行及读者批评指正。

编　者
2022 年 6 月

目　录

项目一　轨道交通信号系统 ·· 1
　　任务一　轨道交通信号系统组成及作用 ·· 2
　　任务二　城市轨道交通及信号系统特点 ·· 8
　　任务三　车站、区间信号机配置 ··· 12

项目二　信号继电器 ·· 28
　　任务一　信号继电器概述 ·· 29
　　任务二　安全型继电器 ··· 35
　　任务三　继电器的应用 ··· 43

项目三　信号机 ·· 48
　　任务一　信号机的认知 ··· 49
　　任务二　城轨信号机的设置及灯光含义 ··· 54

项目四　道岔及转辙机 ··· 59
　　任务一　道岔及转辙机的认知 ·· 60
　　任务二　ZD6 系列电动转辙机 ··· 64
　　任务三　S700K 型电动转辙机 ··· 67
　　任务四　ZYJ7 型电动液压转辙机 ·· 70
　　任务五　ZDJ9 型电动转辙机 ··· 74

项目五　轨道电路 ··· 77
　　任务一　轨道电路的认知 ·· 78
　　任务二　工频交流连续式轨道电路 ··· 85
　　任务三　25 Hz 相敏轨道电路 ·· 88

项目六　计轴器 ·· 91

项目七　应答器 ··· 102
　　任务一　应答器概述 ··· 103
　　任务二　应答器的配置及编号 ·· 109

项目八 轨道交通联锁系统 · 112
　　任务一　联锁基础知识 · 113
　　任务二　联锁表 · 119
　　任务三　城市轨道交通的联锁系统 · 126

项目九 轨道交通闭塞系统 · 130
　　任务一　闭塞基础知识 · 131
　　任务二　继电半自动闭塞及自动站间闭塞 · 133
　　任务三　自动闭塞 · 137
　　任务四　固定闭塞、准移动闭塞和移动闭塞 · 147

项目十 城市轨道交通 ATC 控制系统 · 152
　　任务一　基于轨道电路的 ATC 系统 · 153
　　任务二　城轨 CBTC 系统 · 170

项目十一 城市轨道交通通信系统 · 181

项目十二 城轨电话与无线调度系统 · 189
　　任务一　电话系统 · 190
　　任务二　无线集群调度通信系统 · 196

项目十三 城轨闭路电视和广播系统 · 204
　　任务一　闭路电视监控系统 · 205
　　任务二　广播系统 · 209

项目十四 时钟系统与乘客信息系统 · 215
　　任务一　时钟系统 · 216
　　任务二　乘客信息系统 · 220

项目十五 电源及防雷技术 · 228
　　任务一　信号电源系统 · 229
　　任务二　防雷技术 · 237

参考文献 · 242

项目一

轨道交通信号系统

【学习目标】

知识目标
1. 了解轨道交通信号系统的特点。
2. 了解轨道交通信号系统组成。
3. 掌握车站及车辆段设备。

能力目标
能认知具体信号系统。

【学习任务】

1. 了解轨道交通信号系统的特点。
2. 了解轨道交通信号系统组成。

【教学建议】

可在校实训室开展信号系统及设备的"教、学、做"一体化教学；不具备实训设备的，可争取条件到现场进行系统及设备的认知教学。

任务一　轨道交通信号系统组成及作用

工作任务

任务名称	各信号系统的组成和作用	工单号	
姓名		专业	
日期		班级	

任务描述

根据实验设备，能说明联锁系统上位机组成、下位机组成、各轨旁设备作用，对列车运行控制系统有初步认知。

任务要求

1. 掌握联锁系统层级结构。
2. 掌握联锁系统上位机组成，了解操作方式。
3. 了解列控系统子系统组成。

自城市轨道交通问世以来，其安全程度和载客能力不断得到提高，信号系统也不断完善和得到发展。随着经济的发展，世界各国城市人口急剧膨胀，对城市轨道交通的载客能力提出了越来越高的要求，最重要而有效的措施就是缩短列车运行间隔。在这种情况下，随着计算机技术的飞速发展，城市轨道交通信号技术日趋成熟，成为城市轨道交通不可缺少的组成部分。

城市轨道交通信号系统通常由列车运行自动控制系统（ATC）和车辆段信号控制系统两大部分组成，用于列车进路控制、列车间隔控制、调度指挥、信息管理、设备工况监测及维护管理，由此构成了一个高效的综合自动化系统，如图 1.1 所示。

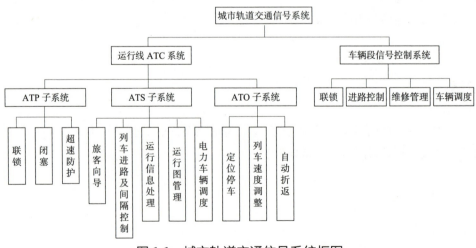

图 1.1　城市轨道交通信号系统框图

一、列车运行自动控制系统

列车运行自动控制（ATC）系统包括三个子系统：列车自动防护（ATP）、列车自动运行（ATO）、列车自动监控（ATS），简称"3A"。系统需设置行车控制中心，沿线各车站设计为区域性联锁，其设备放在控制站（一般为有岔站），列车上安装有车载控制设备。控制中心与控制站通过有线数据通信网连接，控制中心与列车之间可采用无线通信进行信息交换。ATC系统直接与列车运行有关，因此ATC系统中的数据传输要求比一般通信系统的安全性、可靠性和实时性更高，如图1.2所示。

1.ATP子系统

ATP系统的功能是对列车运行进行超速防护，对与安全有关的设备实行监控，实现列车位置检测，保证列车间的安全间隔，保证列车在安全速度下运行，完成信号显示、故障报警、降级提示、列车参数和线路参数的输入，与ATS、ATO及车辆系统接口并进行信息交换。

ATP系统不断将从地面获得的前行列车位置信息、线路信息、前方目标点的距离和允许速度信息等从地面通过轨道电路等传至车上，从而由车载设备计算得到当前所允许的速度，或由行车指挥中心计算出目标速度传至车上，由车载设备测得实际运行速度，依此来对列车速度实行监督，使列车始终在安全速度下运行，以缩短列车运行间隔，保证行车安全。

采用轨道电路传送ATP信息时，ATP系统由设于控制站的轨旁单元、设于线路上各轨道电路分界点的调谐单元和车载ATP设备组成，并包括与ATS、ATO和联锁设备的接口设备。

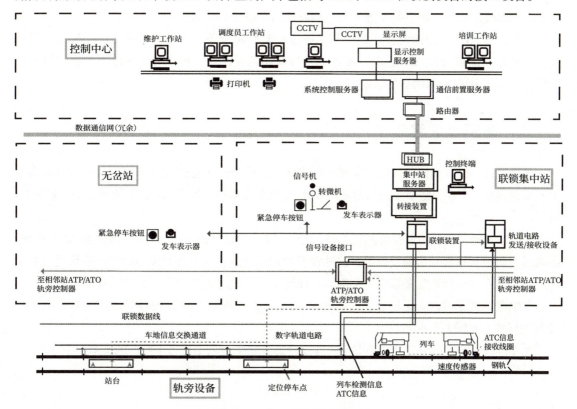

图1.2 ATC系统设备组成

2. ATO 子系统

ATO 系统主要用于实现"地对车控制"，即用地面信息实现对列车驱动、制动的控制，包括列车自动折返，根据控制中心的指令使列车按最佳工况正点、安全、平稳地运行，自动完成对列车的启动、牵引、惰行和制动，传送车门和屏蔽门同步开关信号。

使用 ATO 后，可使列车经常处于最佳运行状态，避免了不必要的、过于剧烈的加速和减速，可明显提高乘客的舒适度，提高列车正点率并减少能量消耗和轮轨磨损。

ATO 系统包括车载 ATO 单元和地面设备两部分。地面设备有站台电缆环路、车地通信设备（TWC）以及与 ATP、联锁系统的接口设备。

3. ATS 子系统

ATS 系统主要是实现对列车运行的监督和控制，辅助行车调度人员完成对全线列车运行的管理。其功能包括调度区段内列车运行情况的集中监视与控制，监测进路控制、列车间隔控制设备的工作，按行车计划自动控制道旁信号设备以接发列车，列车运行轨迹的自动记录，时刻表自动生成、显示、修改和优化，运行数据统计及报表自动生成，设备运行状态监测，设备状态及调度员操作记录，运输计划管理等，还具有列车车次号自动传递等功能。

ATS 系统包括控制中心设备和 ATS 车站、车辆段分机。控制中心 ATS 设备有中心计算机系统、工作站、显示屏、绘图仪、打印机和 UPS 等。每个控制站设一台 ATS 分机，用于采集车站设备的信息和传送控制命令，并实现车站进路自动控制功能。车辆段 ATS 分机用于采集车辆段内库线的列车占用情况及进／出车辆段的列车信号机的状态。

此外，在 ATC 范围内的各正线控制站各设一套联锁设备，用以实现车站进路控制。联锁设备接收车站值班员和 ATS 控制。考虑到实际应用的灵活性，正线有岔站原则上独立设置联锁设备，当然也可以采用区域控制方法。

二、车辆段联锁设备

车辆段设一套联锁设备，用以实现车辆段的进路控制，并通过 ATS 车辆段分机与行车指挥中心交换信息。车辆段联锁设备前期采用 6502 电气集中联锁，近来均采用计算机联锁，如图 1.3 所示。

先进的车辆段信号控制系统的特点是信号一体化，包括联锁系统、进路控制设备、接近通知、终端过走防护和车次号传输设备等。这些设备由局域网连接并经过光缆与调度中心相通。列车的整备、维修与运行相互衔接成一个整体，保证了城市轨道交通的高效率和低成本。

车辆段内试车线设若干段与正线相同的 ATP 轨道电路和 ATO 地面设备，用于对车载 ATC 设备进行静／动态试验。

在车辆段停车库，一般还设有日检／月检设备，用来对列车进行上线前的常规检测。

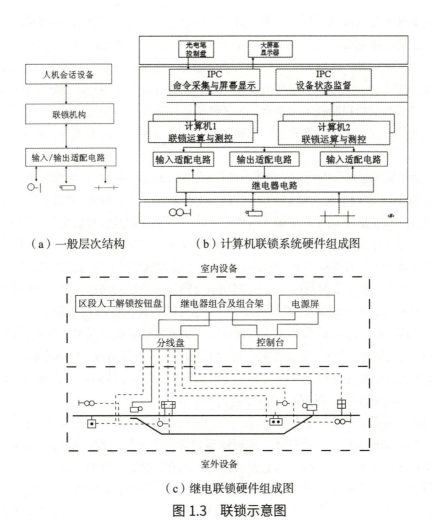

(a)一般层次结构　　(b)计算机联锁系统硬件组成图

(c)继电联锁硬件组成图

图 1.3　联锁示意图

三、轨道交通信号系统作用

在轨道交通运输任务中,安全是轨道交通行业永恒不变的主题。在轨道交通发展过程中,人们采用各类信号指挥列车运行,从原始的烛光信号到各种类型的现代化信号系统和设备。通过把故障-安全技术作为专题进行研究,经过长期的实践、积累经验,不断改进,一直发展成以故障-安全为中心的信号技术系统。尽管运用技术手段和加强安全管理能够较少运输事故的发生,但是根据实际运营情况,行车事故还是时有发生。事实证明,在安全技术的选择上,轨道交通信号系统是防止行车事故的有效手段,必须给以足够的重视和大力发展。把确保行车安全为第一使命的轨道交通信号系统,视为轨道交通运输安全体系中的重要组成部分。也可以这样说,没有轨道交通信号系统,也就没有轨道交通运输的安全。

在运输的实践中,即使线路、桥梁、机车和车辆等设备在良好的情况下,也会发生列车冲突或颠覆事故。发生列车冲突的原因是两列或多列列车同时占用一个空间,或是道岔位置不正确而导致列车驶入导线而造成侧面冲撞。另外，列车速度超过了限制速度也会引起颠覆事故。为保证安全，把线路划分成若干段，每一段为一个空间，在一个空间内只允许一列列车按规定速度运行。怎么能保证一个空间只允许一列列车运行？就要在划定的空间入口处设置信号机以指挥列车是否可以驶入该空间。信号机开放前，必须检查线路空闲和线路状态良好，防止错误操作等安全技术与信号控制技术相结合，为了防止错误操作，运用安全技术和信号控制技术，构成轨道交通信号安全系统，简称轨道交通信号（也就是我们常说的信号、联锁、闭塞设备的总称）。

既然以信号机的显示作为列车安全运行的凭证，即显示进行信号，允许列车驶入防护的空间；显示禁止信号，则不准列车驶入防护空间，当安全技术设备和信号机的控制设备发生故障时，应立即关闭信号，给出禁止信号，禁止列车驶入信号机防护的空间,这就是信号系统中的故障-安全原则。轨道交通信号另一种意义是对行车人员和与行车有关人员发出的指示列车运行和调车工作的命令，行车人员必须按照信号的指示办事。当采用视觉信号，这种信号显示只指明安全运行条件，而列车运行的安全在很大程度上掌握在司机手中。当轨道交通运输发展到高速、高密和重载的情况时，将增大识别信号和驾驶列车的难度，甚至会发生冒进信号的事故。因此，仅靠视觉信号显示，来保证行车安全就不能满足实际需要了，而需要将视觉信号变换成电信号，作为列车速度控制系统的一个参数，即使在人工驾驶失控时，至少可防止列车冒进信号。于是就出现了自动停车、超速防护和速度自动调整等安全速度控制系统。这些安全速度控制系统也必须是故障安全的，即系统发生故障时，必须使列车速度不得超过规定速度，或降速甚至可停车。

轨道交通运输系统是由机务、车务、工务、电务及车辆五大子系统组成，它们在运营人员的管理下，共同完成着运输生产任务，实现旅客和货物的位移，形成人·公里、吨·公里。这就是轨道交通运输所形成的产品，它蕴含着五大子系统所创造的价值。轨道交通信号担负着指挥列车运行，保证行车安全的使命，从而保证列车安全、畅通地运送旅客和货物。轨道交通信号是轨道交通运输生产的一个生产部门。它在轨道交通运输和国民经济中占有极其重要的地位。

轨道交通信号的作用有以下几个方面。

（1）保证行车安全。

轨道交通信号确保运输安全的使命可以概括为减少事故件数、降低事故等级、缩小事故损失和承担事故转移，有关轨道交通信号保证安全的事例很多。例如，某区段由自动闭塞和电气集中开通前后三年安全情况对比，重大、大事故由56件降至24件，险性事故由147件降至114件，一般事故由2656件降至1881件；又如装设机车信号后，机务部门险性事故逐年下降，1979年至1986年，重大事故由58件降至7件，险性事故由311件降至116件。上述统计数据说明了信号是确保线路高效与安全运输的基础设备。

（2）轨道交通信号设备具有投资少、见效快、效益高、贡献大的显著特点。

信号设备简单地分为车站信号、编组站调车自动化、区间信号（半自动闭塞、自动闭塞、机车信号和自动停车装置）和信号远程控制（调度集中）。

在轨道交通建设中，用于通信信号的投资不到总投资的5%，但发挥了很大的经济效益，据电务局统计和有关文献的测算，通信信号的效益占全路运输总效益的25%以上。轨道交

项目一 轨道交通信号系统

信号在提高运输效率方面表现为加大行车密度、减少列车车辆停留及作业时间,指挥列车安全地按列车运行图运行。据有关资料统计,双线自动闭塞可提高通过能力 1~2 倍。单线自动闭塞在运输组织解决追踪车流条件下,可提高通过能力 25%~30%,并且可延缓双线的投资。采用调度集中(单线)比非调度集中提高 19%~24%,区间为自动闭塞调度集中比非调度集中提高 15%~18%。郑商段的 200 km,运营 13 年内,在不增加车站到发线的情况下,提高通过能力为 12%~24%。有关轨道交通信号的投资少效益大的例子不胜枚举,在现代轨道交通运输中,若轨道交通信号停用,全路运输立即处于瘫痪状态,损失将是无法估计。

(3)轨道交通信号在轨道交通现代化中的作用。

在轨道交通现代化建设中,由于仍无能力投用大量资金建设新线,于是把重点放在既有运输设备的扩能改造上,首先从繁忙的京沪、京广、京哈三条干线,逐步进行强化改造,其方针是依靠科技进步——主要是信息技术和牵引动力,来促进轨道交通现代化的步伐。例如,郑州北编组站综合自动化系统,它是现代化信息技术在铁路中应用的一个典范。它将计算机应用于轨道交通信号系统中,实现了作业过程控制系统、信息处理系统和支持系统。完成了编组站驼峰作业全部自动化的功能,提高了解编能力、保证了作业安全、改善了运输人员的劳动条件。

总之,轨道交通信号系统是为保证运输安全而诞生和发展的。系统的第一使命是保证行车安全,所以系统本身是故障–安全的。并且它是一种实时控制系统,它必须十分可靠才能实现它的功能。

任务工单

任务名称	信号系统的作用和信号设备作用的统一性	姓名	
		日期	

操作方法
说出信号系统在运输安全和效率方面的作用,结合系统作用和各信号设备,说明信号设备如何实现全部作用。

分析故障原因
1. 信号系统拆分为各子系统。
2. 各子系统组成。
3. 室内、室外、车载和地面信号设备的作用。

操作中存在的问题及解决方法	
技能掌握程度	非常熟练□ 比较熟练□ 一般熟练□ 不熟练□
教师评语	
任务实施成绩	
日期	

任务二 城市轨道交通及信号系统特点

城市轨道交通（包括地下铁道和轻轨铁路）是现代化都市的重要基础设施，它安全、迅速、舒适、便利地在城市范围内运送乘客，最大限度地满足市民出行的需要。在城市各种公共交通工具中，具有运量大、速度快、安全可靠、污染低、受其他交通方式干扰小等特点，对改变城市交通拥挤、乘车困难和行车速度下降是行之有效的。

城市轨道交通系统的安全、速度、输送能力和效率与信号系统密切相关，以速度控制为基础的列车自动控制系统已成为城市轨道交通信号系统的共同选择。信号系统实际上已成为城市轨道交通调度指挥和运营管理的中枢神经，选择合适的信号系统，可以带来较好的经济效益和社会效益。

一、城市轨道交通的特点

1. 城市轨道交通有别于城市道路交通的特点

城市轨道交通具有城市道路交通无可比拟的优势，具体如下。

（1）容量大。

地下铁道单向每小时运送能力可达 30 000~70 000 人次，轻轨交通在 10 000~30 000 人次，而公共汽车、电车为 8 000 人次，在客流密集的城市建设城市轨道交通可疏散公交客流。

（2）运行准时、速达。

城市轨道交通有自己的专用线路，与道路交通相隔离，不受其他交通工具的干扰，不会因交通阻塞而延误运行时间，可保证乘客准时、迅速地到达目的地。

（3）安全。

城市轨道交通多建于地下或高架，即使在地面也与道路交通相隔离，与其他交通工具无相互干扰，如果不遇到自然灾害或发生意外，运行安全有充分的保障。

（4）利于环境保护。

城市轨道交通噪声小、污染轻，对城市环境不造成破坏。

（5）节省土地资源。

城市轨道交通（多建于地下或高架）即使在地面其占地也有限，充分利用了城市空间，节省了日益宝贵的土地资源。

但是城市轨道交通也存在一定的局限性，如建设费用高，建设周期长，技术含量高，建设难度大；一旦遇有自然灾害尤其是火灾，乘客疏散困难，容易造成人员伤亡。

城市轨道交通系统建成后就难以迁移和变动，不像地面公共交通可以机动地调整路线和设置站点，以满足乘客流量和流向变化的需要，其运输组织工作远比地面公共交通复杂。

2. 城市轨道交通有别于铁路的特点

城市轨道交通虽然和铁路同为轨道交通,但和铁路有不少不同之处。

(1) 运营范围。

城市轨道交通运行范围是城市市区及郊区,往往只有几十千米,不像铁路那样纵横数千千米,而且连接城乡。

(2) 运行速度。

城市轨道交通因在城市范围内运行,站间距离短,且站站须停车,列车运行速度通常不超过 80 km/h。而铁路的运行速度比较高,许多线路在 120 km/h 以上,高速铁路在 300 km/h 以上。

(3) 服务对象。

城市轨道交通的服务对象单一,只有市内客运服务,不像铁路那样客、货混运。

(4) 线路与轨道。

城市轨道交通大部分线路在地下或高架通行,均为双线,各线路之间一般不过线运营。正线一般采用 9 号道岔,车辆段采用 7 号道岔,这些都与铁路有异。另外城市轨道交通还有铁路没有的跨座式和悬挂式。

(5) 车站。

城市轨道交通一般车站多为正线,多数车站也没有道岔,换乘站多为立体方式,不像铁路那样车站有数量不等的道岔及股道,有较复杂的咽喉区,换乘也为平面形式。

(6) 车辆段。

城市轨道交通的车辆段不同于铁路的车辆段,只有车辆检修的功能,而是类似于铁路的区段站,要进行车辆检修、停放以及大量的列车编解、接发车和调车作业。

(7) 车辆。

城市轨道交通采用电动车组,没有铁路那样的机车和车辆的概念,也没有铁路那样众多类型的车辆。

(8) 供电。

城市轨道交通的供电包括牵引供电和动力照明供电。城市轨道交通均为直流电力牵引,没有非电气化铁路的说法。城市轨道交通的动力、照明供电尤为重要,一旦供电中断,将陷入整体瘫痪状况。

(9) 通信信号。

城市轨道交通列车密度高、行车间隔短,普遍采用列车自动监控和列车自动运行的方式。城市轨道交通为了迅速、准确、可靠地传递信息,建有自成体系的独立完整的内部通信网,还包括广播和闭路电视。

(10) 运营管理。

城市轨道交通运营条件十分单纯,除了进、出段和折返外,没有越行,没有交会,正线上一般没有调车作业,易于实现自动监控。

二、城市轨道交通信号系统的要求

城市轨道交通，尤其是地下铁道因其固有的特点，对其信号系统提出如下要求。

（1）安全性要求高。

因城市轨道交通尤其是地下部分隧道空间小，行车密度大，故障排除难度大，若发生事故难以救援，损失将非常严重，所以对行车安全的保证，即对信号系统提出了更高的安全要求。

（2）通过能力大。

城市轨道交通一般不设站线，进站列车均停在正线上，先行列车停站时间直接影响后续列车接近车站，所以要求信号设备必须满足通过能力的要求。另外，不设站线使列车正常运行的顺序是固定的，有利于实现行车调度自动化。

（3）保证信号显示。

城市轨道交通虽然地面信号机少，地下部分背景暗，且不受天气影响，直线地段瞭望条件好，但曲线地段受隧道壁的遮挡，信号显示距离受到限制，所以保证信号显示也是一个重要的问题。

（4）抗干扰能力强。

城市轨道交通均为直流电力牵引，要求信号设备对其有较强的抗电气化干扰能力。

（5）可靠性高。

由于城市轨道交通隧道净空小，且装有带电的接触网，行车时不便下洞维修和排除设备故障，所以要求信号系统设备具有高可靠性，尽量做到平时不维修或少维修。

（6）自动化程度高。

城市轨道交通站间距短，列车密度大，行车工作十分频繁，而且地下部分环境潮湿，空气不佳，没有阳光，工作条件差，所以要求尽量采用自动化程度高的先进技术设备，以减少工作人员，并减轻他们的劳动强度。

（7）限界条件苛刻。

城市轨道交通的室外设备及车载设备，受土建限界的制约，要求设备体积小，同时必须兼顾施工和维护作业空间。

三、城市轨道交通信号系统的特点

城市轨道交通的信号系统沿袭铁路的制式，但由于其自身的特点，与铁路的信号系统有一定的区别。城市轨道交通信号系统的特点具体如下。

（1）具有完善的列车速度监控功能。

城市轨道交通所承担的客运量巨大，对行车间隔的要求远高于铁路，最小行车间隔达 90 s，甚至更小，因此对列车运行速度监控的要求极高。

（2）数据传输速率较低。

城市轨道交通的列车运行速度远低于铁路干线的列车运行速度，最高运行速度通常为 80 km/h，所以信号系统可以采用速率较低的数据传输系统。但是，随着城市轨道交通信号自动化技术的不断发展，对信息需求越来越多，信号系统也逐步采用速率较高且独立的数据传输系统。

（3）联锁关系较简单但技术要求高。

城市轨道交通的大多数车站没有配线，不设道岔，甚至也不设地面信号机，仅在少数有岔联锁站及车辆段才设置道岔和地面信号机，故联锁设备的监控对象远少于铁路车站的监控对象，联锁关系远没有铁路复杂。除折返站外全部作业仅为旅客乘降，非常简单。通常一个控制中心即可实现全线的联锁功能。

城市轨道交通信号自动控制最大的特点是把联锁关系和 ATP 编／发码功能结合在一起，且包含一些特殊的功能，如自动折返、自动进路、紧急关闭、扣车等，增加了技术难度。

（4）车辆段独立采用联锁设备。

城市轨道交通的车辆段类似于铁路区段站的功能，包括列车编解、接发列车和频繁的调车作业，由于线路较多，道岔较多，信号设备较多，一般独立采用一套联锁设备。

（5）自动化水平高。

由于城市轨道交通的线路长度短，站间距离短，列车种类较少，行车规律性很强，因此它的信号系统中通常包含自动排列进路和运行自动调整的功能，自动化强度高，人工介入极少。

任务三 车站、区间信号机配置

工作任务

任务名称	在站场平面布置图或者上位机控制台上，说出每架信号机的设置目的和所防护的区段	工单号	
姓名		专业	
日期		班级	

任务描述
联锁软件一套或站场竣工图一套，说出进站、出站、调车编号及设置目的。根据知识储备，能识别国铁站场和地铁站场设备布置的不同点。

任务要求
1. 国铁站场信号设备编号原则。
2. 地铁车站、车辆段信号设备编号原则。
3. 信号机设置原则和防护区段。

一、车站和区间

车站是轨道交通线路的分界点，完成各种行车作业的场所，城市轨道交通的车站设置，应方便乘客的集散，所以城市中心区域的站间距离一般在 1~1.5 km，很少超过 2 km。由于城市轨道交通车站的调车作业很少，因此，其车站的线路结构相对于铁路车站要简单，也就是说，城市轨道交通的车站，一般不设用于列车"交会"和"待避"的股道，当然也不设道岔，只设置用于乘客候车的站台。

根据车站设置，站台主要有两种结构，一种是侧式站台，另一种是岛式站台，如图 1.4 所示。地铁由于车站都在隧道内，为了减少隧道的截面积，所以多数选用岛式站台，而地面车站大部分是侧式站台。在线路两端的车站为了进行列车折返调车作业，所以必须设置道岔和相应的折返线、存车线等；另外，在一些主要车站，为了进行"区段折返"和临时存车，所以也应设置道岔和相应的线路。

在城市轨道交通线路中，一般隔 3~5 个车站，应设置一个"有岔站"；在信号系统中，一般将"有岔站"称为"联锁集中站"，把主要的信号设备都集中在"联锁集中站"的信号设备室；"无岔站"的信号设备都设于邻近的"联锁集中站"。

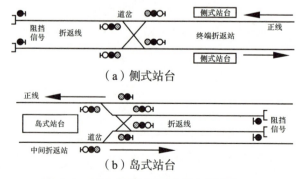

图 1.4 城市轨道交通车站示意图

车站与车站之间的铁路线路是区间。区间根据信号系统的结构有不同划分方式,在半自动闭塞的情况下,如图 1.5 所示,相邻两站间为 1 个区间,两站之间同一时间只允许有一列车运行,运行效率低,故半自动闭塞在大城市的轨道交通信号系统中基本不采用。但是对于列车运行间隔较大,而不设置 ATC 系统的线路,采用半自动闭塞来确保行车安全也是一种很好的方案,如果采用半自动闭塞,每个车站应设置进站信号机和出站信号机。有的城市在轨道交通运营初期,由于 ATC 系统还处在调试阶段,而且列车的运行间隔又比较大,所以采用"双区间半自动闭塞"系统作为过渡,并取得了很好的效果。所谓"双区间半自动闭塞",是考虑到城市轨道交通的站间距离比较短,所以前、后两列车之间的运行间隔应满足"两站、两区间"要求,依据国铁颁布的半自动闭塞定型电路设计原则设计的"双区间半自动闭塞"的闭塞电路。

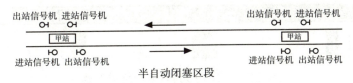

图 1.5 半自动闭塞区段

目前国铁区间信号大多采用自动闭塞制式,在自动闭塞的情况下,站间区间划分成若干个"闭塞分区",而每个闭塞分区都有通过信号机予以防护,通过信号机的显示根据列车的运行而自动变化,所以,在同一个运行方向,允许有多个列车运行。自动闭塞区段对于提高行车效率起着重要的作用,在站间区间长的铁路线路,自动闭塞得到广泛的应用。然而,由于城市轨道交通的地铁和轻轨,不适宜在隧道、路面或高架上设置通过信号机,所以只有在早期的地铁中曾经采用过自动闭塞系统,如图 1.6 所示。

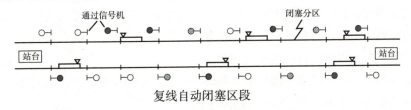

图 1.6 自动闭塞区段的列车运行

如图 1.7 所示,在城市轨道交通 ATC 信号系统中,站间区间类似自动闭塞区段,也可以划分成若干个"闭塞分区",但是,在区间各个闭塞分区的入口处不设地面通过信号机,而且绝大多数城市轨道交通都采用无绝缘轨道电路,也就是"闭塞分区"之间,不设"绝缘节"。

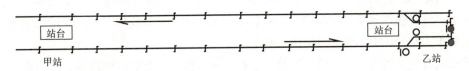

图 1.7 城市轨道交通区间轨道区段的划分

目前采用基于轨道电路的 ATC 系统的城市轨道交通,其站内和区间轨道电路,普遍采用无绝缘的数字编码轨道电路,所谓"无绝缘"是指轨道电路的分割处,不设置"绝缘节",完全采用"电气绝缘"的办法加以分割,实际上相邻轨道电路都是采用不同的"频率"予以区分,而在轨道电路分割点的轨间,设置了用于轨道电路发送和接收的"环线"或短路线,而大部分的"环线",是"S"形的结构,如图 1.8 中所示"S"形的轨道电路分割点。在列车自动控制系统中,根据闭塞设计以及轨道电路特性,将区间划分成不同长度的"闭塞分区",闭塞分区的长度对于不同的 ATC 系统都不一样,一般在几十米至 300 米。

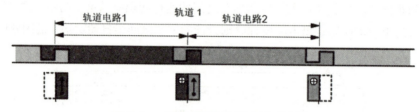

图 1.8　"S"形的轨道电路分割点

二、列车

1. 含义

按规定条件把车辆编组成车列,并挂有动力车或机车及规定的列车标志即列车。列车必须具备三个条件:①按有关规定编成的列车;②挂有牵引本次列车机车;③有规定的列车标志。发往区间的单机、动力车也都按列车办理。

2. 分类

为适应旅客和货物运输的不同需要,按照运输的性质和用途,列车分为以下五类。

(1) 旅客列车:指运送旅客和为旅客服务的列车。

(2) 货物列车:以运送货物为主的列车。

(3) 混合列车:以运送旅客的车辆为基础与运送货物的车辆相混合的列车,或是货物列车中编挂有乘坐旅客的车辆达到 10 辆以上的列车。

(4) 路用列车:指专为运送铁路自用物资或设备而开行的列车,如运送钢轨、枕木、石渣、桥梁等的列车。

(5) 军用列车:指按照规定条件运送军队与军用物资的列车。

3. 车次编号

为了便于组织列车运行,所有在正线运行的列车都必须编制列车号码,称车次号。铁路车次号编号的原则是:向北京方向行驶的列车,为上行,以双数顺序编号;反之为下行,以单数顺序编号。每对往返列车,应以两个连续数字编号。在同一昼夜内,同一区段内车次编号不能重复。列车编号的详细办法由国铁统一制定。

城市轨道交通的列车车次号,有的以上行、下行编号,有的以线路的走向,南、北、东、西编号,也有以列车运行的目的地号,加上列车出库顺序和线路编号为列车的车次号,一般由

5~6 位数字构成，前两位为城市轨道交通的线路编号，3~4 位为列车的出库顺序号，最后两位为列车运行的目的地号。例如，车次号为 011212，代表该列车为 1 号线的列车，它的出库顺序为 12，该列车的目的地是上海火车站（上海火车站站的编号为 12）；又如，车次号为 011296，前 4 位数表示 1 号线、出库顺序为 12 的时刻表列车，后两位数表示列车已经由上海火车站站折返，开往目的地编号为 96 的莘庄站。由于我国城市轨道交通列车自动控制系统采用不同厂商的产品，其列车自动监控子系统也不相同，所以各地城市轨道交通的车次号编号方式也不尽相同。

三、车站与信号机

（一）车站的分类

车站的分类有多种方式。如果按照车站所担负的任务量，以及它在国家政治、经济方面的地位来划分，可分为特等站、一等站、二等站、三等站、四等站和五等站共六个等级。北京站、上海站、郑州站等是特等站。如果按车站技术作业的不同来划分，可分为编组站、区段站和中间站。编组站和区段站又统称为技术站。如果按业务性质来划分，可分为客运站、货运站和客货运站。

城市轨道交通车站只有客运业务，绝大部分的中间车站都不设站线，只设有站台，也就是说，城市轨道交通的中间站，基本上都没有调车作业，因此相比铁路线路，车站的结构比较简单。除了设有站台的中间站外，线路的两端还设有折返站，另外在某些重要的车站也设有站线，以用于临时折返或存车。所以可以将城市轨道交通的车站类型归结为一般中间站、中间折返站和终端折返站。

1. 一般中间站

一般中间站，只办理乘客的上车和下车作业，除了设有正线线路外，不另外设置站线，所以在车站设置了用于乘客上、下车的站台，根据线路结构，站台设置有两种，一种是岛式站台，另一种是侧式站台，地铁一般中间站的站台大部分是岛式站台，而轻轨等高架城市轨道交通大部分是侧式站台，图 1.9 为一般中间站示意图。

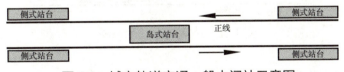

图 1.9　城市轨道交通一般中间站示意图

2. 中间折返站

中间折返站示意图如图 1.10 所示，在城市轨道交通的主要车站，为了便于乘客的中转、换乘；或者为了临时存车；或者为了加快列车周转，提高运营效率；当列车发生故障而不能正常运行时，为使故障列车尽快撤离正线，必须对故障列车进行调度，因此，在全线每隔 3~4 个车站，就设置一个中间折返站。中间折返站的线路布置及信号的设置，应满足行车作业的需要，由图 1.10 可以清楚地看出，正常情况下，列车在该站为正线运行，只有在运营作业需要的时候，利用该站进行折返和存车作业。图 1.10（a）车站的线路结构，只有一条用于折返或存车的线路。

图 1.10（b）车站都设有两条折返线，而图 1.10（c）车站的线路结构比较特殊，当用于折返时可利用正线进行，站线一般可用于存车。

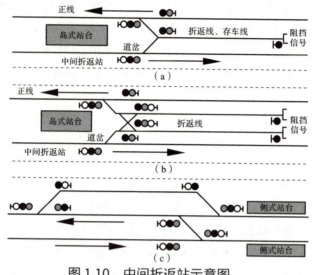

图 1.10　中间折返站示意图

3. 终端折返站

终端折返站设置于线路的两端，图 1.11 所示都是站后折返的线路结构，也有采用站前折返的方式。在正常情况下列车到达终点站，可以分别采用"直进弯出""弯进直出"的折返方式，采用何种方式，在列车自动控制系统中，用"折返模式"加以设定。

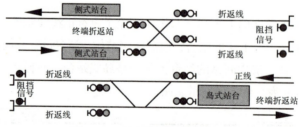

图 1.11　终端折返站示意图

4. 停车场

技术站和其他较大的车站线路较多，为便于管理和减少各种作业间的互相干扰，实行平行作业，提高能力，将办理相同作业的若干线路连接起来的线群即车场。而停车场主要是车辆检查、修理、维护保养的场所，所以车辆段（车辆分公司）都设在停车场。在停车场的线路配置中，首先要考虑的是停车线，或者称为车库，其停车线路由线路上运行列车数量，每条停车线一般可停放两列 8 节编组的列车，假如有 30 列车，那么至少应该设置 15 条停车线。另外还设有出入库线，应按双线配置，它与正线相连接；清扫线 2 条；洗车线 1 条，长为 420 米，洗车线的中部设有洗车库，库内安装自动洗车机；检修线 4 条，建于双周双月检修库内；定修线 2 条，配置在定修库内，设有检查坑，可以停放一列车，其中一条还配有移动式架车机 12 台；架修、大修线，共有 6 条线配置在架修、大修库内，每条线可以停放 3 节车；试车线，长至少为 1 435 米；

临时存车线 3 条。还有旋轮线、静调线、解钩线、材料线等。

停车场是城市轨道交通列车存车、清洗、维护、架修、编组、试车等作业的基地。由于线路结构不同，而且每条线路所使用的车辆不同，所以一般情况下，每一条轨道交通线路设置一个停车场，但是有些线路因为车辆配置相同，线路之间又有连接的设施，相关的线路可以使用同一个停车场。值得注意的是，不同的线路采用不同厂商的信号系统而车载信号系统又与车辆相关，尤其是，列车在正线运行之前，必须在停车场的试车线先进行调试。同时，停车场也是维护轨道交通其他设备的基地，包括工务、供电、通信、机电、接触网等的综合维护中心，这些都是决定停车场内部线路配置和装备设施的重要因素。图 1.12 为停车场线路布置示意图。

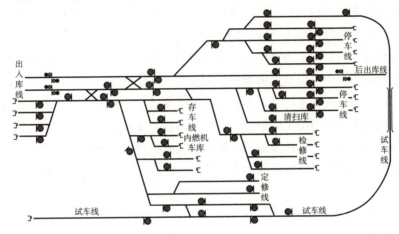

图 1.12　停车场线路布置示意图

（二）分界点与信号的关系

以铁路为例，分界点是铁路正线区间或闭塞分区的分界处。铁路正线用分界点划分成区间或闭塞分区。在正常情况下，在同一个区间的同一条正线（闭塞分区）内，同一时间里，只准许一列车运行，务必使同向列车不追尾，对向列车不相撞，以确保铁路行车安全和必需的通过能力。

铁路区间的范围，单线是以相邻车站的进站信号机的中心线为界限；复线是以进站信号机与相邻车站的出口处"站界标"为界限，如图 1.13 所示。

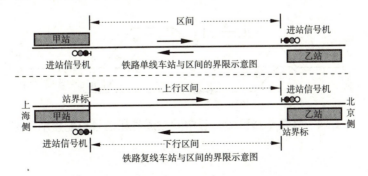

图 1.13　铁路车站与区间的界限示意图

铁路与城市轨道交通有一个很大的区别是，铁路列车在线路上是按左侧方向运行的，而城市轨道交通是按右侧方向运行。也就是说，铁路的信号机都必须设置于线路的左侧，而城市轨道交通的地面信号机都应该设置于线路的右侧。由图1.13可以清楚地看出，铁路是通过地面信号机来防护车站，而且车站与区间的分界也是通过地面信号机加以区分的；至于区间内的"闭塞分区"界限，由其防护的"通过信号机"来划界。因此，铁路分界点离不开地面信号机，信号机是保证行车安全和提高线路通过能力的重要设施。

城市轨道交通有其特殊性，站间距离基本上只有1 km左右，由于指挥列车运行的"主体信号"是"车载信号"，所以在不设道岔的车站都不再设置地面信号机，即使在设有道岔的车站，也不设置进站信号机和出站信号机，只有在折返站和列车出、入停车场的关键部位设置地面信号机予以防护，一般都可以归纳为"调车信号机"的范畴。

由于城市轨道交通对列车的定位停车要求很高，所以车载信号的"距离信息"尤为重要，列车从接收的距离信息中可以精确地判断，列车在车站区域还是在区间。基于列车自动控制系统的要求，在速度码制式和准移动闭塞的城市轨道交通中，利用车站与区间的轨道区段的精确划分，其相应轨道电路传送的不同信息，告之列车的所在位置，同时为了提高距离信息的计算精度，除了轨道电路以外，在线路的关键地点还设有地面"传感器"，列车接收这些传感器发来的"精确地点"等信息，计算出列车所在的精确位置。

（三）股道和道岔的编号

1. 股道编号

铁路车站，尤其在较大的车站，由于股道数目很多，为了便于使用、维修和管理，对站内股道应有规定的编号。股道的编号方法为单线区段的车站，从站舍一侧起依次为1股道，Ⅱ股道，3股道（可简称1道，Ⅱ道和3道），其中正线用罗马数字表示，即该股道与区间线路相连贯，一般情况下，列车通过车站时应经由正线。1道和3道称为到发线，即接发列车用的线路，Ⅱ道也兼做到发线用。股道编号两边的箭头表示列车运行方向，如图1.14所示。

复线铁路车站股道编号为下行股道编为单数，上行股道编为双数，其中正线股道用罗马数字编，站线股道用阿拉伯数字编，一般都从正线向外顺序编号，如图1.15所示。

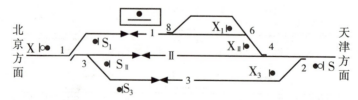

图1.14 铁路单线区段一般中间站道岔和信号机配置示意图

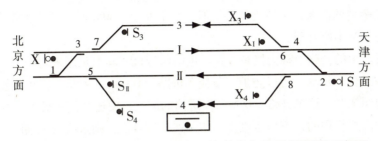

图 1.15　铁路复线区段一般中间站道岔和信号机配置示意图

2. 道岔编号

（1）铁路车站道岔编号的方法为下行咽喉道岔从站外向内顺序编为单数，在上行咽喉道岔从站外向内顺序编为双数，并以站舍中心线作为划分单、双数编号的分界线，位于同一坐标的道岔先编靠近信号楼的。对同一端有两个及以上方向时，应先编主要方向的道岔号码，双动道岔要连续编号，如图 1.14、1.15 所示。

（2）城市轨道交通车站的道岔编号，有些与铁路车站的道岔编号相同，但是由于不少城市采用不同厂商的 ATC 系统，所以在道岔编号的方式上也不尽相同，由于城市轨道交通设有道岔的车站，基本上都是折返站，而折返站的道岔又都偏在站台的某一侧，所以它不宜以上、下行侧编号，如图 1.16 所示的车站，从始发站开始为第五个车站，因此道岔编号的第一位数为 5，然后由站外向站内顺序编号为 501，502，503，504，…，双动道岔应连续编号。所以，在城市轨道交通的车站道岔编号方式，可以根据各个城市的实际情况而有所不同。

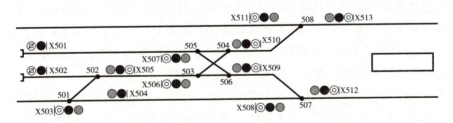

图 1.16　城市轨道交通道岔、信号机编号示意图

（四）列车信号机的布置

我国铁路实行左侧行车制，信号机设置在线路左侧，本部分以铁路车站为例，简单介绍列车信号机的布置。

1. 进站信号机的设置

进站信号机的作用是防护车站，指示进站列车的运行条件，保证接车进路的正确和安全可靠，所以在车站的列车入口处均要装设进站信号机。

进站信号机应尽量避免设在停车后启动困难的上坡道上、地势险峻地点、隧道内、桥梁上，以及在停车后不能全部出清桥梁和隧道的停车地点。

它的具体位置设在车站最外侧道岔尖轨尖端（顺向为警冲标）不少于 50 m 的地点，如因调车作业和制动距离的需要，可适当外移，但一般不宜超过 400 m，因该距离延长后，会影响车站的通过能力，又不便管理。

进站列车所经由的径路，称为接车进路。进站信号机实际上是用来防护接车进路的。如图 1.17 中的下行进站信号机 X，可以防护三条接车进路，其中，ⅠA 是下行正线接车进路；7、8 股道是站线（也叫侧线）接车进路。这些接车进路的起点，由进站信号机 X 开始，终点是至股道另一端，能起阻拦作用的列车信号机止。如无列车信号机，则至股道末端的警冲标。因为这三条接车进路的始端在同一地点，所以可共用一架进站信号机予以防护。

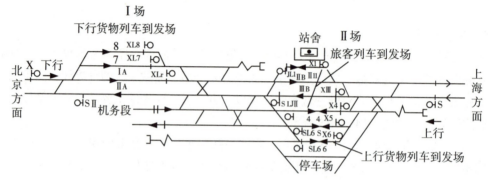

图 1.17 铁路列车信号机设置示意图

由图 1.17 中，列车由Ⅰ场至Ⅱ场或由Ⅱ场至Ⅰ场所经由的径路，称为转场进路。转场进路要有进路信号机防护。例如，由Ⅰ场的ⅠA 股道至Ⅱ场的 3、ⅡB、4、5、6 股道，共有 5 条转场进路，在这 5 条转场进路的共同始端设一架进路信号机 XLⅠ防护，在通过Ⅰ场进入到Ⅱ场的下行列车，如下行旅客列车和下行有改编作业的货物列车，都由Ⅰ场的ⅠA 股道通过，直接被接入到Ⅱ场的 1 道或 4 道（旅客列车）或 5 道、6 道（货物列车），这说明 XLⅠ为始端的转场进路都是接车转场进路，因此，称 XLⅠ为接车进路信号机。

下行无改编作业的货物列车要接入Ⅰ场的 7 道和 8 道，更换机车后再由Ⅰ场转到Ⅱ场，经由Ⅱ场ⅡB 股道发车。由此可见，由Ⅰ场的 7 道、8 道到Ⅱ场去的转场进路各有一条。因为这两条转场进路的始端不在同一地点，所以要分别设置两架进路信号机 XL7 和 XL8 防护。因为这两条是发车转场进路，所以称它们为发车进路信号机。

接车进路信号机和进站信号机一样，都必须设有引导信号，而发车进路信号机和出站信号机一样，都不需要设引导信号。

2. 出站信号机的设置

出站信号机的作用是防护区间、作为列车占用区间的凭证，以及指示列车能否进入区间；与发车进路及敌对进路相联锁，信号开放后保证发车进路安全，指示列车在站内的停车位置。所以，车站发车线端部都必须装设出站信号机。

一般情况下，每一发车线应单独装设出站信号机。出站信号机的设置应尽量不影响股道有效长，设于警冲标（对向道岔为尖轨尖端）内侧 3.5~4 m 处。

如图 1.17 所示，下行列车都从Ⅱ场向上海方面发车。因此，只有在Ⅱ场，才设有下行出站信号机。根据Ⅱ场各股道的用途，指定能发车的股道有 1、ⅡB、4、5 和 6 共五股道。列车出站时所经过的径路，称为发车进路。发车进路要设置出站信号机防护。因为这五条发车进路的始端不在同一地点。所以要在每一条发车股道列车停车地点前方适当地点，设一架出站信号机防护，如 X1、XⅡ、X4、X5 和 X6。发车进路的终端（双线区段）为站界标。出站信号机除防护发车进路外，还要防护闭塞分区、所间区间或站间区间。

办理下行通过列车时，要开放 X、XLI、XⅡ三架信号机，使列车由ⅠA 和ⅡB 正线通过。对上行列车而言，进站信号机是 S。发车进路信号机有 SLⅢ、SL4、SL5 和 SL6，出站信号机是 SⅡ。

在信号机的编号中，"X"表示下行，"S"表示上行。没有数字注脚的是进站信号机。有数字注脚的表示属于哪一股道的出站信号机，注有"L"的为进路信号机。

凡是在正线上设置的列车信号机，都用高柱信号机。凡在站线设置的列车信号机，准许使用矮柱信号机。

需要说明的是，在城市轨道交通信号系统中，列车在正线运行时由 ATC 系统防护，所以很多正线车站不设置进站、出站信号机，只在道岔前后设置防护信号机（不同城市不同设备方有所区别）。列车在车辆段运行时无 ATC 系统防护，依照地面信号机显示行车，故在车辆段（停车场）出入口处设置进段（场）、出段（场）信号机，在同时能够存放两列以上列车的停车线设置列车阻挡信号机，以及在其他地点根据需要设置调车信号机。且不同城市的地铁线路，信号机的设置、显示意义等不尽相同。

（五）调车作业和调车信号机的布置原则

调车信号机用以指示站内各种调车作业，如编组、解体、摘挂、取送、转线、转场、机车出入库、出入专用线以及平面溜放等。

在城市轨道交通中，一般在车辆段内根据需要设置调车信号机，指挥调车作业，且调车信号机的布置方法与作用和铁路车站中调车信号机类似。本部分仍以铁路车站为例，结合具体调车作业来讨论布置调车信号机的基本方法。

1. 布置调车信号机的基本方法

如图 1.18（a）所示，假设有一车组（去向相同的几节货车连挂在一起，称为车组）需从股道ⅢG 转送到股道ⅡG 去。为了完成这一调车作业，机车车辆应首先从ⅢG 向咽喉区调出，直到机车车辆全部越过 19 号道岔后才可停车。这行程称为调车作业的第一行程，这条进路是本调车作业第一条进路，称为牵出进路。为了防护这一条调车进路，在进路的始端，即在 19 号道岔警冲标内应设一架调车信号机，因为ⅢG 是到发线，设有出站信号机，所以该调车信号装在出站信号机上，称为出站兼调车信号机，如果ⅢG 不是发车线，则应设调车信号机。出站兼调车信号机，按出站信号机编号，上行编为 SⅢ。待通向ⅡG 的进路排通后，车组即可向ⅡG 驶去。这个行程称为本调车作业的第二行程，此进路称为折返进路。第一行程和第二行程的分歧道岔是 19 号，称它为折返道岔。为了防护折返进路，在 19 号道岔尖轨前面应设一架调车信号机，如图 1.18（a）中的 D17（调车信号机的编号与道岔的编号原则一样，由站外向站内依次编为奇数或偶数）。

从以上讨论可见，只要设置信号机 SⅢ 和 D17，就能指挥上述的调车作业，并能保证进路的安全。同理，为了指挥由ⅡG向ⅢG转送车辆的作业并保证其安全，在 23 号道岔警冲标内侧适当地点，也需要设置出站兼调车信号机 SⅡ。由此看来，从保证安全的角度出发，股道ⅡG 和ⅢG 之间的转线调车作业，只需要三架调车信号机 SⅡ、SⅢ 和 D17 防护就可以了。但从提高车站线路设备的运用效率的角度考虑，这是不够的。根据咽喉布置情况，道岔 19 和道岔 5 相距较远，其间能容纳一个短的车组。当车组牵出至 D17 信号机外侧停留期间，如果道岔 5 不被占用，则应允许通过道岔 5，办理其他列车或调车进路，如图 1.18（a）所示的经由 5/7 道岔反位的 A—B 进路。为了保证 A—B 进路的安全，在道岔 5 警冲标内侧设一架调车信号机 D9，用它来阻拦由股道牵出的车组使之不越过信号机 D9，即 D9 将由股道牵出的调车进路，与 A—B 的进路隔离开来，使之能够同时进行平行作业。

综上所述，我们讨论了三种不同作业的调车信号机的设置。

（1）调车起始信号机。

调车起始信号机设于一个完整的调车作业的起点，如 SⅡ、SⅢ。由股道、专用线、牵出线、机待线、调车场以及机务段等处向咽喉区调车时，都需要在调车进路的始端设置调车起始信号机。

（2）调车折返信号机（又称回程信号机）。

调车折返信号机是指挥机车车辆折返用的，如 D17。应设在折返道岔的尖轨尖端与基本轨接缝处，以便缩短调车行程，提高作业效率。应当注意的是，不仅仅股道与股道间的转线作业含有折返行程，其他如调车场与到发线之间，机务段与专用线之间，许多调车作业都可能包含折返过程。因此，布置折返信号机时应从多方面去考虑。

（3）调车阻拦信号机（或称目标信号机）。

设置调车阻拦信号机的目的是为了增加平行作业，以提高车站通过能力，如 D9。

把调车信号机划分为以上三种，只是为了在布置调车信号机时有所遵循，但并不是说一架信号机只能起到一种作用，如图 1.18（b）中，D16 是股道ⅠG 和ⅢG 之间的转线作业用的折返调车信号机，D10 是阻拦调车信号机，而在 A 和 B 之间进行转线作业时，则 D10 就成了折返调车信号机，而 D16 就作为阻拦调车信号机。

为了叙述上的方便，把在股道头部设置的调车信号机，如图 1.18（b）中的 X1D 和 X3D 统称为股道头部调车信号机，把在牵出线、专用线、机待线、机车出入库线等设置的调车信号机，统称为尽头型调车信号机，如图 1.18（b）中的 D18，而把在咽喉区中间设置的折返调车信号机和阻拦调车信号机，又统称为咽喉调车信号机。当两架背向的咽喉调车信号机之间有一无岔区段（规定长度小得少于 50 m）时，如图 1.18（b）中 D16 和 D10，则称这两架调车信号机为差置调车信号机。与其相对应，称图 1.18(c)中的咽喉调车信号机 D20 和 D22 为并置调车信号机。它们之所以要并置是因为它们之间由于线路的限制划分不出不小于 50 m 长的无岔区段。图 1.18（a）中的两背向调车信号机 D17 和 D9 之间不是一个无岔区段，而是包括道岔的道岔区段，所以它们不是差置调车信号机，而是单置调车信号机。其特点是不但没有与其并置的背向信号机，且在其前后的轨道电路区段都包括道岔。

区分上述各种调车信号机的设置特点,不仅仅是为了叙述方便,还因为它们设置的特点不同,控制它们的联锁条件也不完全一样。

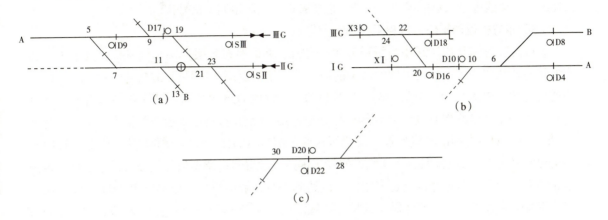

图1.18 铁路车站设置调车信号机的基本方法

2. 布置调车信号机举例

如图1.19所示为铁路某站一个咽喉区的信号平面布置图。下面以咽喉为例,说明如何布置调车信号机。

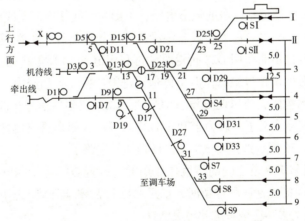

图1.19 铁路某站一个咽喉区的信号平面布置图

(1)布置股道头部调车信号机。

每一条到发线和股道的头部,在由股道出来的第一个道岔警冲标的内侧,都应设置一架调车信号机。因Ⅰ、Ⅱ、3、4、7、8和9各股道都能发上行列车,所以在这些股道的头部设置的都是出站兼调车信号机,如图1.19中SⅠ、SⅡ、S7等。因为5、6股道不发上行列车,故在5、6股道头部只设调车信号机,如D33和D31。

(2)布置尽头型调车信号机。

图1.19中有三条尽头线:牵出线、机待线、调车场进/出口线。调车场进/出口是联锁区(集

中区）与非联锁区间的联络线路，对联锁区而言，也可以把它看作是尽头线。在这些尽头线上，在进入联锁区的入口处各设一架起始调车信号机，如图1.19所示的D1、D3和D19。在机车出、入库线，专用线等进入集中区的入口处，也要各设一架起始调车信号机。

（3）布置折返调车信号机和阻拦调车信号机。

①布置股道间互相转线用的折返调车信号机，并同时布置阻拦调车信号机，为了Ⅰ道和Ⅱ道间的转线作业，在折返道岔的岔尖前面，设一架折返调车信号机D25，同时在15号通岔的道岔警冲标内侧，设一架阻拦调车信号机D21。设置D25可使这一调车作业行程最短；设置D21可使上述转线作业过程中不影响利用道岔15/17反位排列3~6股道的接发车进路。为了Ⅰ~Ⅱ道与3~6道之间的转线作业，设置折返调车信号机D15，同时为了在这一作业过程中不影响利用道岔5/7反位排列由7~9股道的发车进路，设置阻拦调车信号机D11，应尽量使转线作业的第一行程，即牵出进路适当划短，以达到平行作业的目的。由D15和D11两背向调车信号机之间形成了一个无岔区段，其长度按规定应不少于50 m。如果它小于50 m，则以D15信号机折返时，势必同时开放D11，那么，这时D11就不起阻拦信号机作用了。如果，Ⅰ、Ⅱ道之间有较长车组进行转线作业（即利用D25折返时要求开放D21），这时可不设D21，而仅设D25。而设置D5，就可方便1~6道与7~9道间的转线作业。

同理，为了Ⅰ~Ⅱ道与3~6道之间的转线作业，设D23，由于道岔13和道岔17之间的绝缘是超限绝缘（轨道电路两端的绝缘应设在警冲标距其3.5~4 m的地方，因为只有这样列车尾部越过警冲标时才能出清道岔区段的轨道电路，不影响邻线使用，受线路布置的影响，绝缘节节距警冲标不足3.5~4 m时，称为超限界绝缘，简称超限绝缘）。在道岔13的警冲标内侧即使设一架阻拦信号机也不能在用D23折返时，再利用道岔13反位排列其他进路。因为列车车辆被阻停车后，轮对虽未越过绝缘，但车体却冒进警冲标，有和经由13道岔反位运行的机车车辆发生侧面冲突的危险，所以此处没有信号机。如果把阻拦信号机改设在道岔7和道岔13之间，那么就失去实际意义了。因为当利用D23折返时，牵出进路要把道岔13包括在内。所以就不能再利用道岔13反位或道岔5/7反位排列任何进路了。

D13是为1~6道与7~9道之间的转线作业用的。设置D13也不能够取消D5，因为调车机车在D11和D15之间的无岔区段停留时，如果D15因故不能开放，还可以根据D11出来，然后再根据D5到股道上去，应该考虑此种灵活性。

4、5和6股道之间的转线作业都要根据D23进行，行程较长，如果它们之间的转线作业较多，那么还应当在道岔27的岔尖前面增设一架折返调车信号机。7、8和9道间的转线作业用D27指挥，此时D17起阻拦信号机的作用。

②布置尽头线相互间或尽头线与其他线路之间的转线作业用的折返调车信号机，并同时考虑布置阻拦信号机。为了调车场进出口线与7~9道之间的转线，设置D9，此时D7是阻拦信号机。D7和D9之间的无岔区段，如果其长度小于50 m，则不设D7，因为D7只起阻拦信号机的作用。由于无岔区段允许停留车辆，因此在咽喉区的一般站线应该划分出一、二段或更多的无岔区段。

牵出线与机待线之间没有转线作业，所以不考虑上述用途的调车信号机。牵出线或机待线与接车口线或发车口线（双线区段，这两个口是分开的）之间，一般也没有转线作业，故也无须设置上述调车信号机。

当有专用线和机车出入库线时，情况就不同了。调车机车可由牵出线直接去专用线或直接入库；出库的调车机车，也可直接去牵出线或专用线。也就是说，应在这些线路之间布置折返信号机，并同时考虑布置阻拦信号机。考虑的方法与股道相互间的转线作业相同。

布置调车信号机，特别是布置折返调车信号机和阻拦信号机，必须结合线路设备的运用情况和调车作业的繁忙程度来进行。如果一味追求缩短调车行程，就需多设折返调车信号机，这样会增加投资；如果为了降低投资减少折返信号机的设置，势必会造成调车作业不方便。这一矛盾必须通过实际调研，合理解决。对于已交付运营的车站，应向有经验的调车人员进行调研，只有掌握了调车作业情况，才能让调车信号机的布置既能满足调车需要，又比较经济。

（六）警冲标和股道有效长

1. 警冲标

警冲标是用来指示机车车辆停车时，不准由道岔方面或线路交叉点越过，以防止停留在该线上的机车车辆与邻线上的机车车辆发生侧面冲撞的标志。警冲标设在两会合线路间距离为 4 m 的中间。线间距离不足 4 m 时，警冲标设在两线路中心线最大间距的起点处，如图 1.20 所示。

列车在股道上停车时，其尾部（一般指车钩）必须越过警冲标；由另一咽喉开来的停站列车，其头部也不得越过警冲标。否则将妨碍其他列车，由另一股道的进出，导致两列车"侧面冲突"的危险。

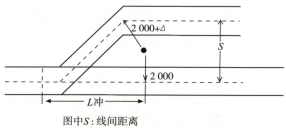

图中 S：线间距离
Δ：当警冲标设置在弯股曲线部分时，警冲标至弯股中心线距离，为 2 000 mm 加上建筑接近限界加宽度

图 1.20 警冲标的设置

2. 股道有效长

（1）股道有效长是指股道能够停留列车或车辆的沿线路中心线的最大长度，其起止位置主要有以下几种，如图 1.21（a）～（g）所示。

①警冲标至警冲标间的距离（股道两端未设置信号机），如图 1.21（a）所示。

②警冲标至水鹤前 30 m 或 60 m 的距离（信号机安设需满足单机牵引上水时，出站信号机距水鹤不小于 30 m，双机牵引顺序上水时，出站信号机距水鹤不小于 60 m），如图 1.21（b）所示。

③尖轨尖端至警冲标间的距离，如图 1.21（c）所示。

④信号机至信号机间的距离（股道两端均设置信号机），如图1.21（d）所示。
⑤信号机至警冲标间的距离（股道一端设置信号机），如图1.21（e）所示。
⑥尖轨尖端至尖轨尖端间的距离，如图1.21（f）所示。
⑦股道中部有道岔时，视作无道岔计算有效长度，如图1.21（g）所示。
⑧渡线、联络线、三角线、回转线等，只计全长，不计有效长度。

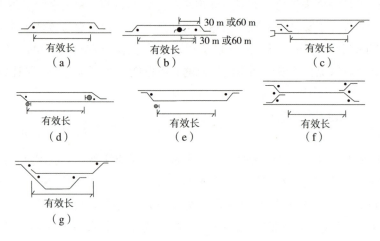

图1.21 股道有效长起止位置

股道有效长，一般情况下应从出站信号机至警冲标，如图1.22所示，同一股道，不同方向的股道有效长是不同的，图1.22中 L_{X_3} 和 L_{S_3} 以及 L_{S_4} 和 L_{X_4}，其长度不一定相同，所以必须分别标出。

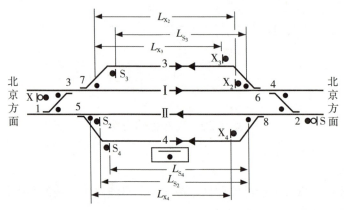

图1.22 股道有效长的确定

（2）城市轨道交通正线的中间站与铁路的中间站不一样，它没有道岔，当然也没有警冲标，其列车停站也都停于正线，所以站台区域正线股道的长度，都与站台的长度相等，站台区域股道的长度与线路上轨道电路的划分有关，尤其在列车自动定位停车系统中，列车的停车"对位"

至关重要。如图1.23所示，站台的长度，与正线线路的"站台区域轨道电路"的长度，基本上相一致，列车进入站台区域轨道区段，控制中心和列车本身都可以判断，已经进入站台区域，列车可以进入定位停车程序控制。在 ATC 系统中，站台区域轨道电路的设置很重要，它不仅用于定位停车，在不少 ATC 系统中，还利用这个特殊的轨道区段来进行列车与控制中心之间信息交换。对此会在列车自动控制系统中做介绍。

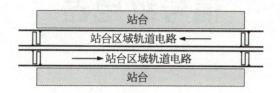

图1.23 城市轨道交通车站长度示意图

任务工单

任务名称	更改现有站场功能，增减信号机设置	姓名	
		日期	

操作方法
根据站场功能，在即有站场尝试进行进站信号机、出站信号机、各类调车信号机的设置。

分析故障原因
1. 单向线路信号机的设置。
2. 可以反向进站的信号机设置。
3. 不需要调车作业的站场信号机设置。

操作中存在的问题及解决方法	
技能掌握程度	非常熟练☐　　比较熟练☐　　一般熟练☐　　不熟练☐
教师评语	
任务实施成绩	
日期	

项目二 信号继电器

【学习目标】

知识目标

1. 了解继电器的分类。
2. 掌握各类继电器的组成。
3. 掌握继电器的工作原理。

能力目标

1. 能使用继电器控制简单的电气设备。
2. 能测试继电器的各类参数。

【学习任务】

1. 了解继电器。
2. 了解直流无极继电器的组成及原理。
3. 了解偏极继电器的组成及工作原理。
4. 了解有极继电器的组成及工作原理。

【教学建议】

可在具有继电器组合架的实训室开展"教、学、做"一体化教学;最好能在现场学习各类继电器的使用情况。

任务一　信号继电器概述

🚩工作任务

任务名称	利用继电器测试台测试继电器的线圈电阻，以及继电器的释放值、工作值、方向工作值、正向转极值、反向转极值、缓放时间、缓吸时间、接点电阻、绝缘电阻、反向不动作值、临界正向或反向不转极值等	工单号	
姓名		专业	
日期		班级	

任务描述
继电器测试台能够测试的继电器有无极继电器、无极缓放继电器、无极加强接点继电器、无极加强接点缓放继电器、有极继电器、有极加强接点继电器、偏极继电器、整流继电器、单闭磁继电器、时间继电器、交流继电器、交流加强接点继电器、传输继电器、砝码器、灯丝继电器和动态继电器等。

任务要求
1. 线圈电阻测试。
2. 电气特性测试。
3. 时间特性测试。
4. 接点电阻测试。

一、继电器的技术要求

继电器是一种电磁开关，能以较小的电信号控制执行电路中的大功率设备，是实现自动控制和远程控制的重要设备。

轨道交通信号技术中广泛采用继电器，称为信号继电器，是信号技术中的重要部件。它无论作为继电式信号系统的核心部件，还是作为电子式或计算机式信号系统的接口部件，都发挥着重要的作用。继电器动作的可靠性直接影响到信号系统的可靠性和安全性。信号继电器作为信号系统中的主要（或重要）器件，它在运用中的安全、可靠就是保证各种信号设备正常使用的必要条件。为此，信号对继电器提出了极其严格的要求，具体如下。

（1）动作必须可靠、准确。
（2）使用寿命长。
（3）有足够的闭合和断开电路的能力。
（4）有稳定的电气特性和时间特性。
（5）在周围介质温度和湿度变化很大的情况下，均能保持很高的电气绝缘强度。

二、继电器的基本原理

继电器类型很多，性能各不相同，结构形式各种各样，但都由电磁系统和接点系统两大主要部分组成。其中电磁系统由线圈、固定的铁芯和轭铁以及可动的衔铁构成，接点系统由动接点和静接点构成。当线圈中通入一定数值的电流后，由于电磁作用或感应方法产生电磁吸引力，吸引衔铁，由衔铁带动接点系统，改变其状态，从而反映输入电流的状况。最简单的电磁继电器如图 2.1 所示。它就是一个带接点的电磁铁，其动作原理也与电磁相似。当给线圈中通以一定数值的电流后，在衔铁和铁芯之间就产生一定数量的磁通，该磁通经铁芯、衔铁、轭铁和气隙形成一个闭合磁路，铁芯对衔铁就产生了吸引力。吸引力的大小取决于所通电流的大小。当电流增大到一定值时，吸引力增大到能克服衔铁向铁芯运动的阻力时（主要是衔铁自重），衔铁就被吸向铁芯。由衔铁带动的动接点（随衔铁一起动作的接点）也随之动作，与动合接点（前接点，以下称前接点）接通。此状态称为继电器励磁吸起（以下简称吸起）。吸引力随电流的减小而减小，当吸引力减小到不足以克服衔铁重力时衔铁靠自重落下（称为释放），衔铁带动动接点与前接点断开，与动断接点（后接点，以下称后接点）接通。此状态称为继电器失磁落下（以下简称落下）。

可见，继电器具有开关特性，可利用它的接点通/断电路，构成各种控制和表示电路。如图 2.1 所示，在信号点灯电路，前接点接通时点亮绿灯，后接点接通时点亮红灯。

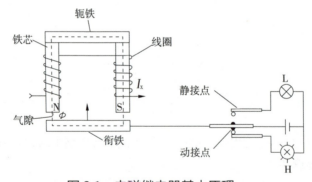

图 2.1　电磁继电器基本原理

三、继电器的特性

1. 继电器的继电特性

继电器具有继电特性，即是当输入量达到一定值时，输出量发生突变，如图 2.2 所示。继电器线圈回路为输入回路，继电器接点所在回路为输出电路。当线圈中电流 I_x 从 0 增加到某一定值时，继电器衔铁被吸引，接点闭合，此后，若线圈中电流 I_x 继续增大，由于接点回路中阻值不变，I_y 保持不变；当线圈中电流 I_x 减到一定值时，继电器衔铁释放，输出电流 I_y 突然减小到 0，此后，线圈中电流 I_x 再减小，I_y 保持为 0 不变。

信号继电器继电特性主要有以下参数。

（1）额定值：额定值是满足继电器安全系数所必须接入的电压或电流值。AX 系列继电器的额定电压一般情况下为 DC 24 V。

（2）充磁值：为了测试继电器的释放值或转极值，预先使继电器磁系统磁化，向其线圈通以4倍的工作值或转极值。这样可使继电器磁路饱和，在此条件下测试释放值或转极值。JWXC-1700继电器的充磁值为DC 67 V。

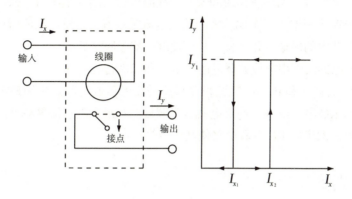

图2.2 继电器的继电特性

（3）释放值：向继电器通以规定的充磁值，然后逐渐降低电压或电流，直到全部前接点断开时的最大电压或电流值。JWXC-1700继电器的释放值不小于3.4 V。

（4）工作值：向继电器线圈通电，直到衔铁止片与铁芯接触、全部前接点闭合，并满足规定接点压力所需要的最小电压或电流值。此值是继电器的磁系统及接点系统刚好能工作的状态，一般规定工作值不大于额定值的70%。JWXC-1700继电器的工作值不大于16.8 V。

（5）反向工作值：向继电器线圈反向通电，直到衔铁止片与铁芯接触、全部前接点闭合，并满足规定接点压力时所需要的最小电压或电流值。反向工作值一般不大于工作值的120%。

（6）转极值：正向转极值是使有极继电器的衔铁转极，全部定位接点闭合，并满足规定接点压力时的正向最小电压或电流值。反向转极值是使有极继电器的衔铁转极，全部反位接点闭合，并满足规定接点压力时的反向最小电压或电流值。

（7）反向不工作值：向偏极继电器线圈反向通电，继电器不动作的最大电压值。

（8）返还系数：释放值与工作值之比称为返还系数。返还系数越高，继电器的落下越灵敏。规定普通继电器的返还系数不小于30%，缓放型电器不小于20%，轨道继电器不小于50%。

2. 继电器的时间特性

继电器的电磁系统具有铁芯的电感，在接通或断开电源时，由于电磁感应作用，在铁芯中产生涡流，在线路中产生感应电流。这些电流产生的磁通阻碍铁芯中原来的磁通的变化，所以电磁继电器或多或少都具有一些缓动的时间特性。

当线圈通电到衔铁动作，带动后接点断开，前接点接通，需要一定的时间。当线圈断电到衔铁动作，带动前接点断开，后接点接通，也需要一定的时间，即吸合需要时间，释放也需要时间。吸合时间指向继电器通入额定值起至全部前接点闭合所需的时间。返回时间指向继电器通入额定值，从线圈断电时至后接点闭合所需的时间。

在实际继电器电路中，由于电路需要继电器缓吸、缓放、快吸、快放等，因此需要改变继电器时间特性。改变继电器时间特性的方法有两种。

方法一：改变继电器结构。

在继电器铁芯上套短路铜环或铜线圈架，当线圈接通或断开电源时，铁芯中的磁通发生变化，在短路铜环或铜线圈架中产生比较大的感应电流（涡流），感应电流所产生的磁通阻止原磁通的变化，使铁芯中的磁通变化减慢，从而使继电器缓吸缓放。

方法二：在继电器线圈串联或并联电阻、电容和二极管。

通过改变 C 的电容量和 R 的电阻值来获得所需要的缓放时间。采用最广泛的方法是在继电器线圈两端并联 RC 串联电路，使继电器缓吸缓放。在继电器线圈两端并联电阻或二极管使其缓放。与继电器线圈串联 RC 并联电路使其快吸等。

四、继电器的作用

继电器具有继电特性，能以极小的电信号来控制执行电路中相当大功率的对象，能控制数个对象和数个回路，能控制远距离的对象。由于继电器的这种性能，给自动控制和远程控制创造了便利的条件，所以，它广泛应用于国民经济各部门的生产过程控制和国防系统的自动化和远动化之中，也广泛应用于轨道交通信号的各个方面。

在轨道交通领域，继电器的功能有以下几点。

（1）表示功能：利用不同继电器表示线路的占用和空闲、信号的开放和关闭、道岔是否在规定的位置、区间是否闭塞等。

（2）驱动功能：利用继电器可控制信号机和转辙机，从而实现相应驱动。

（3）逻辑功能：利用继电器电路可实现有关逻辑关系，确保正线列车运行和车辆段内调车作业安全。

五、继电器的分类

1. 按动作原理分类

按动作原理不同，继电器可分为电磁继电器和感应继电器。

（1）电磁继电器：利用电流通过线圈产生的磁场来实现动作的继电器。常见的电磁继电器有直流无极继电器、直流有极继电器、交流继电器等。城市轨道交通信号设备一般采用此类继电器。

（2）感应继电器：利用电流通过线圈产生的交变磁场与其翼板转动而动作的继电器。例如，相敏轨道电路所使用的交流二元继电器就属于此类继电器。

2. 按工作电流分类

按工作电流不同，继电器可分为直流继电器和交流继电器。

（1）直流继电器：由直流电源供电的继电器，大部分信号继电器都属于此类。按所通电流极性不同，它又可分为无极、偏极和有极继电器三种。

（2）交流继电器：由交流电源供电的继电器，如信号机灯丝继电器、交流二元继电器等。

3. 按动作速度分类

按动作速度不同，继电器可分为速动继电器、正常动作继电器和缓动继电器三种。

（1）速动继电器：衔铁动作时间小于 0.1 s。

（2）正常动作继电器：衔铁动作时间为 0.1~0.3 s。大部分信号继电器属于此类。

（3）缓动继电器：衔铁动作时间超出 0.3 s。

4. 按工作可靠程度分类

按工作可靠程度不同，继电器可分为安全型继电器和非安全型继电器。

（1）安全型继电器（N 型）：依靠自身结构满足系统安全要求的继电器，主要靠重力作用释放衔铁。

（2）非安全型继电器（C 型）：断电后依靠弹力作用释放衔铁的继电器。

5. 按输入量的物理性质分类

按输入量的物理性质分类，可分为电流继电器和电压继电器。

（1）电流继电器：它反映电流的变化，它的线圈必须串联在所反映的电路中。该电路中必有被反映的器件，如电动机绕组、信号灯泡等。

（2）电压继电器：它反映电压的变化，它的线圈励磁电路单独构成。

6. 按接点结构分类

按接点结构分类，可分为普通接点继电器和加强接点继电器。

（1）普通接点继电器：它具有开断功率较小的接点的能力，以满足一般信号电路的要求。多数继电器为普通接点继电器。

（2）加强接点继电器：它具有开/断功率较大的接点的能力，以满足电压较高、电流较大的信号电路的要求。

城市轨道交通通信与信号

🚩 任务工单

任务名称	各类型继电器测试数据和标准参数对照，查找原因	姓名	
		日期	

操作方法
将继电器测试台调压器旋转到零位，打开测试台电源，此时电源指示灯亮，部分LED灯亮。根据被测继电器的型号选择对应测试盒，将被测继电器插在调试盘上对应的继电器插座上，根据"功能选择"所列功能逐一测试。

分析故障原因	

操作中存在的问题及解决方法
1. 开机前应将调压器回到零位。
2. 测试过程中不允许随意插拔继电器。
3. 被测继电器只允许插入对应插座。
4. 绝缘电阻表测试端子不允许接触测试台或调试盘的任何部位。
5. 必须使用同等规格的保险丝，不允许随意增大保险丝容量。
6. 电流表不允许超量程。

技能掌握程度	非常熟练□	比较熟练□	一般熟练□	不熟练□
教师评语				
任务实施成绩				
日期				

任务二　安全型继电器

工作任务

任务名称	各类型继电器图物对照，各继电器接点查找	工单号	
姓名		专业	
日期		班级	

任务描述
6502联锁系统一套。判别各继电器名称、作用、接点，有条件可以根据施工图进行导通测试。

任务要求
1. 识别直流无极继电器接点。
2. 识别无极加强型继电器接点。
3. 识别有极加强型继电器接点。

AX系列安全型继电器是在座式继电器和大插入式继电器的基础上，由我国自行设计和制造的。它与座式和大插入式相比结构新颖、质量轻、体积小。经现场几十年的实际运用考验，证明其安全可靠、性能稳定，能满足信号电路对继电器提出的各种要求，它是我国信号继电器的主要定型产品，应用最为广泛。

一、安全型继电器概述

安全型继电器是DC 24 V系列的重弹力式直流电磁继电器，其典型结构为无极继电器，其他各型继电器由无极继电器派生。因此，绝大部分零件都能通用。

1. 安全型继电器的分类

安全型继电器分为插入式和非插入式。插入式多为单独使用，非插入式常使用于有防尘外壳的组匣中。两者的区别仅在于，插入式继电器带有透明性能很好的外罩（由聚甲基丙烯酸甲酯或聚碳酸酯制成），用以密封防尘，同时为了与插座配合使用，插入式继电器安装在酚醛塑料制成的胶木底座上。插入式无极继电器如图2.3所示。在实际使用中，为便于维修，多采用插入式继电器。

2. 安全型继电器的型号表示法

安全型继电器型号用汉字拼音首字母和数字表示，首字母表示继电器种类，数字表示线圈的电阻值。继电器型号的文字符号含义，如表2.1所列。

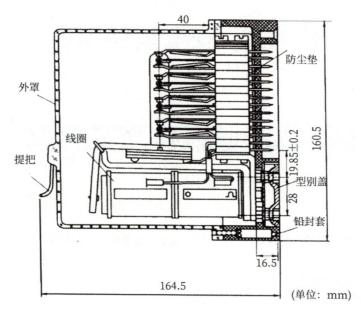

图 2.3 插入式无极继电器

表 2.1 继电器型号的文字符号含义

代号	含义		代号	含义	
	安全型	其他类型		安全型	其他类型
A	—	安全	R	—	二元
B	—	半导体	S	—	时间、灯丝、双门
C	插入	插入、传输、差动	T	—	通用、弹力
D	—	单门、动态	W	无极	—
H	缓放	缓放	X	信号	信号、小型
J	继电器、加强接点	继电器、加强接点、交流	Y	有极	—
P	偏极	—	Z	整流	整流、转换

3. 继电器插座板

安全型继电器组成插入式，需加装继电器插座板，其结构如图 2.4 所示。

插座插孔旁所注接点编号是无极继电器的接点编号，其他各型继电器的接点系统的位置及使用编号与之不同，而实际使用的插座仅此一种，所以必须按图 2.5 所示符号对照使用。

安全型继电器有多种类型，为防止不同类型的继电器错误插接，在插座下部鉴别孔内铆以鉴别销。不同类型的继电器由型别盖上的鉴别孔不同进行鉴别，根据规定的鉴别孔逐个钻成，以与鉴别销相吻合。

项目二 信号继电器

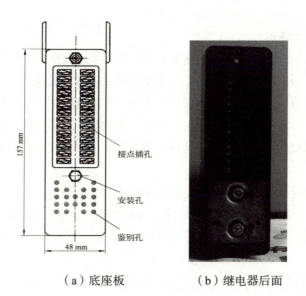

(a)底座板　　　(b)继电器后面

图 2.4　继电器插座板

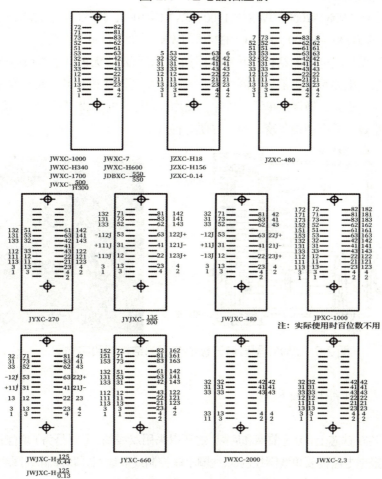

图 2.5　插座接点编号对照

4. 安全型继电器的特点

在信号系统中，凡是涉及行车安全的继电电路都必须采用安全型继电器，所谓安全型继电器是指它的结构必须符合故障-安全原则（发生安全侧故障的可能性远远大于发生危险侧故障的可能性；处于禁止运行状态的故障有利于行车安全，称为安全侧故障；处于允许运行状态的故障可能危及行车安全，称为危险侧故障）。它是一种故障不对称器件，在故障情况下使前接点闭合的概率远小于后接点闭合的概率。这样，就可以用前接点代表危险侧信息，用后接点代表安全侧信息。

为了达到故障-安全要求，安全型继电器在结构上有以下特点。

（1）前接点采用熔点高、不会因熔化而使前接点粘连的导电性能良好的材料；

（2）增加衔铁质量，采用"重力恒定"原理在线圈断电时强制将前接点断开。

二、安全型继电器的结构和动作原理

1. 无极继电器的结构

无极继电器有 JWXC-2000、JWXC-1700、JWXC-1000、JWXC-7、JWXC-2.3、JWXC-370/480 型及缓放的 JWXC-H600、JWXC-H340、JWXC-500/H300 等品种。

JWXC 型直流无极继电器的结构图和实物图如图 2.6 所示。无极继电器由电磁系统和接点系统两大部分组成。电磁系统由前后线圈、铁芯极靴、角型衔铁和 L 形轭铁和重锤片组成；接点系统主要由动接点单元、静接点单元、压片、托片、拉杆、电源片、下止片、接点架、插片、动接点和静接点组成，具有结构紧凑、加工方便等特点。

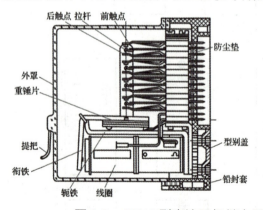

图 2.6 JWXC 型直流无极继电器的结构图和实物图

继电器各组成部件和作用如下。

（1）线圈。

线圈水平安装在铁芯上，分为前圈和后圈，之所以采用双线圈，主要是为了增强控制电路的适应性和灵活性，可根据电路需要单线圈控制、双线圈串联控制或双线圈并联控制。线圈绕在线圈架上。线圈用高强度漆包线密排绕制，抽头焊有引线片，线圈与电源片的连接如图 2.7 所示。

图 2.7 线圈与电源片的连接图

(2)铁芯。

铁芯由电工纯铁制成,其为软磁材料,具有较高的磁通密度和较小的剩磁,以利于继电器的工作,外层镀锌防护。它的尺寸大小,根据继电器的规格不同而有区别。极靴在铁芯头部,用冷镦法加粗。在极靴正面,钻有两个圆孔,是为了组装和检修时,紧固和拆装铁芯用的。如图 2.8 所示。

图 2.8 铁芯

(3)轭铁。

轭铁呈 L 形,由电工纯铁板冲压成型,外表镀多层铬防护,如图 2.9 所示。

图 2.9 轭铁

(4)衔铁。

衔铁为角形,靠蝶形钢丝卡固定在轭铁的刀刃上,动作灵活。衔铁由电工纯铁冲压成型,衔铁上铆有重锤片,以保证衔铁靠重力返回。重锤片由薄钢板制成,其片数由接点组的多少决定,使衔铁的质量基本上满足后接点压力的需要。一般 8 组后接点用三片,6 组用两片,4 组用一片,2 组不用,如图 2.10 所示。

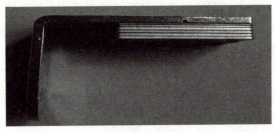

图 2.10 衔铁

衔铁上有止片，止片由黄铜制成，安装在衔铁与铁芯闭合处。止片有6种厚度，因继电器规格不同而异，可取下按规格更换，止片用以增大继电器在吸起状态的磁阻，减小剩磁影响，保证继电器可靠落下。

在电磁系统中，除衔铁和铁芯间工作气隙占外，在轭铁的刀口处尚有第二工作气隙，以减小磁路的磁势降，从而提高继电器的灵敏度。

（5）接点系统。

无极继电器接点系统如图2.11所示。接点系统处于电磁系统上方，通过接点架、螺钉紧固在轭铁上，两者成为一个整体。用螺钉将下止片、电源片单元、静接点单元、动接点单元以及压片按顺序组装在接点架上。在紧固螺钉前，应将拉杆、绝缘轴、动接点轴与动接点组装好。

无极继电器接点系统采用两排纵列式联动结构，因此，接点组数只能成偶数增减。拉杆传动中心线与接点中心线一致，以减少不必要的传动损失，为减少接点系统组装时的积累公差，将接点片与托片组合压在酚醛塑料内以形成单元块。单元块之间为平面接触，易于控制公差，同时提高了接点系统之间的绝缘强度。

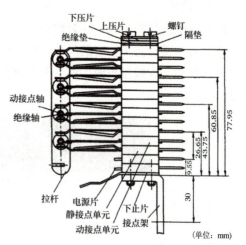

图2.11 无极继电器接点系统

静接点单元由锡磷青铜带制成的接点片与由黄铜制成的托片，两组对称地压制在胶木内。在接点簧片的端部焊有静接点。

接点接触时碰撞会产生颤动，颤动将形成电弧，对接点有较大的破坏作用，为消除这种颤动必须设置托片，在调整继电器时，可在接点片和托片间加一个初压力，保证接点刚接触时可动部分的动能被接点片吸收，这样既可消除颤动，又可缩短接点的完全闭合时间，大大减轻了接点的烧损。

动接点单元由锡磷青铜带制成的动接点簧片与黄铜板制成的补助片压制在酚醛塑料胶木内。动接点簧片端部焊有动接点。动接点由银氧化镉制成。电源片单元由黄铜制成的电源片压在胶木内。

拉杆有铁制的和塑料制的，衔铁通过拉杆带动接点组。

绝缘轴用冻石瓷料（一种新型陶瓷材料）制成，抗冲击强度足够动接点轴由锡磷青铜线制成。

压片由弹簧钢板冲压成弓形，分上、下两片，其作用是保证接点组的稳固性。下止片由锡磷青铜板制成，外层镀镍。它在衔铁落下时起限位作用。

接点架由钢板制成，用稳钉与轭铁固定，保证接点架不变位接点架的安装尺寸是否标准，角度是否准确，对继电器的调整有很大影响。

2. 无极继电器的动作原理

无极继电器的磁系统为无分支磁路，如图2.12所示，在线圈上加上直流电压后，线圈中的

电流 I 使铁芯磁化，在铁芯内产生工作磁通 Φ，它由铁芯极靴处经过主工作气隙 δ 占进入衔铁，又经过第二工作气隙 δ 进入轭铁，然后回到铁芯，形成闭合回路，在工作气隙 δ 处，由于磁通 Φ 的作用，铁芯与衔铁间产生电磁吸引力 F_D，当 F_D 大到足以克服机械负载的阻力 F_j（主要是衔铁自重）时，衔铁即与铁芯吸合。此时衔铁通过拉杆带动动接点运动，使后接点断开、前接点闭合。

当线圈中的电流减小时，铁芯中的磁通按一定规律随之减小，吸引力也随着减小，当电流小到一定值时，它所产生的吸引力小于机械力，衔铁离开铁芯，衔铁即被释放。此时拉杆带动动接点运动，使前接点断开，后接点闭合。

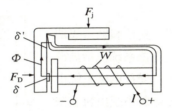

图 2.12　无极继电器磁路

3. 常用的安全型继电器

（1）直流无极继电器。（前面已说明，此处不再赘述。）

（2）整流式继电器。

整流式继电器用于交流电路中，其电磁系统、触点系统、动作原理与直流无极继电器基本相同，它只是在直流无极继电器的基础上增加了整流电路。整流式继电器一般采用四个二极管组成的桥式整流电路，如图 2.13 所示，将交流电源整流后输入继电器线圈。整流式继电器工作时会发出响声，造成噪声污染。

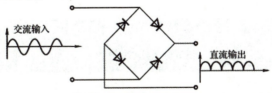

图 2.13　桥式整流电路

（3）有极继电器。

有极继电器根据线圈中电流极性不同具有定位和反位两种稳定状态。当线圈中电流消失后，这两种稳定状态仍能继续保持，所以此继电器又称为极性保持继电器。它的特点是在磁系统中增加了永久磁钢。当线圈中通入规定极性的电流时，继电器吸起，断电后仍保持在吸起位置；当通入反方向电流时，继电器落下，断电后仍保持在落下位置。

有极继电器衔铁位置的定位、反位规定：吸起状态的位置规定为定位，此时闭合的触点称为定位触点（符号为 D）；落下状态的位置规定为反位，此时闭合的触点称为反位触点（符号为 F）。

（4）偏极继电器。

偏极继电器是为了满足信号电路中鉴别电流极性的需要而设计的。只有通过规定方向的电流时，衔铁才吸起；当电流方向与规定方向相反时，衔铁不动作。

（5）交流二元继电器。

交流二元继电器属于感应式继电器，具有两个既相互独立又相互作用的交变电磁系统（局部线圈和轨道线圈），故称为二元继电器，有吸起和落下两种状态。根据频率不同，交流二元继电器分为 25 Hz 和 50 Hz 两种。

① 交流二元继电器的结构。

交流二元继电器由电磁系统、翼板和触点等部件组成，其结构如图 2.14 所示。电磁系统包括局部电磁系统和轨道电磁系统。其中，局部电磁系统由局部铁芯和局部线圈组成；轨道电磁系统由轨道铁芯和轨道线圈组成。

② 交流二元继电器的工作原理。

交流二元继电器的工作原理与电磁继电器完全不同只有当局部线圈和轨道线圈中输入的电流频率相同，且局部线圈的电流相位超前轨道线圈 90° 时，翼板才能产生正方向转矩，接触前触点。其他情况下，翼板不产生转矩，继电器保持原位置而不动作。

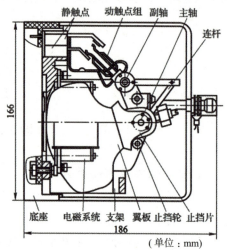

图 2.14　交流二元继电器结构

任务工单

任务名称	根据继电器动作原理，观察捕捉继电器接点落下吸起状态	姓名	
		日期	
操作方法 给各类继电器线圈分别供电，观察继电器吸起时接点动作情况。 根据老师要求，查找相应继电器位置及指出相应接点。			
分析故障原因 接点查找错误，分析可能的原因。			
操作中存在的问题及解决方法			
技能掌握程度	非常熟练□　　比较熟练□　　一般熟练□　　不熟练□		
教师评语			
任务实施成绩			
日期			

项目二 信号继电器

任务三 继电器的应用

🚩工作任务

任务名称	利用继电器控制红绿灯电路，在组合上焊接并实验	工单号	
姓名		专业	
日期		班级	

任务描述
组合架一台，红绿灯灯泡各一个，电源控制箱一台，各类继电器若干台，导线若干根，开关按钮两个，熔断器两个，另外，还有电烙铁、焊锡、一字螺丝刀、十字螺丝刀、剥线钳、压线钳、扎带等。设计实现红绿灯的控制电路，有条件的同学可以进行延时控制。

任务要求
1. 用无极继电器控制红绿灯电路。
2. 能够分析继电器电路故障原因。

一、继电器的选用原则

应用继电器可构成各种控制和表示电路，统称为继电电路，在具体的应用过程中，涉及如何选用继电器，如何识读继电电路，如何分析继电电路，以及如何判断继电器故障等内容。

电路中选择继电器的一般原则，根据电路要求，按继电器的主要参数和指标进行选择。具体原则如下。

（1）继电器类型、线圈电阻，应满足各种电路的具体要求。
（2）电路中串联使用继电器时，串联的继电器的数量应满足各继电器正常工作电压的要求。
（3）继电器的接点最大允许电流不应小于电路的工作电流，必要时可采用接点并联的方法。
（4）继电器的接点数量不能满足电路要求时，应设复示继电器，复示继电器应能及时反映主继电器的动作状态。
（5）电路中串联继电器接点时，要使串联继电器接点的接触电阻不影响电路的正常工作。

二、继电器的表述

1. 继电器的名称符号

继电器一般是根据用途和功能来命名的。例如，反映按钮动作的继电器称为按钮继电器，控制信号的继电器称为信号继电器。为了便于标记，继电器符号用汉语拼音字头来表示，例如，按钮继电器表示为AJ，信号继电器表示为XJ。在一个控制系统中会用到多种继电器，同一作

43

用和功能的继电器也不止一个，它们的名称必须有所区别。例如，以 XLAJ 代表下行进站信号机的列车进路按钮继电器，STAJ 代表上行通过按钮继电器。同一个继电器的线圈和接点必须用该继电器的名称符号来标记，以免互相混淆。同一个继电器的各接点组还需用其编号注明，以防重复使用。

2. 继电器的定位

继电器通常有吸起和落下两个状态。电路图中继电器呈现的状态称为通常状态（简称常态），或称为定位状态。在信号系统中，定位状态应遵循以下原则。

（1）继电器的定位状态应与设备的定位状态相一致。例如，一般信号机以关闭为定位状态，道岔以开通为定位状态，轨道电路以空闲为定位状态。

（2）根据故障 – 安全原则，继电器的落下状态必须与设备的安全侧一致。例如，信号继电器的落下必须与信号关闭一致，轨道继电器的落下必须与轨道电路的占用相一致。

在电路图中，以吸起为定位状态的继电器，其线圈和接点处均以"↑"符号来标记，以落下为定位状态的继电器，其线圈和接点处均以"↓"符号来标记。

3. 继电器的图形符号

在继电电路中，继电器线圈和接点的图形符号分别如表 2.2 和表 2.3 所列，这些图形符号反映了继电器的某些特性，绘图时必须正确选用。

表 2.2　继电器线圈的图形符号（部分）

序号	符号	名称	说明
1	─○─	无极继电器	—
2	─⦵─		两线圈分接
3	─●─	无极缓放继电器	—
4	─⦶─		单线圈缓放
5	─⌀─	无极加强继电器	—
6	─⌀─	有极继电器	
7	─⊘─	有极加强继电器	两线圈分接
8	─⊘─	偏极继电器	
9	─▶─	整流式继电器	
10	─③─	时间继电器	
11	─⦵─	单闭磁继电器	
12	─∼─	交流继电器	
13	─≈─	交流二元继电器	
14	─⨅─	动态继电器	两线圈分接
14	─▭─	传输继电器	—

表 2.3　继电器接点的图形符号

序号	符号 标准图形	符号 简化图形	名称	说明
1			前接点闭合	—
2			后接点断开	—
3			前接点断开	—
4			后接点闭合	—
5			前、后接点组	前接点闭合 后接点断开
				前接点断开 后接点闭合
6			极性定位接点闭合	—
7			极性定位接点断开	—
8			极性反位接点闭合	—
9			极性反位接点断开	—
10			极性定、反位接点组	定位接点闭合 反位接点断开
				定位接点断开 反位接点闭合

四、继电器的基本电路

1. 串联和并联电路

根据继电器接点在电路中的不同连接方式，继电电路可分为串联、并联和串并联三种基本形式。

（1）串联电路。

串联电路指继电器接点串联连接的电路，其功能是实现逻辑"与"的运算，如图 2.15 所示为一串联电路，3 个接点必须同时闭合才能使继电器 DJ 吸起。

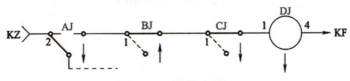

图 2.15　串联电路

（2）并联电路。

并联电路是由几个继电器接点并联连接的电路，它的功能是实现逻辑"或"运算，如图 2.16

所示为 3 个接点并联的例子，其中任一个接点闭合都会使继电器 DJ 吸起。

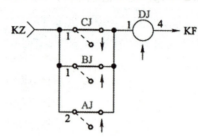

图 2.16　并联电路

（3）串并联电路。

串并联电路是根据逻辑功能要求，在电路中部分接点串联，部分接点并联的电路，如图 2.17 所示。

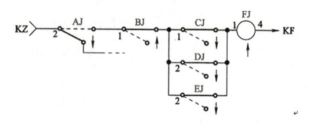

图 2.17　串并联电路

2. 自闭电路

在继电电路中，为了实现自动控制、简化操作手续，使用由继电器自身前触点构成的电路，称为自闭电路。如图 2.18 所示，按下自复式按钮 A 后，继电器 AJ 经过励磁电路吸起。但松开按钮后，自闭电路使 AJ 仍能保持吸起，以记录按钮 A 被按下的动作，为其他电路的动作提供条件。当 AJ 完成任务后，由表示该任务完成的继电器触点使其复原。

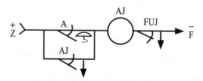

图 2.18　自闭电路

任务工单

任务名称	继电器红绿灯电路故障分析	姓名
		日期

操作方法
1. 运用无极、偏极、有极、时间继电器接点，设计红绿灯控制电路。
2. 继电器失磁落下，红灯亮；继电器励磁吸起，绿灯亮，在此基础上可以做自闭电路。
注：如时间允许，可以做延时电路。

分析故障原因
1. 若继电器控制正确，但灯泡不亮，分析可能的原因。
2. 继电器不吸合，但灯泡会亮，分析原因。
3. 电路连线正确，但继电器不吸合，分析原因。

操作中存在的问题及解决方法	
技能掌握程度	非常熟练□　　比较熟练□　　一般熟练□　　不熟练□
教师评语	
任务实施成绩	
日期	

项目三 信号机

【学习目标】

知识目标

1. 了解信号机的分类及作用。
2. 了解信号机的设置原则。
3. 掌握色灯信号机灯光含义。

能力目标

能对信号机进行命名。

【学习任务】

1. 了解信号机的分类。
2. 了解信号机的设置。
3. 了解信号机的命名。
4. 了解信号显示意义。

【教学建议】

可在实训室结合实际设备开展"教、学、做"一体化教学认知；或者先进行多媒体理论教学，再到现场结合运营设备进行教学，包括信号机组装、立杆、配线、导通和测试等。

项目三 信号机

任务一 信号机的认知

工作任务

任务名称	利用信号机实物，指出各组成部件	工单号	
姓名		专业	
日期		班级	

任务描述
透镜式色灯信号机、组合式信号机、LED色灯信号机、设备钥匙、套筒、螺丝刀、扳手等常用工具。

任务要求
1. 常态情况下灯位颜色的判断。
2. 掌握各类色灯信号机结构。
3. 掌握各类色灯信号机的特性。
4. 能区别各类信号机。

一、概述

信号是保证轨道交通行车安全的重要设备，是指示列车运行与调车作业的命令。行车指挥人员必须熟知信号显示方式，按照信号显示的要求完成相应作业。

城市轨道交通采用色灯信号机。除了车辆段和有岔站外，一般不设地面信号机。在城市轨道交通中，列车的运行速度不取决于信号的显示，即信号为非速差信号。允许信号的绿灯、黄灯并不表示列车的运行速度，而是代表列车的运行进路是走道岔直股还是弯股。

信号分为视觉信号和听觉信号、固定信号和移动信号、地面信号和车载信号。

1. 视觉信号和听觉信号

视觉信号是以信号灯的颜色、显示数目及灯光状态等表达的信号，如地面信号机、手信号旗、信号牌等。听觉信号是以声音的强度、长短等方式来表示信号意义，如电客车鸣笛、响墩（图3.1）等。

2. 固定信号和移动信号

固定信号是固定设置在规定位置的信号装置，如地面信号机等。移动信号是根据需要临时设置的信号装置，如实施临时限速时设置的限速告示牌和限速终止标牌等。

3. 地面信号和车载信号

地面信号是设置在线路附近供驾驶员辨识的信号。车载信号是将地面信号通过传输设备或其他方式传输

图3.1 响墩

引入列车的信号。车载信号设备安装在列车的两端。

城市轨道交通地面采用的色灯信号机在结构上与铁路信号机基本相同，但在设置要求和显示意义方面与铁路有一定区别，对于信号机的显示距离也有自己的规定，除了车辆段和有道岔的正线车站外，其他地方一般不设置地面信号机。

二、信号机的分类

1. 透镜式色灯信号机

色灯信号机以其灯光的颜色、数目和亮灯状态来表示信号。透镜式色灯信号因其结构简单，安全方便，控制电路所需电缆芯线少，所以得到广泛采用。

透镜式色灯信号机有高柱和矮型两种类型。高柱信号机的信号机构安装在钢筋混凝土信号机柱上，矮型信号机的信号机构安装在信号机水泥基础上。

高柱透镜式色灯信号机如图 3.2 所示。它由机柱、信号机构、托架、梯子等部分组成。机柱用于安装信号机构和梯子；信号机构的每个灯位配备有相应的透镜组和单独点亮的灯泡，给出信号显示；托架用来将信号机构固定在机柱上；梯子用于给信号维修人员攀登及作业。矮型透镜式色灯信号机如图 3.3 所示，它用螺栓固定在信号机基础上，没有托架，更不需要梯子。

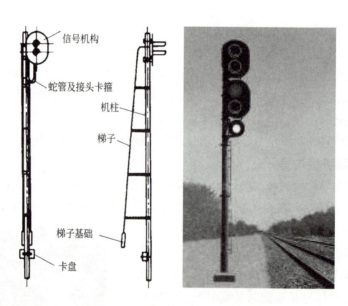

图 3.2 高柱透镜式色灯信号机

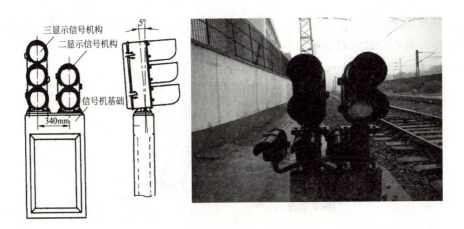

图 3.3 矮型透镜式色灯信号机

透镜式色灯信号机机构的每个灯位由灯泡、灯座、透镜组、遮檐和背板等组成,如图 3.4 所示。

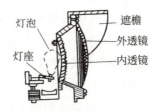

图 3.4 透镜式色灯信号机构

2. 组合式信号机

组合式信号机每个机构只有一个灯室。在使用时根据信号显示要求,可以分别组装成单显示、二显示和三显示机构,故称为组合式,如图 3.5 所示。灯室间无窜光的可能。组合式信号机适用于瞭望困难的线路,以及曲线半径 300~20 000 m 的各种曲线和直线轨道上,在距信号机 5~1 000 m 距离内得到连续信号显示。

图 3.5 组合式信号机

组合式信号机由光系统、机构壳体、遮檐、瞄准镜插孔四部分组成,其中光系统由反光镜、灯泡、色片、非球面镜、偏散镜和前表面玻璃组成,如图3.6所示。

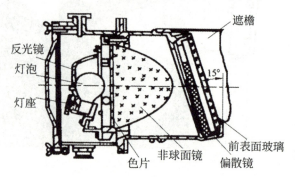

图3.6　组合式信号机组成

3.LED色灯信号机

LED色灯信号机机构采用铝合金材料,信号点灯单元由LED发光二极管构成。LED信号显示系统作为一种节能、免维护的新型光源被成功运用。一般由铝合金信号机构、LED发光盘和发光盘专用点灯装置组成,其中铝合金信号机构分为高柱机构和矮型机构。高柱信号机构由背板总成、箱体总成、遮檐和悬挂装置四部分组成。矮型信号机构分为二灯位矮型机构和三灯位矮型机构两种。LED发光盘采用发光二极管制成的色灯信号机的新光源,额定电压为DC 12 V,额定电流为DC 700 mA。发光盘专用点灯装置是为配合PLED发光盘而研发的信号点灯装置,输出的是稳定的12 V直流电压,现场不需要调整,如图3.7所示。

图3.7　LED色灯信号机

项目三 信号机

🚩 任务工单

任务名称	对透镜式色灯信号机、组合式信号机、LED色灯信号机光学系统进行对比，了解灯位颜色的决定因素	姓名	
		日期	

操作方法

1. 从外观观看透镜式色灯信号机，了解透镜式色灯信号机的外部结构，能够知道每一结构的名称和作用，掌握透镜式色灯信号机的分类，不同透镜式色灯信号机的不同点。
2. 打开透镜式色灯信号机的后盖，观察透镜式色灯信号机的内部结构，查看灯泡、灯座、接线端子灯零部件，了解其构造。
3. 观察透镜式色灯信号机的点灯装置，看看信号变压的外观和接线端子，了解其型号。
4. 观看灯丝转换变压器，观察其结构，了解其功能。
5. 观察LED色灯信号机，观察其外观，并与透镜式色灯信号机比较有什么不同。
6. 打开LED色灯信号机的内部，观看其结构，看看发光盘和透镜组，并与透镜式色灯信号机比较有什么不同点，想想LED色灯信号机的优点。
7. 观察组合式信号机，它与透镜式色灯信号机相比有什么特点。
8. 打开组合式信号机的内部，观察其内部结构，与透镜式色灯信号机做比较，看看结构上有什么不同点，根据其结构想想组合式色灯信号机有什么优点。
9. 对三种类型的色灯信号机做分析比较。让学生对透镜式信号机、组合式信号机、LED信号机光学系统进行对比，掌握散光变为平行光的方法，尝试对灯光扩散范围和照射距离进行调整。

分析故障原因	
操作中存在的问题及解决方法	
技能掌握程度	非常熟练□　　比较熟练□　　一般熟练□　　不熟练□
教师评语	
任务实施成绩	
日期	

53

任务二 城轨信号机的设置及灯光含义

工作任务

任务名称	信号机灯光配列及含义	工单号	
姓名		专业	
日期		班级	

任务描述
1. 信号机2架、设备钥匙、套筒、螺丝刀、扳手等常用工具,瞄准镜、标尺、必要的通信工具(对讲机)。
2. 根据高柱进站信号机说明绿黄灯灯位设置原因,双黄灯灯位设置原因。
3. 根据矮型出站兼调车信号机说明红灯设置原因。
4. 对进段、出段、调车、阻挡、防护信号的灯光含义进行考核。

任务要求
1. 掌握色灯信号机的显示要求。
2. 掌握色灯信号机的调整方法。

一、地面信号机的设置

(一)城市轨道交通地面信号机的设置原则

1. 设于列车运行方向右侧

城市轨道交通采用右侧行车制,其地面信号机设于列车运行方向的右侧,在地下部分一般安装在隧道壁上。特殊情况(如因设备限界、其他建筑物或线路条件等影响)可设于列车运行方向的左侧或其他位置。

2. 信号机柱的选择

高柱信号机具有显示距离远,观察位置明确等优点,因此车辆段的进段、出段信号机(以及停车场的进场、出场信号机)均采用高柱信号机。而其他信号机由于对显示距离要求不远,以及隧道内安装空间有限,一般采用矮型信号机。

3. 信号机限界

信号机不得侵入设备限界,设备限界是用以限制设备安装的控制线。

直线地段的设备限界是在直线地段车辆限界外扩大一定安全间隙后形成的,车体肩部横向向外扩大100 mm,边梁下端横向向外扩大30 mm,接触轨横向向外扩大185 mm,车体竖向加高60 mm,受电弓竖向加高50 mm,车下悬挂物下降50 mm。

曲线地段设备限界应在直线地段设备限界的基础上,按平面曲线不同半径过超高或欠超高引起的横向和竖向偏移量,以及车辆、轨道参数等因素计算确定。

（二）信号机的设置

城市轨道交通的信号机设置不同于铁路，规定在 ATC 控制区域的线路上道岔区设防护信号机或道岔状态表示器，其他类型的信号机可根据需要设置。

1. 正线上的信号机设置

正线上的道岔区设防护信号机或道岔状态表示器（国内尚未采用）。防护信号机设于道岔岔前和岔后的适当地点，具有出站性质以外的防护信号机应设引导信号。具有两个以上运行方向的信号机可设进路表示器。车站一般不设进、出站信号机，在正向出站方向的站台侧列车停车位置前方适当地点设置发车指示器。也可以根据需要设进站、出站信号机以及进站信号机的预告信号机，或者只设出站信号机。

线路尽头设阻挡信号机。车站应设发车指示器或发车计时装置。

2. 车辆段（停车场）的信号机设置

在车辆段（停车场）入口处设进段（进场）信号机，在车辆段（停车场）出口处设出段（出场）信号机。

在同时能存放两列及以上列车的停车线中间进段方向设列车阻挡信号机（可兼作调车信号机）。

车辆段（停车场）内其他地点根据需要设调车信号机。

（三）信号机命名

正线上的防护信号机、阻挡信号机冠以"X""S""F""Z"等表示，其下缀编号方法为下行咽喉编为单号，上行咽喉编为双号，从站外向站内顺序编号。

车辆段的进段、出段信号机冠以上行"S"、下行"X"和进段"J"、出段"C"组合表示，下缀编号方法为下行咽喉编为单号，上行咽喉编为双号，从段外向段内顺序编号。列车阻挡信号机和调车信号机冠以"D"表示，下缀编号方法为下行咽喉编为单号，上行咽喉编为双号，从段内向段外顺序编号。

二、信号显示

（一）信号显示颜色的选择

城市轨道交通信号颜色的选择，应能达到显示明确、辨认容易、便于记忆和具有足够的显示距离等基本要求。经过理论分析和长期实践，铁路信号的基本色为红、黄、绿三种，再辅以蓝色、月白色，构成铁路信号的基本显示系统。

城市轨道交通信号的光源为白炽灯产生的白色光。白光是一种复合光，由红、橙、黄、绿、青、蓝、紫七种颜色的光混合而成。其中红光波长最多，紫光波长最短，一般来说，波长越长，穿透周围介质（如空气、水汽等）的能力越强，显示距离越远。

同样强度的光，红光最诱目，因为人眼对红色辨认最敏感，红色比其他颜色的光谱都更能引人注意，会令人产生不安全感，所以规定红色灯光为停车信号是最理想的。

黄色（实际上是橙黄色，简称黄色）玻璃透过光线的能力较强，显示距离较远，又具有较高的分辨度，辨认正确率接近100%，故采用黄色灯光作为注意和减速信号。

绿色和红色的反差最大，容易分辨，而绿色灯光显示距离亦较远，能满足信号显示的要求，故采用绿色灯光作为按规定速度运行的信号。

调车信号机的关闭不能影响列车运行，所以它一般不采用红色灯光，而选用蓝色灯光作为禁止调车信号较合适，因其具有较高的诱目性和较高的辨认率。调车信号机的允许信号采用月白色灯光，主要目的是可与一般普通照明电源相区别。蓝色、白色灯光虽显示距离较近，但因为调车速度较低，所以能满足调车作业的需要。

紫色灯光具有较高的区别性，作为道岔状态表示器表示道岔在直向开通的灯光，基本上能满足需要。

（二）机构选用和灯光配列

色灯信号机机构分为单显示、二显示、三显示。单显示机构仅用于阻挡信号机。二显示和三显示可以单独使用，也可以组合（以及与单显示机构组合）构成各种信号显示。

1. 色灯信号机灯光配列和应用的规定

（1）当根据实际情况需减少灯位时，应空位停用方式处理。减少灯位的处理方式可以维持信号机应有的外形，以防误认。如防护信号机若无直向运行方向，仍采用三显示机构，将绿灯封闭；存车线中间进段方向的列车阻挡信号机采用三显示机构，将绿灯封闭。

（2）以两个基本灯光组成一种显示时，应有一定的间隔距离，以保证显示清晰，如防护信号机的红灯和黄灯同时点亮表示引导信号，其间隔开一个绿灯灯位。

（3）双机构加引导信号是一种专门的信号机形式，需要时，进段（场）信号机可采用此形式。

2. 各种信号机的灯光配列

（1）防护信号机。

防护信号机采用三显示机构，自上而下灯位为黄（或月白）、绿、红。若设正线出站信号机，其灯光配列同防护信号机。

（2）阻挡信号机。

阻挡信号机采用单显示机构，只有一个红灯。

（3）进段（场）信号机。

进段（场）信号机灯光配列可同防护信号机，亦可采用双机构（两个二显示）带引导机构，自上而下灯位为黄、绿、红、黄、月白。

（4）出段（场）信号机。

出段（场）信号机采用三显示机构，自上而下灯位为黄、绿、红。亦可采用绿、红、白。

（5）调车信号机。

调车信号机采用二显示机构，自上而下灯位为白、蓝（或红）。

（6）通过信号机。

若采用自动闭塞，其通过信号机为三显示机构，自上而下灯位为黄、绿、红。

（三）信号显示制度

1. 信号显示基本要求

（1）信号机定位。

将信号机经常保持的显示状态作为信号机的定位。信号机定位的确定，一般是考虑保证行车安全，提高运输效率及信号显示自动化等因素。

除采用自动闭塞时通过信号机显示绿灯为定位外，其他信号机一律以显示禁止信号（红灯或蓝灯）为定位。

（2）信号机关闭时机。

除调车信号机外，其他信号机，当列车第一轮对越过该信号机后及时地自动关闭。调车信号机在调车车列全部越过调车信号机后自动关闭。

（3）视作停车信号。

信号机的灯光熄灭，显示不明或显示不正确时，均视为停车信号。

（4）区分运行方向。

有两个以上运行方向而信号显示不能区分运行方向时，应在信号机上装进路表示器，由进路表示器指示开通的运行方向。

2. 信号显示意义

《地铁设计规范》（GB 50157—2013）对信号显示未做统一规定。

一般，除预告信号机外，所有正线信号机的主体信号均为绿、红两显示。绿灯表示进行，红灯表示停车。进站信号机带引导月白灯。预告信号机为黄、绿、红三显示。

各地可对信号显示做出有关规定。例如，上海地铁一号线信号机的显示为：红色——停车，ATP 速度命令为零；绿色——运行前方道岔在直股（定位），按 ATP 速度命令运行；月白色——运行前方道岔在侧股（反位），按 ATP 速度命令运行，一般限制速度为 30 km/h；红色＋月白色——引导信号，准许列车在该信号机处继续运行，但需准备随时停车，仅对防护站台的信号机设引导信号。站台还设有发车表示器，发车前 5 s 闪白光，发车时间到亮白色稳定光，列车出清后灭灯。

3. 信号显示距离

各种地面信号机及表示器的显示距离应符合下列规定。

（1）行车信号和道岔防护信号距离应不小于 400 m。

（2）调车信号和道岔状态表示器距离应不小于 200 m。

（3）引导和道岔状态表示器以外的各种表示器距离应不小于 100 m。

任务工单

任务名称	各类型信号机灯光含义及显示距离	姓名	
		日期	

操作方法
1. 将瞄准镜插入瞄准镜插孔。
2. 一人拿着标尺指定位置。
3. 松动信号机托架上的螺栓。
4. 转动信号机机构，让瞄准镜的中心对准标尺的指定高度。
5. 拧紧信号机托架螺栓。

分析故障原因	

操作中存在的问题及解决方法
1. 站在高柱梯子上调整信号机时注意安全。
2. 人员要密切配合。
3. 调节要注意水平和垂直方向调节顺序。

技能掌握程度	非常熟练□	比较熟练□	一般熟练□	不熟练□
教师评语				
任务实施成绩				
日期				

项目四

道岔及转辙机

【学习目标】

知识目标
1. 掌握道岔分类及组成。
2. 掌握转辙机的分类。
3. 掌握 ZD6 系列电动转辙机组成。
4. 掌握 S700K 型电动转辙机组成。
5. 掌握 ZYJ7 型电动液压转辙机组成。

能力目标
1. 能判断道岔定反位。
2. 能调整道岔的密贴与缺口。

【学习任务】

1. 了解道岔的分类与组成。
2. 了解 ZD6 系列电动转辙机。
3. 了解 S700K 型电动转辙机。
4. 了解 ZYJ7 型电动液压转辙机。

【教学建议】

可在实训室结合实际设备开展"教、学、做"一体化教学认知；或者先进行多媒体理论教学，再到现场结合设备转换过程进行教学，包括转辙机拆装、安装、配线、调整等。

任务一 道岔及转辙机的认知

工作任务

任务名称	各类道岔定、反位认知	工单号	
姓名		专业	
日期		班级	

任务描述
根据实物道岔,判断道岔定位、反位的开通方向。

任务要求
1. 准确判断道岔定反位情况。
2. 明确道岔定反位和直股、弯股的关系。

一、道岔概述

道岔是机车车辆由一股道转入另一股道的线路基础设备。道岔的转换和锁闭是通过转辙机实现的。转辙机是直接关系行车安全的关键设备。它对于保证行车安全,提高运输效率,改善行车人员的劳动强度,起着非常重要的作用。

道岔由转辙部分、连接部分和辙叉部分组成,如图4.1所示。转辙部分由尖轨、基本轨、连接零件及转辙机械组成。连接部分由导轨、基本轨组成,它将转辙部分和辙叉部分连成一组完整的道岔。辙叉部分由辙叉心、翼轨和护轨组成。

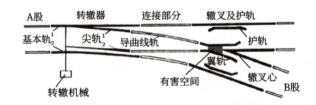

图 4.1 道岔示意图

道岔按用途及平面形状分为单开道岔、对称道岔、三开道岔、交叉渡线、复式交分道岔五种标准类型,如图4.2所示。其中单开道岔是最常用的类型。它将一条线路分为两条,主线为直线方向,侧线由主线向左侧或右侧岔出,线路连接中较多采用。

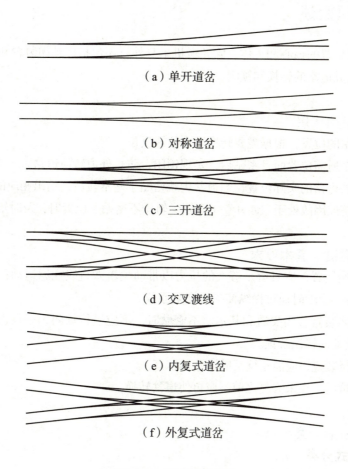

图 4.2 道岔类型图

道岔辙叉角的余切值称为道岔号数或辙叉号码。地铁线路常用的标准道岔有 7 号、9 号和 12 号。正线及折返线上统一采用 9 号道岔。为了行车安全平稳，列车过岔速度应有一定的限制，如表 4.1 所列，其中车辆段内基本为 7 号道岔。

表 4.1 道岔侧向通过速度限制表

辙叉号	7	9	12
速度 / (km · h^{-1})	25	30	50

道岔的转换和锁闭设备，是直接关系行车安全的关键设备。由转辙机转换和锁闭道岔，易于集中操纵，实现自动化。转辙机是重要的信号基础设备，它对于保证行车安全，提高运输效率，改善行车人员的劳动强度，起着非常重要的作用。

二、转辙机概述

转辙机是转辙装置的核心和主体,除转辙机本身外,还包括外锁闭装置和各类杆件、安装装置,它们共同完成道岔的转换和锁闭。

(一) 转辙机的作用

(1) 转换道岔的位置,根据需要转换至定位或反位。
(2) 道岔转至所需位置而且密贴后,实现锁闭,防止外力转换道岔。
(3) 正确反映道岔的实际位置,当道岔尖轨密贴于基本轨后,给出相应的表示。
(4) 道岔被挤或因故处于"四开"(两侧尖轨均不密贴)位置时,及时给出报警和表示。

(二) 对转辙机的基本要求

(1) 作为转换装置,应具有足够大的拉力以带动尖轨做直线往返运动;当尖轨受阻不能运动到目的位置时,应随时通过操纵使尖轨恢复原位。
(2) 作为锁闭装置,当尖轨和基本轨不密贴时,不应进行锁闭,一旦锁闭,应保证道岔不因列车通过的震动而错误解锁。
(3) 作为监督装置,应能正确反映道岔的状态。
(4) 道岔被挤后,在未修复之前不应再使道岔转换。

(三) 转辙机的分类

1. 按传动方式分类

按传动方式分类,转辙机可分为电动转辙机和电动液压转辙机。
(1) 电动转辙机由电动机提供动力,采用机械传动。多数转辙机都是电动转辙机,包括 ZD6 系列转辙机和 S700K 型电动转辙机。
(2) 电动液压转辙机简称电液转辙机,由电动机提供动力,采用液力传动。

2. 按供电电源的种类分类

按供电电源的种类分类,转辙机可分为直流转辙机和交流转辙机。
(1) 直流转辙机采用直流电动机,工作电源是直流电。ZD6 系列电动转辙机就是直流转辙机,由 DC 220 V 供电。直流电动机的缺点是,由于存在换向器和电刷,易损坏,故障率较高。
(2) 交流转辙机采用三相交流电源或单相交流电源,由三相异步电动机或单相异步电动机(现大多采用三相异步电动机)作为动力。S700K 型电动转辙机和 ZYJ7 型电液转辙机为交流转辙机。交流转辙机采用感应式交流电动机,不存在换向器和电刷,因此故障率低,而且单芯电缆控制距离远。

3. 按锁闭道岔的方式分类

按锁闭道岔的方式分类,转辙机可分为内锁闭转辙机和外锁闭转辙机。
(1) 内锁闭转辙机依靠转辙机内部的锁闭装置锁闭道岔尖轨,是间接锁闭的方式。ZD6

项目四 道岔及转辙机

系列等大多数转辙机均采用内锁闭方式。内锁闭方式,锁闭可靠程度较差,列车对转辙机的冲击大。

（2）外锁闭转辙机虽然内部也有锁闭装置,但主要依靠转辙机外的外锁闭装置锁闭道岔,将密贴尖轨直接锁于基本轨,斥离尖轨锁于固定位置,是直接锁闭的方式。S700K 型和 ZYJ7 型转辙机采用外锁闭方式。外锁闭方式锁闭可靠,列车对转辙机几乎无冲击。

4. 按是否可挤分类

按是否可挤分类,转辙机分为可挤型转辙机和不可挤型转辙机。

（1）可挤型转辙机内设挤岔保护(挤切或挤脱)装置,道岔被挤时,动作杆解锁,可保护整机。

（2）不可挤型转辙机内不设挤岔保护装置,道岔被挤时,挤坏动作杆与整机连接结构,需要整机更换。电动转辙机和电动液压转辙机都有可挤型和不可挤型。

此外,各种转辙机还有不同转换力和动程的区别。

（四）转辙机的设置

城市轨道交通的正线上一般采用 9 号道岔,车辆段（停车场）一般采用 7 号道岔,通常一组道岔由一台转辙机牵引。如果正线上采用的是 9 号 AT 道岔,其为弹性可弯道岔,需要两点牵引,即一组道岔需两台转辙机牵引。

🚩 任务工单

任务名称	固定辙叉道岔有害空间的认知	姓名	
		日期	

操作方法
根据实物道岔,理解道岔有害空间对行车速度、行车舒适度、车辆转向架的影响。

分析故障原因	
操作中存在的问题及解决方法	
技能掌握程度	非常熟练☐　　比较熟练☐　　一般熟练☐　　不熟练☐
教师评语	
任务实施成绩	
日期	

任务二 ZD6 系列电动转辙机

工作任务

任务名称	ZD6 系列电动转辙机的拆装	工单号	
姓名		专业	
日期		班级	

任务描述
1. 准备 ZD6 系列电动转辙机一台，套筒、手锤、螺丝刀等转辙机拆装工具一套。
2. 按照步骤完成 ZD6 系列电动转辙机拆装。

任务要求
1. 熟悉 ZD6 系列电动转辙机的结构和各部件作用。
2. 掌握 ZD6 系列电动转辙机的整体动作过程。
3. 熟练掌握 ZD6 系列电动转辙机的拆装。

一、ZD6 系列电动转辙机概述

ZD6 系列电动转辙机是我国铁路也是城市轨道交通使用最广泛的电动转辙机，包括 A、D、E、J 等派生型号。ZD6 型电动转辙机采用内锁闭方式。

ZD6-A 型是 ZD6 系列电动转辙机的基本型，系列内其他型号的 ZD6 转辙机都是以 ZD6-A 型为基础改进、完善而发展起来的。目前主要有 ZD6-A、ZD6-D、ZD6-E、ZD6-F、ZD6-G、ZD6-H、ZD6-J 和 ZD6-K 几种型号，故以 ZD6-A 型转辙机为重点进行介绍。

二、ZD6-A 型电动转辙机的结构

ZD6-A 型电动转辙机主要由电动机、减速器、自动开闭器、主轴、动作杆、表示杆、移位接触器、底壳及机盖等组成，其结构图和实物图如图 4.3 所示。

（1）电动机：为电动转辙机提供动力，采用直流串激电动机。

（2）减速器：降低转速以获得足够的转矩，并完成传动。减速器由第一级齿轮和第二级行星传动式减速器组成。两级间以输入轴联系，减速器由输出轴和主轴联系。

（3）摩擦连接器：它构成输出轴与主轴之间的摩擦连接，防止尖轨受阻时损坏机件。

（4）主轴：由输出轴通过启动片带动旋转，主轴上安装锁闭齿轮。锁闭齿轮和齿条块相互动作，将转动变为平动，通过动作杆带动道岔尖轨运动，并完成锁闭作用。

（5）动作杆和齿条块：两者是用挤切销相连。正常动作时，齿条块带动动作杆。挤岔时，挤切销折断，动作杆和齿条块分离，避免机件损坏。

（6）表示杆：由前、后表示杆及两个检查块组成。表示杆随尖轨移动，只有当尖轨密贴

且锁闭后，自动开闭器的检查柱才能落入表示杆缺口，接通道岔表示电路。挤岔时，表示杆被推动，顶起检查柱，从而断开道岔表示电路。

（7）自动开闭器：由静接点、动接点、速动片、速动爪、检查柱组成，用来表示道岔尖轨所在位置。

（8）移位接触器：用来监督挤切销的受损状态，道岔被挤或挤切销折断时，断开道岔表示电路。安全接点（遮断开关接点）用来保证维修安全。正常使用时，遮断开关接点接通，才能接通道岔动作电路。检修时，断开遮断开关接点，以防止检修过程中转辙机转动影响维修人员作业。

（9）壳体：用来固定转辙机各部件，防护内部机件免受机械损伤和雨水、尘土侵入，提供整机安装条件。它由底壳和机盖组成。底壳是壳体的基础，也是整机安装的基础。底壳上设有特定形状的窗孔，便于整机组装和分解。机盖内侧周边有盘根槽，内镶有密封用盘根（胶垫）。

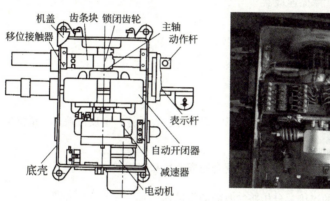

图 4.3　ZD6-A 型电动转辙机结构图和实物图

三、转辙机转换过程

以道岔由左侧密贴向右转换为例，当电动机通入规定方向的道岔控制电流，电动机按逆时针方向旋转。电动机通过齿轮带动减速器，这时输入轴按顺时针方向旋转，输出轴按逆时针方向旋转。输出轴通过启动片带动主轴，按逆时针方向旋转。锁闭齿轮随主轴逆时针方向旋转，锁闭齿轮在旋转中完成解锁、转换、锁闭三个过程，拨动齿条块，使动作杆带动道岔尖轨向右移动，密贴于右侧尖轨并锁闭。同时通过启动片、速动片、速动爪带动自动开闭器的动接点动作，与表示杆配合，断开原接通接点，接通原断开接点。完成电动转辙机转换、锁闭及给出道岔表示的任务。

手动摇动转辙机时，先用钥匙打开盖，露出摇把插孔。将摇把插入减速大齿轮轴。摇动转辙机至所需位置。然后虽抽出摇把，但此时安全接点被断开，必须打开机盖，合上安全接点，转辙机才能复原。

任务工单

任务名称	ZD6 系列电动转辙机的拆装	姓名	
		日期	

操作方法

1. 观察 ZD6 系列电动转辙机动作情况。

在指导教师的指导下,启动 ZD6 系列电动转辙机机盖,观察其主要部件;然后闭合安全接点进行通电单操道岔转换,观察转辙机动作情况。

(1)道岔正常转换到底,ZD6 系列电动转辙机各主要部件的工作状态。

(2)道岔转换中途受阻,ZD6 系列电动转辙机各主要部件的工作状态。

2. 观察 ZD6 系列电动转辙机动作情况后,各组学生对整机进行分解实操。

第一步:分解直流电动机。

观察电机齿轮、定子、转子、炭刷。

第二步:分解减速器、摩擦连接器。

观察内齿轮与外齿轮的连接。

观察内齿轮与摩擦连接器的连接。

观察输入轴与偏心轴套的连接。

观察外齿轮与输出轴的连接。

第三步:分解自动开闭器。

观察自动开闭器的组成和动作情况。

调整动接点打入静接点的深度。

观察自动开闭器动接点,检查块、速动爪、启动片、表示杆、定反位缺口、道岔尖轨及基本轨间开口距离等相互动作关系。

第四步:分解转换锁闭器。

观察主轴带动锁闭齿轮,通过与齿条块配合完成转换和锁闭道岔的动作过程。

观察移位接触器断开表示的工作过程。

观察齿条块与动作杆的连接,分析挤岔时的动作过程。

3. 完成转辙机分解后,各组学生对整机进行组装实操。

第一步:安装齿条块和动作杆。

第二步:安装锁闭齿轮和输出轴。

第三步:安装启动片和速动片。

第四步:安装自动开闭器。

第五步:安装减速器。

第六步:安装电机。

4. 完成了上述转辙机组装内容后,进行手动转换道岔试验,观察各部连接和动作情况。

分析故障原因

1. 转辙机无法组装到位,分析可能的原因。
2. 转辙机各部件组装到位,但多出螺栓垫片若干,分析其原因。
3. 转辙机组装到位,但手摇把转动时无法转动,分析其原因。

操作中存在的问题及解决方法

1. 拆装转辙机部件时,应双手拿稳,防止部件跌落砸伤手脚。
2. 分解转辙机部件时,应保存好螺丝、螺帽,不要随手乱放。

技能掌握程度	非常熟练□	比较熟练□	一般熟练□	不熟练□
教师评语				
任务实施成绩				
日期				

任务三 S700K 型电动转辙机

🚩工作任务

任务名称	S700K 型电动转辙机的拆装	工单号	
姓名		专业	
日期		班级	

任务描述
1. 准备 S700K 型电动转辙机一台，套筒、手锤、螺丝刀、扳手、钥匙、手摇把和手锤若干。
2. S700K 型电动转辙机由底壳、机盖、动作杆、电动机、电缆密封装置、滚珠丝杠驱动装置、保持连接器、检测杆、接点组、锁闭块、遮断开关、电缆插座、摩擦连接器和摇把齿轮组成，根据其每个零部件的特点进行拆装。
3. 按步骤完成 S700K 型电动转辙机的拆装。

任务要求
1. 熟悉 S700K 型电动转辙机的结构和各部件作用。
2. 熟练掌握 S700K 型电动转辙机的拆装。

一、S700K 型电动转辙机概述

S700K 型电动转辙机的产品代号来自德文"Simens-700-Kugelgewinde"，其含义为西门子-具有 6 860 N 保持力-带有滚珠丝杠的电动转辙机。它是一种规格齐全的电动转折设备，不仅能满足道岔尖轨心轨的单机牵引，而且也能满足双机多机牵引的需要。

S700K 型电动转辙机是由于我国铁路提速需要，从德国西门子公司引进设备和技术，经消化吸收和改进后，迅速在主要干线推广运用的转辙机。经数年的实践表明，该型转辙机结构先进、工艺精良，不但解决了长期困扰信号维修人员的电机断线、故障电流变化、接点接触不良、移位接触器跳起和挤切销折断等惯性故障，而且可以做到"少维护、无维修"，符合中国铁路运营的特点和发展方向，也适用于城市轨道交通。

城市轨道交通运行速度不高，可采用普通的直流转辙机，但采用三相交流电动转辙机优点十分明显。

二、S700K 型电动转辙机的特点

S700K 型电动转辙机适用于尖轨或可动心轨处采用外锁闭的道岔，它具有以下主要特点。

（1）采用交流三相电动机，不仅从根本上解决了原直流电动转辙机必须设置整流子而引起的故障率高、使用寿命短、维修量大的不足，而且线路上的电能损失大大减少，在同样的控制电流下，可增大控制距离，或减小电缆芯线的截面。

（2）采用直径 32 mm 的滚珠丝杠作为传动装置，摩擦力非常小，机械效率高，且延长了转辙机的使用寿命。

（3）采用具有弹簧式挤脱装置的保持连接器，并选用不可挤型零件，从根本上解决了由挤切销劳损而造成的惯性故障。

（4）采用多片干式可调摩擦连接器，经工厂调整加封，使用时无须调整。

三、S700K 型电动转辙机的结构

S700K 型电动转辙机主要由外壳部分、动力传动机构、检测机构、安全装置及配线接口端五个部分组成，其结构图和实物图如图 4.4 所示。

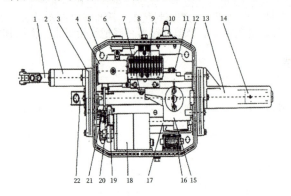

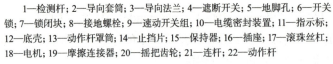

1—检测杆；2—导向套筒；3—导向法兰；4—遮断开关；5—地脚孔；6—开关锁；7—锁闭块；8—接地螺栓；9—速动开关组；10—电缆密封装置；11—指示标；12—底壳；13—动作杆罩筒；14—止挡片；15—保持器；16—插座；17—滚珠丝杠；18—电机；19—摩擦连接器；20—摇把齿轮；21—连杆；22—动作杆

图 4.4 S700K 型电动转辙机结构图和实物图

（1）外壳部分：主要由铸铁底壳、动作杆套筒、导向套筒和导向法兰四部分组成。

（2）动力传动机构：主要由三相交流电机、齿轮组、摩擦连接器、滚珠丝杠、保持连接器和动作杆六部分组成。

（3）检测机构：主要由检测杆、叉形接头、速动开关组、锁闭块、锁舌和指示标六部分组成。

（4）安全装置：主要由开关锁、遮断开关、连杆和摇把孔挡板四部分组成。

（5）配线接口端：主要由电缆密封装置和接插件插座两部分组成。

四、外锁闭装置

当道岔由转辙机带动转换至某个特定位置后，通过本身所依附的锁闭装置，直接把尖轨与基本轨密贴夹紧并固定，称为道岔的外锁闭。即道岔的锁闭主要不是依靠转辙机内部的锁闭装置，而是依靠转辙机外部的锁闭装置实现的。

项目四 道岔及转辙机

由于外锁闭道岔的两根尖轨之间没有连接杆，在道岔转换过程中，两根尖轨是分别动作的，所以称为分动外锁闭道岔。目前应用较多的是钩式外锁闭道岔。分动尖轨用钩式外锁闭装置由锁闭杆、锁钩、锁闭框、尖轨连接铁、销轴和锁闭铁等组成，如图 4.5 所示。

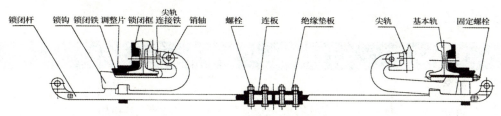

图 4.5　钩式外锁闭装置

任务工单

任务名称	S700K 型电动转辙机的拆装	姓名
		日期

操作方法
1. 观察 S700K 型电动转辙机动作情况。
　　在指导教师的指导下，启动 S700K 型电动转辙机机盖，观察其主要部件；然后用手摇把摇动转辙机，观察转辙机各零部件的动作情况。
2. 观察 S700K 型电动转辙机动作情况后，各组学生对整机进行分解实操。
　　第一步：拆交流电动机。
　　第二步：拆速动开关组，观察其接点情况。
　　第三步：拆遮断开关，观察其接点情况。
　　第四步：拆除保持连接器，查看其工作原理。
　　第五步：去掉锁舌和锁闭块。
　　第六步：去掉检测杆和表示杆，并查看其特点。
　　第七步：去掉导向法兰和动作杆。
　　第八步：去掉摩擦连接器和滚轴丝杠，观察其工作过程。
　　分解后对每部分零部件观察辨认，掌握其作用，然后进行组装实操。
3. 完成转辙机分解后，各组学生对整机进行组装实操。
　　第一步：安装摩擦连接器和滚轴丝杠。
　　第二步：安装导向法兰和动作杆。
　　第三步：安装检测杆和表示杆。
　　第四步：安装锁舌和锁闭块。
　　第五步：安装保持连接器。
　　第六步：安装遮断开关。
　　第七步：安装速动开关组。
　　第八步：安装交流电动机电机。
4. 完成了上述转辙机组装内容后，进行手动转辙机，观察各部件的动作情况。

分析故障原因	

操作中存在的问题及解决方法
1. 实训可根据实际情况进行。
2. 建议 4~6 人一组，注意设备及人身安全。
3. 注意其中拆装的顺序。

技能掌握程度	非常熟练□	比较熟练□	一般熟练□	不熟练□
教师评语				
任务实施成绩				
日期				

任务四　ZYJ7 型电动液压转辙机

工作任务

任务名称	ZYJ7 型电动液压转辙机测试	工单号	
姓名		专业	
日期		班级	

任务描述
ZYJ7 型电动液压转辙机一台、万用表、油压表、4 mm 试验片、10 mm 试验片、螺丝刀、活动扳手和转辙机钥匙等。

任务要求
掌握 ZYJ7 型电动液压转辙机的测试方法和测试标准。

一、电动液压转辙机概述

电动液压转辙机（简称电液转辙机）是采用电动机驱动、液压传动方式来转换道岔的一种转辙装置。液压转辙机取消了齿轮传动和减速器，简化了机械结构，将机械磨损减至最低程度，减少了维修工作量。但液压传动对液压介质要求较高，对元件要求也高，所以传动效率较低。

1. 液压传动的概述

液压传动是用液体为工作介质来传送能量的。油压传动是液压传动的一种，是利用油液的压力来传递能量的。液压传动借助于处于密闭容器内的液体的压力来传递能量和动力。液体虽然没有立体的几何形状，却有几乎不变的容积。当它被容纳于密闭的系统之中时，就可以将压力由一处传递到另一处。当高压液体在管道、油缸中流动时，就能传递机械能。

2. 液压传动的优点

（1）易于获得很大的力或力矩，并且易于控制。使用油泵容易获得较高的压力（7~35 MPa），油缸的有效承压面积较大，可获得很大的力或力矩，这是其他传动方式难以做到的。

（2）易于实现直线的往复运动，直接推动工作机构，适合牵引道岔尖轨移位。

（3）易于调整调速比。如用节流阀调速时，流量变速若由 0.021 mL/min 变到 100 mL/min，调速比就达到 5 000，这是其他传动方式无法比拟的。

（4）输出功率大、体积小，油泵的外形尺寸仅为同功率电机的 12%~13%，质量仅为 10%~20%。

（5）操纵力较小，传动平稳、均匀。

（6）在往复和旋转运动中，可以经常快速而无冲击地变速和换向，由于液压机构质量轻，惯性小，可获得高速反应。中等功率的电机启动，正常需要 1~2 s，而同功率的液压机不超过 0.1 s。

（7）易于获得各种复杂的动作，易于防止过载事故。

（8）易于布局及操纵，根据需要可增设多个牵引点。

（9）自动润滑，元件的寿命较长。

（10）易与电气设备配合，制作出性能良好、自动化程度很高的复合控制系统。

3. 液压传动的缺点

（1）容易出现泄漏。

（2）油的温度随温度变化会引起工作机构的不稳定性。

（3）空气渗入液压系统后会引起系统工作不良，如发生振动、窜动、爬行、噪声，都是由于空气渗入液压系统而造成的。尤其是在密封或液压系统设计得不合理时，空气很容易渗入。

（4）元件精度要求高，不易加工，价格较贵，对使用维修的要求较高。

（5）液压油易受污染，从而加剧元件的磨损和堵塞，使整机性能下降，寿命缩短甚至损坏。

二、ZYJ7 型电动液压转辙机的结构

ZYJ7 型电动液压转辙机由主机和 SH6 型锁闭转换器两部分组成，分别用于第一牵引点和第二牵引点。ZYJ7 型电动液压转辙机主机主要由电动机、油泵、油缸、启动油缸、接点系统、锁闭杆、动作杆等组成。SH6 型锁闭转换器（亦称副机）主要由油缸、挤脱接点、表示杆和动作杆组成。ZYJ7 型电动液压转辙机结构图和实物图如图 4.6 所示。

（1）电动机：采用交流三相异步电动机，该电动机增加了惯性轮，保证转辙机转换到位后开闭器接点不致颤动。

（2）油泵：采用双向斜盘轴向柱塞式油泵，其特点是构造简单、寿命长、工作可靠。

（3）油缸：由活塞杆、缸座、缸筒、缸套、接头体、连接螺栓和密封圈组成。活塞杆两端的螺孔与连接螺柱的一端紧固，连接螺栓另一端与杆架相连，杆架又连在机体外壳上。这样就使得活塞杆固定，用缸筒运动来推动尖轨或心轨转换。油缸用来将注入缸内的液推动尖轨或可动心轨转换。

（4）启动油缸：它的作用是在电动机刚启动时给一个小的负载，待转速提高、力矩增大时再带动负载，以克服交流电动机启动性能的不足的问题。

（5）单向阀：像二极管单向导电那样，正向的液压油流畅通，反向的液压油流则被关闭而不能通过，以有效地保证了油流单方向通过。

（6）溢流阀：主要由阀体和阀芯等组成。溢流阀的作用是通过调整弹簧弹力，保证油路中液压油的压力不超过一定的限值，以防止道岔转换受阻时，电动机电源未被断开时油路中油液压力转换成机械力，以推动尖轨或可动心轨转换。

（7）调节阀：通过调节螺柱，用来改善副机油缸与主机油缸在转换道岔时的同步性。

（8）节流阀：设在主机油缸活塞杆的两端，用来调节进入主机油缸液压油的流速。

（9）滤清器：也称滤芯，用合金粉末压铸而成，用来防止杂物进入溢流阀及油缸，造成

油路卡阻，以保证油路系统的可靠性。

（10）推板：是嵌在油缸套上的矩形钢板，其大部分嵌在缸套内，斜面凸起露在缸套外面。凸起的斜面动作时推动锁块，从而使动作杆运动。

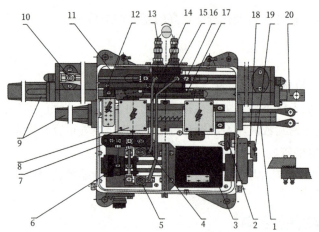

1—表示杆；2—安全接点；3—电机；4—注油孔；5—溢流阀；6—油泵；7—油标；8—接点组；9—保护管；10——动调节阀；11—油缸；12—油杯；13—二动调节阀；14—锁闭柱；15—空动油缸；16—动作板；17—滚轮；18—开关；19—锁栓；20—动作杆

图 4.6　ZYJ7 型电动液压转辙机结构图和实物图

（11）动作杆：方形动作杆上装设两个活动锁块，与油缸侧面的推板配合工作。动作杆外侧有圆孔，用销子和外锁闭杆连接。转换道岔时，油缸带动推板，推板推动锁块，锁块通过轴销与动作杆相连。道岔转换至锁闭位置时，推板将动作杆上的锁块挤于锁闭铁斜面上。

（12）锁闭杆：主机的伸出与拉入位置各设一根锁闭杆，外端通过长、短外表示杆与尖轨相连。内侧开有方槽，与接点组系统的锁闭柱方棒相配合。当尖轨转换到位锁闭后，锁闭柱落入锁闭杆上的方槽内，使接点接通相应的表示电路。由于锁闭杆上方槽为矩形，锁闭柱下端也为矩形，所以具有锁闭作用，故称为锁闭杆。两锁闭杆分别连接在两尖轨上，一根作为锁闭杆，另一根作为斥离尖轨的表示杆。

（13）表示杆：副机的伸出与拉入位置各设一根表示杆，外端通过长、短表示杆与尖轨相连。内侧开有斜槽，与接点组系统的检查柱下端斜角相配合，检查道岔位置。当尖轨转换到位锁闭时，检查柱下端落入表示杆缺口，使接点接通相应位置的表示电路。副机表示杆不起锁闭作用。挤岔时，检查柱上提断开表示电路。

（14）接点组：电动液压转辙机可采用普通自动开闭器，也可采用沙尔特堡 S800aW40 速动开关。

（15）挤脱器：挤脱器安装在 SH6 型转换锁闭器上。挤脱器与锁闭铁经定力机构与机壳连在一起。当道岔被挤时（挤切力大于该挤脱器预先调整的压力 30.4 kN 时），锁闭铁位移，转换接点组断开表示电路，并及时给出挤岔表示。如果道岔被挤，动作杆带动锁闭铁挤出凹槽，启动片随之移动，斜面带动拐臂轴上的小滚轮抬起，使动接点退出，断开表示电路。此时动作杆连接的锁闭铁与机壳上的固定桩失去连接，来自动作杆的挤切力再不能传给内侧的其他部件，起到挤岔保护作用。另外，道岔被挤时，表示杆的移动也能及时断开表示，可以说是双重保护。

任务工单

任务名称	ZYJ7 型电动液压转辙机测试	姓名	
		日期	

操作方法
1. 动作电压测试，额定值 380 V。
2. 溢流压力测试，调整大小为不大于 12.5 MPa。
3. 动作压力测试，调整大小为不大于 9.5 MPa。
4. 4 mm 试验检查测试，扳动试验 4 mm 不能锁闭。
5. 10 mm 试验检查测试，扳动试验 10 mm 不能锁闭。
6. 断相保护试验测试，应能自动切断电源。
7. 13（30）s 保护试验测试，应能自动切断电源。

分析故障原因	

操作中存在的问题及解决方法
1. 仪表挡位、量程要正确选择。
2. 测试时注意安全。

技能掌握程度	非常熟练□　　比较熟练□　　一般熟练□　　不熟练□
教师评语	
任务实施成绩	
日期	

任务五 ZDJ9 型电动转辙机

工作任务

任务名称	ZDJ9 型电动转辙机的测试	工单号	
姓名		专业	
日期		班级	

任务描述
1. 准备万用表、4 mm 试验片、10 mm 试验片、螺丝刀、活动扳手和转辙机钥匙等。
2. 完成 ZDJ9 型电动转辙机的测试。

任务要求
掌握 ZD9 型电动转辙机的测试方法和测试标准。

一、ZDJ9 型电动转辙机概述

　　我国借鉴国内外成熟的先进技术,结合我国铁路线路和道岔的实际情况进行优化设计,它有着安全可靠的机内锁闭功能,因此既可适用于联动内锁道岔,又可适用于分动外锁道岔,既适用于单点牵引,又适用于多点牵引,安装时,既能角钢安装,又能托板安装。ZDJ9 型电动转辙机分成 ZD9 型交流系列和 ZDJ9 型直流系列。交流转辙机电源电压为 AC380 V,直流转辙机电源电压为 DC 220 V。又分为 A、B、C、D、E、F 不同的派生型号,其中 A、B 为分动外锁闭道岔所用,分别用于第一、第二牵引点;C、D 为联动内锁道岔所用,分别用第一、第二牵引点;E 用于非提速区段第二牵引点;F 用于单机牵引的道岔。

二、ZDJ9 型电动转辙机的构成

　　ZDJ9 型电动转辙机主要由电动机、减速箱、摩擦连接器、主轴、动作杆、表示杆、移位接触器和外壳等组成,如图 4.7 所示。

　　(1)电动机:它为电动转辙机提供动力,有交流三相 380 V 电动机和 DC 220 V 电动机两种类型。

　　(2)减速器:将电动机的高速转速降下来,以提高转动力矩。第一级减速为齿轮减速,它以齿轮箱的形式与电动机结合在一起。第二级减速是由滚珠丝杠、螺母及推板套完成,它除了具有减速作用外,还将旋

图 4.7　ZDJ9 型电动转辙机

转运动变为推板套的水平动作。

（3）摩擦连接器：采用片式粉末冶金摩擦方式，将摩擦连接器齿轮与滚珠丝杠固定在一起。道岔在正常转动时，摩擦连接器不空转，摩擦连接作用良好；道岔尖轨因故不能转到位时，摩擦连接器应空转。

（4）滚珠丝杠和推板套：滚珠丝杠选用国产的磨削丝杠，直径为 32 mm，导程为 10 mm。滚珠丝杠的一端与摩擦连接器"固定"在一起，当摩擦连接器转动时，滚珠丝杠随之转动，使丝杠上的推板套做水平运动。

（5）动作板：固定推板套面上的钢板，有高、低两个层面，高面两端有斜面，低面两端设两个可窜动（弹簧弹力）的速动片。推板套动作时，动作板随之动作，接点座上的滚轮会慢慢抬起，切断表示，同时接通下一转换方向的动作接点；当动作到位时候，滚轮从动作板滑动面落下，动作接点断开，同时表示接点接通，给出道岔表示。

（6）动作杆：上面装设两个活动锁块，与推板配合工作。动作杆外侧有圆孔，用销子和外锁闭杆连接。

（7）表示杆（锁闭杆）：转辙机的伸出与拉入位置各设一根锁闭杆，外端通过外表示杆与尖轨相连。

（8）自动开闭器接点组：与 ZD6 型相同，只是将动接点支架改进成为有两处压嵌连接的结构，因此左右调整板设在同侧，缩小了接点组尺寸。另外，静接点片用铍青铜制造，动接点环用铜钨合金制造，使用寿命在 100 万次以上。

（9）挤脱器：由调整螺母、调整垫、碟簧和挤脱柱等组成，正常情况下，靠碟簧的弹力，挤脱柱顶住锁闭铁，使锁闭铁"固定"不动。

（10）安全开关组：由安全开关、连接杆和电机轴端连扳组成。手动时，由于安全开关通过连接杆与电机轴端的连板相连，必须打开安全开关手摇把才能插入。

（11）接线端子：采用免维护的万可（WAGO）端子，该接线端子的零件没有螺纹连接件，能抗振动和冲击，同时又不损及导线，耐振动 X 轴、Y 轴、Z 轴方向可达 2 000 Hz，100 G。

任务工单

任务名称	ZDJ9型电动转辙机的测试	姓名	
		日期	

操作方法
1. 动作电压，额定值380 V。
2. 4 mm试验检查，扳动试验4 mm不能锁闭。
3. 10 mm试验检查，扳动试验10 mm不能锁闭。
4. 13（30）s保护试验，应能自动切断电源。
5. 断相保护试验，应能自动切断电源。

分析故障原因	

操作中存在的问题及解决方法
1. 仪表挡位、量程要正确选择。
2. 测试时注意安全。

技能掌握程度	非常熟练☐	比较熟练☐	一般熟练☐	不熟练☐
教师评语				
任务实施成绩				
日期				

项目五

轨道电路

【学习目标】

知识目标
1. 了解轨道电路的分类。
2. 掌握轨道电路的基本原理与作用。
3. 掌握轨道电路的划分及命名。
4. 掌握 JZXC-480 型轨道电路。
5. 掌握 25 Hz 相敏轨道电路。
6. 掌握音频轨道电路。

能力目标
1. 能根据图纸调整各类轨道电路。
2. 能测试各类轨道电路。

【学习任务】

1. 了解轨道电路的基本原理与作用。
2. 认知 JZXC-480 型轨道电路。
3. 认知 25 Hz 相敏轨道电路。
4. 认知音频轨道电路。

【教学建议】

可在实训室结合实际设备开展"教、学、做"一体化教学认知；或者先进行多媒体理论教学，再到现场结合设备转换过程进行教学，包括轨道电路箱盒内设备安装、配线、调整和测试等。

任务一 轨道电路的认知

工作任务

任务名称	轨道区段命名及轨道电路极性交叉	工单号	
姓名		专业	
日期		班级	

任务描述
1. 准备万用表1块、5 mm套筒扳手1把、6 mm套筒扳手1把、常用工具1套、轨道电路双线图、0.06 Ω标准分路线、联锁系统站场平面图。
2. 完成极性交叉测试认知。

任务要求
熟悉极性交叉的概念和实现极性交叉的作用。

一、轨道电路概述

轨道电路是利用钢轨线路和钢轨绝缘构成的电路。它用来监督线路的占用情况,以及将列车运行与信号显示等联系起来,即通过轨道电路向列车传递行车信息。轨道电路是信号的重要基础设备,它的性能直接影响行车安全和运输效率。

对于城市轨道交通,轨道电路不仅用来检测列车是否占用,更重要的是要传输ATP信息。所以除车辆段内可采用50 Hz相敏轨道电路外,正线需要采用音频轨道电路。为便于牵引电流流通,提高线路性能,方便维修,音频轨道电路是无绝缘的。音频轨道电路多采用数码调制方式,数码调制与模拟信号调制相似,也是用较高频率的正弦信号作为载波,但调制信号是数字基带信号,多采用高可靠性、多信息量的数字编码式音频轨道电路,也称数字轨道电路。

二、轨道电路的基本原理及组成

一般轨道电路都是以铁路线路的两根钢轨作为导体,两端加以机械绝缘(或电气绝缘),接上送电和受电设备构成的电路,如图5.1所示。

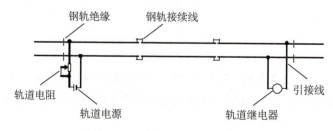

图5.1 轨道电路组成示意图

（1）轨道电路的送电设备设在送电端，由轨道电源 E 和限流电阻 R_X 组成，限流电阻的作用是保护电源不致因过负荷而损坏，同时保证列车占用轨道电路时，轨道继电器可靠落下。接收设备设在受电端，一般采用继电器，称为轨道继电器，由它来接收轨道电路的信号电流。

（2）送、受电设备一般放在轨道旁的变压器箱或电缆盒内，轨道继电器设在信号楼内。发送、受电设备由引接线（钢丝绳）直接接向钢轨或通过电缆过轨后由引接线接向钢轨。

（3）钢轨是轨道电路的导体，为减小钢轨接头的接触电阻，增设了轨端接续线。

（4）钢轨绝缘是为分隔相邻轨道电路而装设的。两绝缘节之间的钢轨线路，称为轨道电路的长度。

（5）当轨道电路内钢轨完整，且没有列车占用时，轨道继电器吸起，表示轨道电路空闲。轨道电路被列车占用时，它被列车轮对分路，轮对电阻远小于轨道继电器线圈电阻，流经轨道继电器的电流大大减小，轨道继电器落下，表示轨道电路被占用。

三、轨道电路的作用

轨道电路的第一个作用是监督列车的占用。利用轨道电路监督列车在区间或列车和调车车列在站内的占用，是最常用的方法。由轨道电路反映该段线路是否空闲，为开放信号、建立进路或构成闭塞提供依据，还利用轨道电路的被占用关闭信号，把信号显示与轨道电路是否被占用结合起来。

轨道电路的第二个作用是传递行车信息。例如，数字编码式音频轨道电路中传送的行车信息，为 ATC 系统直接提供控制列车运行所需要的前行列车位置、运行前方信号机状态和线路条件等有关信息，以决定列车运行的目标速度，控制列车在当前运行速度下是否减速或停车。对于 ATC 系统来说，带有编码信息的轨道电路是其车地之间传输信息的通道之一。

四、轨道电路的分类

轨道电路有较多种类，也有多种分类方法。

1. 按所传送的电流特性分类，轨道电路可分为工频连续式轨道电路和音频轨道电路。

工频连续式轨道电路中传送连续的交流电流。这种轨道电路的唯一功能是监督轨道的占用与否，不能传送更多信息。

音频轨道电路又分为模拟式和数字编码式。模拟式音频轨道电路采用调幅或调频方式，用低频调制载频，除监督轨道的占用外，还可以传输较多信息，主要传送列车运行前方三个或四个闭塞分区的占用状态的信息；数字编码式音频轨道电路采用数字调频方式，但它采用的不是单一低频调制频率，而是一个若干比特的一群调制频率，根据编码去调制载频，编码包含速度码、线路坡度码、闭塞分区长度码、纠错码等，可以传输更多的信息。

2. 按分割方式分类，轨道电路可分为有绝缘轨道电路和无绝缘轨道电路。

有绝缘轨道电路用钢轨绝缘将本轨道电路与相邻的轨道电路互相电气隔离。一般轨道电路常指有绝缘轨道电路。钢轨绝缘在车辆运行的冲击力、剪切力作用下很容易破损，使轨道电路的故障率较高。绝缘节的安装，给无缝线路带来一定的麻烦，有时需锯轨，因而降低了线路的轨道强度，增加了线路维护的复杂性。电气化铁路的牵引回流不希望有绝缘节，为使牵引回流能绕过绝缘节，必须安装扼流变压器或回流线。因此无缝线路和电气化铁路希望采用无绝缘轨道电路。

无绝缘轨道电路在其分界处不设钢轨绝缘，而采用电气隔离的方法予以隔离。电气隔离式又称谐振式，利用谐振槽路，采用不同的信号频率，谐振回路对不同频率呈现不同阻抗，来实现相邻轨道电路间的电气隔离。

无绝缘轨道电路与有绝缘轨道电路相比较，具有较明显的特点和优点。由于去掉了故障率高的轨端机械绝缘，因而大大地提高了轨道电路的可靠性。在长轨区段安装不用锯轨，在电气化区段降低了轨道电路的不平衡系数，改善了钢轨线路的运营质量。

城市轨道交通正线上采用无绝缘轨道电路，取消了机械绝缘节和钢轨接头，大大减少了车辆轮对与钢轨接缝之间的碰撞，降低了轮对和钢轨的磨损，避免了列车过接缝时乘客的不舒适感。

3. 按使用处所分类，轨道电路可分为区间轨道电路和车辆段内轨道电路。

区间轨道电路主要用于正线，不仅要监督各闭塞分区是否空闲，而且还要传输有关的行车信息。一般来说，区间要求轨道电路传输距离较长，要满足闭塞分区长度的要求，轨道电路的构成也比较复杂。

车辆段内轨道电路，用于段内各区段，一般只有监督本区段是否空闲的功能，不能发送其他信息。

4. 按轨道电路内有无道岔分类，轨道电路可分为无岔区段轨道电路和道岔区段轨道电路。

无岔区段轨道电路内钢轨线路无分支，构成较简单，一般用于检车线、停车线等，或者是尽头调车信号机前方接近区段、两差置调车信号机之间的区段。

在道岔区段，钢轨线路有分支，道岔区段的轨道电路就称为分支轨道电路或分歧轨道电路。在道岔区段，道岔处钢轨和杆件要增加绝缘，还要增加道岔连接线和跳线。当分支超过一定长度时，还必须设多个受电端。

五、轨道电路的基本要求

（1）ATP 列车自动防护。

地面设备宜采用报文式无绝缘轨道电路或适用于其他准移动闭塞、移动闭塞 ATC（列车自动）系统的地面设备，也可采用模拟式音频轨道电路。

（2）对轨道电路的要求。

① ATC 控制区域宜采用无绝缘轨道电路，道岔区段、车辆段及停车场线路可采用有绝缘轨道电路。区间轨道电路应为双轨条牵引回流方式；道岔区段、车辆段及停车场轨道电路可采用单轨条牵引回流方式。

② 相邻轨道电路应加强干扰防护。

（3）轨道电路的参数。

轨道电路的参数可采用下列数据。

① 整体道床电阻可采用 2 Ω·km；碎石道床电阻可采用 1 Ω·km。

② 分路电阻可采用 0.1 Ω。

（4）轨道电路利用兼作牵引回流的走行轨时，装设的横向均流线应不影响轨道电路的正常工作。

（5）轨道电路的技术条件。

轨道电路应满足以下技术条件。

① 短轨道电路长度在 50 m 以下。

② 长轨道电路长度在 400 m 以下。

③ 道床电阻不小于 2 Ω·km。

④ 最小分路电阻为 0.15 Ω。

⑤ 模糊区长度不大于 4.5 m。

⑥ 室内设备至室外设备的控制距离不小于 2 km。

六、轨道电路的划分及命名

1. 正线轨道电路划分

正线大多采用无绝缘轨道电路，每隔一定距离划分一个闭塞分区。

2. 车辆段轨道电路划分

在车辆段内，轨道电路之间采用钢轨绝缘把两个轨道电路划分为互不干扰的独立电路单元，称为轨道电路区段。其划分原则如下。

（1）凡有信号机的地方均装设钢轨绝缘，将信号机的内、外侧划分为不同区段。

（2）凡能平行运行的进路，应设钢轨绝缘隔开，如渡线道岔上的钢轨绝缘。

（3）一个轨道电路区段内包含的道岔原则上不应超过三组。

（4）为了提高咽喉区使用效率，轨道电路区段应适当划短，使道岔区段能及时解锁其他进路。

与一般铁路车站不同的是，城市轨道交通车辆段车库的停车线一般划分为两段轨道电路，允许停放两列列车。

3. 车辆段轨道电路的命名

（1）道岔区段轨道电路命名：根据道岔编号来命名。

包含一组道岔：如图 5.2 所示，6 号道岔的轨道区段命名为 6DG；

包含两组道岔：如图 5.2 所示，15、16 号道岔的轨道区段命名为 15-16DG，8、10 号道岔的轨道区段命名为 8-10DG；

包含三组道岔：取其中最大和最小的道岔号命名。如某区段内有 3、8、10 号道岔，该轨道电路区段命名为 3-10DG。

（2）无岔区段轨道电路的命名。

停车线股道轨道电路：按照股道编号命名，一般停车线划分为两个轨道区段，可停放两列车。如 1 号道岔的两个轨道区段分别命名为 1A、1B。

进、出段口处的无岔区段：根据功能命名。如在进、出车辆段处的转换轨，分别命名为 ZHG1、ZHG2。

牵出线等处调车信号机外侧的接近区段：在调车信号机名称后加 G 表示。

位于咽喉区的无岔区段：以两端道岔编号写成分数形式加 G 表示。

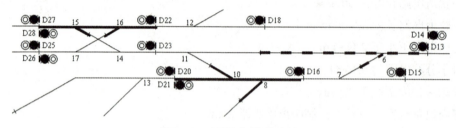

图 5.2　轨道电路的命名

七、轨道电路的极性交叉

1. 极性交叉

有绝缘的轨道电路，当钢轨绝缘双破损时，可能引起轨道继电器的错误动作，如图 5.3（a）所示，由于没有按照极性交叉的要求设置，当 1G 有车占用而绝缘双破损的情况下，由于两个轨道电源同时供电，且电流方向相同，因此 1GJ 可能保持吸起而危及行车安全。

为了实现对钢轨绝缘破损的防护，使钢轨绝缘两侧的轨面电压具有不同的极性或相反的相位，这就是轨道电路的极性交叉。

图 5.3（b）所示，按照极性交叉配置，绝缘破损时，轨道继电器中的电流是两轨道电源所供电流之差，只要调整得当，1GJ 和 3GJ 都会落下，保证行车安全，并能及时反映设备故障，满足了故障 – 安全的要求。

对于交流电，只要两相邻轨道电路电流的相位相反，它们的瞬间极性也相反，可以得到极性交叉的效果。对于频率电码轨道电路，由于相邻区段的编码不同，不能实现极性交叉，必须采用频率防护的方法。

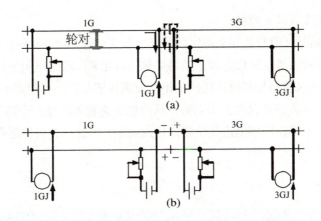

图 5.3 轨道电路的极性交叉

2. 极性交叉的配置

在无分支线路上,极性交叉配置比较容易,只要依次变换轨道电路供电电源的极性。而在有分支线路上,即有道岔处,极性交叉的配置就要复杂一些。因为道岔绝缘节可以设在道岔直股,也可设在弯股,不同的设置,将影响整个车站极性交叉的配置。

在一个闭合的回路中,绝缘节的数量必须达到偶数才能实现极性交叉,若为奇数,采用移动绝缘节的方法实现。车站内要求正线电码化时,可以将绝缘节移至弯股,并且采用人工极性交叉方式。

八、超限(侵限)绝缘节

按照铁路有关要求,车辆段道岔区段设置于警冲标内侧的钢轨绝缘,其安装位置距离警冲标不得小于 3.5 m,如图 5.4 所示。当利用车辆段控制台或显示器的光带确认车轮越过绝缘时,这种设置要求可以确保车辆也全部进入警冲标内侧。

当不得已钢轨绝缘只能装设于警冲标内侧小于 3.5 m 处,即构成了"侵限绝缘",又称为"超限绝缘",超限绝缘节的画法是在正常绝缘节符号外画圆圈。侵限绝缘的存在影响有关信号、道岔、轨道电路的联锁关系,有关工作人员,如调车人员、车站操作人员、信号维修人员等,应熟悉现场侵限绝缘位置,当涉及侵限绝缘的作业时,应严格执行有关规定,避免由于停车位置不当造成行车事故或影响列车运行。

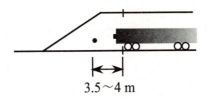

图 5.4 钢轨绝缘与警冲标

常见的超限绝缘有以下两种。

（1）当某一道岔区段与相邻轨道区段的绝缘节到该道岔警冲标距离小于 3.5 m 时，此绝缘节为超限绝缘，经过该道岔区段办理进路时必须检查相邻区段的空闲条件。

（2）某一道岔区段与相邻道岔区段的绝缘节到该道岔警冲标距离小于 3.5 m，当相邻区段的道岔开通本道岔区段或道岔失去表示时，该绝缘节为超限绝缘；当道岔不开通本区段时，该绝缘节就不是超限绝缘，即根据道岔位置条件来决定，因此称为条件超限绝缘。

任务工单

任务名称	轨道电路极性交叉	姓名	
		日期	

操作方法

JZXC-480 型交流轨道电路极性交叉的测试及调整。

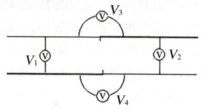

1. 测试方法

按上图先测出两轨面电压 V_1 和 V_2，然后分别将万用表跨接在两组绝缘节上，测出绝缘上电压 V_3 和 V_4。如果 $V_1+V_2=V_3+V_4$，则说明极性交叉正确；如果 $V_1+V_2 \neq V_3+V_4$，则说明极性交叉不正确。

2. 调整方法

按照双线轨道电路图的极性交叉，由车站的一个咽喉向另一个咽喉逐步测试极性交叉是否正确。若不正确，调换送端变压器抽头，使之极性交叉。全站测试完毕，在更换变压器时，注意不要把送端的抽头接反，否则将不能实现极性交叉。

分析故障原因	

操作中存在的问题及解决方法

1. 分路电阻应与钢轨可靠接触，尽量减小接触电阻。
2. 发现某区段极性交叉不正确时，不要立即进行调整，应等整个回路全部测试完毕，再进行调整。

技能掌握程度	非常熟练□	比较熟练□	一般熟练□	不熟练□
教师评语				
任务实施成绩				
日期				

任务二 工频交流连续式轨道电路

工作任务

任务名称	JZXC-480 型轨道电路的测试和调整方法	工单号	
姓名		专业	
日期		班级	

任务描述
1. 准备万用表 1 块、5 mm 套筒扳手 1 把、6 mm 套筒扳手 1 把、常用工具 1 套、轨道电路双线图、0.06 Ω 标准分路线。
2. JZXC-480 型轨道电路的测试和调整。

任务要求
1. 电源变压器Ⅰ次电压、Ⅱ次电压测试。
2. 送、受端限流器电压测试。
3. 送、受端轨面电压测试。
4. 轨道绝缘测试检查测试。
5. 分路残压测试。
6. GJ 端电压测试。

工频交流连续式轨道电路采用工频 50 Hz 交流电源,以 JZXC-480 型继电器为轨道继电器,故又称 JZXC-480 型轨道电路。这种轨道电路实质上是交直流轨道电路,电源是交流电,钢轨中传输的是交流电,而轨道继电器是整流继电器。与交流轨道电路相比,无须调整相位角。

一、工频交流轨道电路的组成

JZXC-480 型轨道电路是非电化区段使用的一种非电码化安全型交流连续式轨道电路,这种轨道电路构成简单,电路采用干线供电方式,由信号楼引出一对或两对电缆向各轨道区段送电端轨道变压器 BG5 供电,由受电端 1∶20 的 BZ4 升压变压器升压后送到室内 JZXC-480 型继电器。JZXC-480 型轨道电路一送一受只有送端串有可调电阻,一送多受时各受电端都加一只电阻,送电端电阻均为 2.2/220 W 型。其组成如图 5.5 所示。

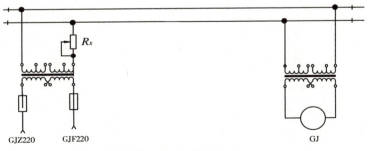

图 5.5 工频交流轨道电路

（1）送电端：由 50 Hz 交流轨道电源、BG1-50 型轨道变压器、限流电阻 R_x、钢轨引接线等组成。

（2）钢轨线路：由钢轨、轨端接续线和钢轨绝缘组成。

（3）受电端：由钢轨引接线、BZ4 型中继变压器和 JZXC-480 型轨道继电器组成。

二、工频交流轨道电路的工作原理

如图 5.5 所示。当轨道电路完整，且无车占用时，交流电源由送电端经钢轨传输到受电端，轨道继电器吸起，表示本轨道电路空闲。此时轨道继电器的交流端电压应在 10.5～16 V 之间，即高于轨道继电器工作值 9.2 V 的 15%，有此安全系数，以保证轨道继电器可靠励磁。

当车占用轨道电路时，轨道电路被车辆轮对分路，使轨道继电器端电压低于其工作值，轨道继电器落下，表示本轨道电路被占用。分路时，轨道继电器的交流残压值不得大于 2.7 V，即轨道继电器释放值 4.6 V 的 60%，以低于释放值 40% 的安全系数保证轨道继电器可靠释放。

三、工频交流轨道电路各部件及其作用

（1）轨道变压器：用于轨道电路供电，可通过改变变压器Ⅱ次侧的端子连接，获得不同的输出电压。

（2）中继变压器：用于轨道电路受电端，BZ4 与 JZXC-480 型轨道继电器配合使用，可使钢轨阻抗与轨道变压器相匹配。

（3）变阻器：当轨道电路被车辆轮对分路后，用于承载送电端电流，保护设备不损坏。

（4）钢轨绝缘：安装在轨道电路分界处，以保证相邻轨道电路间的可靠的电气绝缘，使它们互不影响。

（5）钢轨引接线：用于轨道电路送受端变压器箱或电缆盒与钢轨的连接。

（6）钢轨接续线：用于连接两钢轨轨端，降低接触电阻。

项目五 轨道电路

🚩任务工单

任务名称	JZXC-480型交流轨道电路的测试和调整方法	姓名	
		日期	

操作方法
1. 电源变压器Ⅰ次电压、Ⅱ次电压测试，用万用表直接在室外变压器Ⅰ、Ⅱ次侧端子上测得。
2. 送、受端限流器电压测试，用万用表交流挡在限流电阻引出端子上测得。
3. 送、受端轨面电压测试，在轨面上分别测出送、受端轨面上电压。
4. 轨道绝缘测试检查测试，使用GDJY-B型轨道绝缘在线测试仪Ω挡测量，日常判断时，测出轨面对另一侧钢轨内、外夹板上的电压值，用同样方法测出另一侧的电压值。
5. 分路残压测试，分别用0.06Ω分路线在送受端分路，室内测试GJ轨道线圈电压。
6. GJ端电压测试，在轨道电压测试盘上测试。

分析故障原因	

操作中存在的问题及解决方法
测试时分路电阻应与钢轨可靠接触，尽量减小接触电阻。

技能掌握程度	非常熟练☐	比较熟练☐	一般熟练☐	不熟练☐
教师评语				
任务实施成绩				
日期				

任务三　25 Hz 相敏轨道电路

工作任务

任务名称	25 Hz 相敏轨道电路的测试	工单号	
姓名		专业	
日期		班级	

任务描述
1. 准备万用表 1 块、5 mm 套筒扳手 1 把、6 mm 套筒扳手 1 把、常用工具 1 套、轨道电路双线图、0.06 Ω 标准分路线。
2. 完成 25 Hz 相敏轨道电路的测试。

任务要求
1. 熟悉极性交叉的概念和实现极性交叉的作用。
2. 掌握 25 Hz 相敏轨道电路极性交叉的测试和调整方法。

25 Hz 相敏轨道电路是电力牵引区段较为常用的一种轨道电路，它也可用于非电化区段，是应用较为广泛的一种轨道电路制式。由于 25 Hz 相敏轨道电路采用低频传输，终端设备采用相位鉴别方式，且频率限为 25 Hz，因此具有相对传输损耗小，执行设备灵敏度高，抗干扰能力强等优点，缺点是设备故障点多，工作电源需两种（局部 110 V 及轨道 220 V）。

一、25Hz 相敏轨道电路的组成

25 Hz 相敏轨道电路的组成。

（1）送电端：由 25 Hz 轨道电源、25 Hz 轨道变压器 BG25、限流电阻 R_X、25 Hz 扼流变压器和引接线组成。

（2）钢轨线路：由钢轨、轨端接续线和钢轨绝缘三部分组成。

（3）受电端：由 25 Hz 扼流变压器、25 Hz 轨道中继变压器 BG25、防雷补偿器、25 Hz 防护盒 HF 和交流二元二位继电器等组成。

二、25 Hz 相敏轨道电路原理

如图 5.6 所示，由 25 Hz 电源屏分别供出 25 Hz 轨道电源和局部电源。轨道电源由室内供出，通过电缆供向室外，经送电端变压器、送电端限流电阻、送电端扼流变压器、钢轨线路、受电端扼流变压器、受电端中继变压器、电缆线路送回室内，经过室内防雷硒堆、防护盒给二元二位继电器的轨道线圈供电。局部线圈的 25 Hz 电源由室内供出，当轨道线圈和局部线圈所得电流满足规定的相位和频率要求时,二元二位继电器吸起,轨道电路处于工作状态。

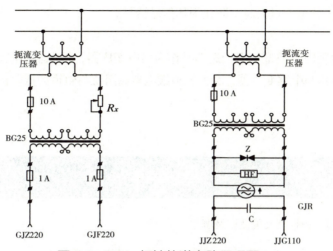

图 5.6　25 Hz 相敏轨道电路原理图

三、各主要部件作用

1. 二元二位继电器

作用:反映轨道区段的占用和出清。

原理:它是一种交流感应式继电器。当该继电器通过规定的交流频率电流,局部线圈电压超前轨道线圈 90° 时吸起。该继电器具有可靠的频率和相位选择性,对轨端绝缘破损和外界牵引电流及其他频率干扰能可靠的防护。

2. 防护盒

作用:减少 25 Hz 信号在传输中的衰耗和相移;减少 50 Hz 干扰电压。

原理:L/C 串联谐振电路,谐振频率 50 Hz。当轨道线圈加 50 Hz 的电压时,L、C 电路串联谐振,相当于 15 Ω 电阻,起着减少轨道线圈干扰电压的作用,对 25 Hz 信号电流,L、C 电路相当于一个 16 μF 的电容,由于电容的特性,L、C 电路减少了轨道电路传输衰耗和相移的作用。

3. 扼流变压器

作用:沟通牵引电流,同时配合送电端供电变压器,受电端匹配变压器和二元二位继电器等设备,构成 25 Hz 相敏轨道电路系统。

原理:变比 1∶3。当两根钢轨的牵引电流分别由牵引线圈两端流入,由中接点流出时,因为上、下两线圈匝数相同,而线圈中电流方向相反,则信号线圈中不产生 50 Hz 感应电流,对 25 Hz 信号电流来说,从一个方向流经牵引线圈,与信号线圈共同形成变压器。

4. 送端限流电阻

作用:防止车辆在送端轨面上分路时,分路电流过大烧毁轨道变压器;提高分路灵敏度。

阻值使用规定:①道岔区段送端有扼流时为 4.4 Ω,不带扼流时为 1.6 Ω;②无岔区段送端有扼流时为 4.4 Ω,不带扼流时为 0.9 Ω。

5. 10 A 熔断器

作用：50 Hz 干扰电流过大时，防止损坏信号器材。

6. 变压器

送、受电端使用同一类型，用于送端时作为供电变压器，根据轨道电路的类型和长度调整电压。用于终端时作为中继变压器，为使轨道继电器高阻抗与轨道的低阻抗相匹配，变比固定。

任务工单

任务名称	25 Hz 相敏轨道电路的测试	姓名	
		日期	

操作方法

25 Hz 相敏轨道电路极性交叉的测试及调整。

1. 测试方法

双扼流：按如图测试，如果 $2V_3 > V_1$，且 $2V_3 > V_2$，则说明极性正确。

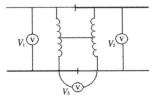

无扼流变压器或单扼流：按如图测试，如果 $V_3 < V_1$，且 $V_3 < V_2$，则说明极性正确。

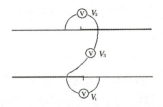

2. 调整方法

与 480 轨道电路相同，但是调换送端变压器抽头位置时，该区段的受端抽头也应调换，否则二元二位继电器不能正常工作。当极性交叉正确后，在更换变压器时，不要改变送端变压器的抽头位置，以保证极性交叉的正确性。

3. 用 0.6 Ω 标准分路电阻器放在两根钢轨上，测量受电端中继变压器的二次绕组两端的电压，记录数据；改变分路电阻器放置位置，重新测量数据并记录。

分析故障原因	

操作中存在的问题及解决方法

1. 25 Hz 相敏轨道电路极性交叉测试时，如果存在干扰电流，可使用相位表测量。
2. 发现某区段极性交叉不正确时，不要立即进行调整，应等整个回路全部测试完毕，再进行调整。

技能掌握程度	非常熟练☐ 比较熟练☐ 一般熟练☐ 不熟练☐
教师评语	
任务实施成绩	
日期	

项目六 计轴器

【学习目标】

知识目标
1. 掌握计轴器的组成。
2. 掌握计轴器的工作原理及工作过程。
3. 掌握计轴器计数方法。

能力目标
1. 能认识计轴器的相关设备。
2. 能明白计轴器的工作原理。

【学习任务】

1. 了解计轴器的组成及工作原理。
2. 了解计轴器的计数方法。

【教学建议】

可在具有计轴器的实训室开展"教、学、做"一体化教学;在现场对相关设备及作用进行演示讲解。

工作任务

任务名称	计轴器结构及复零操作		工单号	
姓名			专业	
日期			班级	
任务描述 准备计轴器一套、磁头、EAK、ACE、复零按钮等。				
任务要求 1. 完成室内外设备的认知。 2. 完成区段复零操作。				

一、计轴器的组成（以泰雷兹 AZLM 系统为例）

计轴器包括室外轨旁系统和室内系统，如图 6.1 所示。

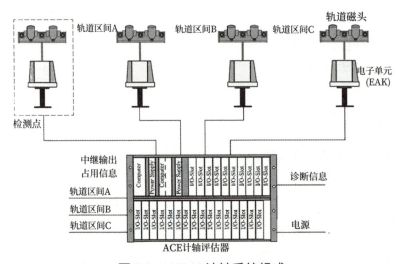

图 6.1　AZLM 计轴系统组成

室外轨旁系统由磁头（SK）和黄帽子（EAK）两大部分组成，其中，发送磁头、接收磁头、保护套管、紧固件、测试设备构成了磁头部分；EAK（底板、运算板、模拟板）、黄帽子、安装基础构成了黄帽子部分。室内系统由电源、计算机、串口板、并口板、诊断接口及 PDCU 组成。

1. 磁头

磁头的主要功能是探测车轮。磁头包括发送磁头和接收磁头，磁头由 2 套物理上分离的线圈组 SK1 和 SK2 构成，安装在同一根钢轨上。发送磁头安装在钢轨外侧，接收磁头安装在钢轨内侧。发送端和接收端构成磁场回路，切割磁力线来判断经过的轮对数。从室外的 SK30H 双磁头开始，磁头通过感应列车轮对切割磁力线产生电流，将感应电流传入 EAK 中的模拟板。磁头的实物图如图 6.2 所示。

2. 电子单元 EAK

（1）EAK 的作用。

计轴系统除了直接安装在轨道上的传感器外，室外部分还包括在轨旁的密闭安装盒——电子单元 EAK 箱，如图 6.3 所示，就是俗称的"小黄帽"，其作用是给磁头供电，然后接收磁头发回的信号，经过简单逻辑判断和处理后发回室内。将电子单元密闭在安装盒中，具有防尘、防潮、防电磁干扰的作用，为电子设备提供较好工作环境。

EAK 的功能是将室内提供的电源转化为各单板所需电压，向车轮传感器发送磁头提供信号电压，并将车轮传感器接收磁头中感应的信号电压送回盒内，转换成便于远距离传输的数字信号（FSK），送往车站信号机械室计轴主机进行计轴。

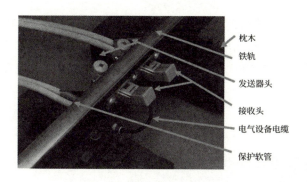
图 6.2 磁头的实物图

图 6.3 电子单元 EAK 箱

（2）EAK 的组成。

EAK 的箱内，有接地板，接地板上有电子单元，电子单元里有底板、模拟板卡，以及核算器各一块，如图 6.4 所示；计轴点通过电缆线与室内计轴主机连接。一般计轴点的 EAK 箱下个共有 6 条电缆，其中 4 条电缆连接计轴磁头，1 条电缆连接室内 CTF 分线盘，还有 1 条地线电缆。每个检测点需提供两对电缆（不含备用），一对为信号线，一对为电源线。计轴点的供电电压为 AC 60 V~120 V，其电源线可给多个计轴点共用，以故障影响区段最少为原则（一般共用不超过 4 个检测点为宜）。

EAK 安装时先在安装点预先做一个基础（由工程施工），基础顶面与钢轨顶面水平，将 EAK 固定在基础上。EAK 安装在与主传感器同侧，箱盖向所属线路外侧打开。

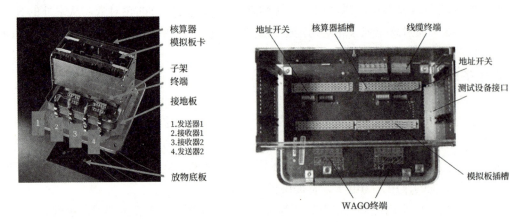

图 6.4 EAK 内部组成及连接

3. 计轴评估器 ACE

计轴评估器（ACE）安装在室内的计轴机笼内，ACE 接收并处理来自 EAK 的数据，判定区段占用状况，向联锁设备发送区段占用或空闲的信息，以及与诊断计算机连接并发送诊断信息。ACE 的设备组成包括电源板、安全计算机 CPU 板、串行 I/O 板、并行 I/O 板、光电耦合单元 PDCU 等，如图 6.5 所示。

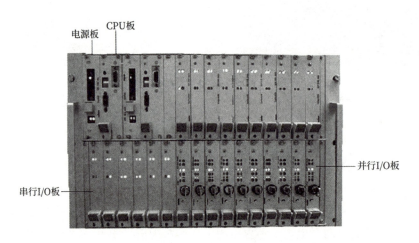

图 6.5 ACE 内部组成

（1）安全计算机模块。

计算机模块是一个二取二安全计算机系统，每个主机可处理计算 32 个轨道区段的计轴数据。双 CPU 接收来自计轴点的带有计轴信息的报文，对同一区段的两个计轴点的轮轴信息进行比较处理，根据计轴数量是否一致来确定区段的占用或空闲状态。计算机模块面板如图 6.6 所示。

（2）电源模块。

每个 CPU 通道都有自己的 DC/DC 转换器，它向设备提供 5 V 和 12 V 电源。电源模块面板如图 6.7 所示。电源模块面板有 3 个工作状态指示灯，分别是 LED IN、LED OUT1 和 LED OUT2，LED IN 为输入电压指示灯，正常情况下亮绿色；LED OUT1 和 LED OUT2 为输出指示灯，正常情况下亮绿色。

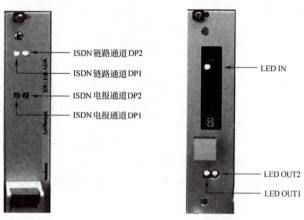

图 6.6　计算机模块面板　　图 6.7　电源模块面板

（3）串行 I/O 模块。

轨旁设备发出的数据由串行 I/O 模块接收，并通过预处理器对来自 EAK 的数据进行处理转换成报文信息传送给安全 CPU 模块。预处理器与安全 CPU 模块之间的接口使用现场 CAN 总线。室内主机与检测点设备之间采用容错的 ISDN 通信方式。串行 I/O 模块面板如图 6.8 所示。

（4）并行 I/O 模块。

安全 CPU 对区段状态的报文信息经过逻辑运算及判断比较后，将区段占用信息通过并行 I/O 预处理器模块从安全模块输出，它同样使用 CAN 总线传输。并行 I/O 模块面板如图 6.9 所示，I/O 模块面板状态指示灯释义如表 6.1 所列。

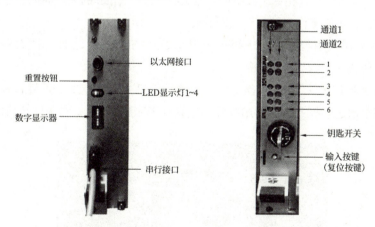

图 6.8　串行 I/O 模块面板　　图 6.9　并行 I/O 模块面板

表 6.1　I/O 模块面板状态指示灯释义

LED 灯位	通道	颜色	含义
1	通道 1、2	绿	外部输入 1 激活，定义预复零
2	通道 1、2	绿	外部输入 2 激活，未定义
3	通道 1、2	绿	输出区段状态：空闲（绿灯亮），轨道继电器吸起；占用/受扰（绿灯灭）轨道继电器落下
4	通道 1	黄	输出左灯：非安全输出 1 激活，定义为技术故障
4	通道 2	黄	输出右灯：非安全输出 2 激活，未定义
5	通道 1	黄	输出左灯：非安全输出 3 激活，具有预复零能力，黄灯预复位有效，灭灯预复位无效
5	通道 1、2	黄	输出右灯：非安全输出 4 激活，具有直接复零能力，黄灯直接复位有效，灭灯直接复位无效
6	通道 1、2	绿	绿闪：轮询通道 1、2，进行通信检测

4.ACE 巡检

（1）计轴复位操作。

计轴预复位成功的判断：黄灯一个都不亮，说明此并口板所对应的轨道区段的受扰已被预复位清零，需要列车清扫。

计轴复位：按住灰色小按钮，顺时针旋转钥匙保持 2~3 s 即可（复位后观察灯位显示，依据上述计轴复位成功的判断，进行确认是否复位成功），如果上述操作无效可卸下这块并口板再插上等灯位亮起后，重估上述步骤。

（2）计算机奔腾板工作状态。

图 6.10 所示为 ACE 计算机奔腾板旋转指示灯，指示灯必须同步，指示计轴器系统处于正常工作状态。

启动时，数字显示器先点亮一小段时间，然后有大约 2.5 min 的灭灯时间，之后出现"—"，系统开始正常工作。正常工作时"—"不断旋转。

系统故障时，计轴应用程序停止，诊断仍可用，变为"X"显示；计轴应用程序和诊断均停止，"—"停在当前位置。

计算机模块面板上有一个以太网接口和一个串行接口，进行 ACE 和所连接检测点的诊断。串行接口的通信是通过手提式 PC，使用特殊诊断软件来完成的，以太网接口被预留给远程诊断。

图 6.10　ACE 计算机奔腾板旋转指示灯

二、计轴器的工作原理

计轴器是用以检测列车通过轨道上某一点（计轴点）的车轴数、检查两个计轴点之间或轨道区段内的空闲情况；或可判定列车通过计轴点的位置，自动校正列车行驶里程等的设备。

1. 计轴器的基本原理

计轴器的基本原理图如图 6.11 所示。在每个计轴点的轨旁架设有计轴器传感器，也就是通常所说的磁头（为了判别列车的运行方向，每个点的传感器配有两套磁头）。

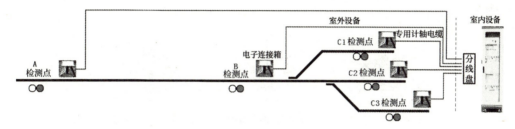

图 6.11　计轴器的基本原理图

当列车驶入该轨道区段，列车车轮抵达计轴器（传感器）A 的作用区域，传感器 A 将车轴脉冲，经电子连接箱传送给室内计算机主机系统，由主机系统计算车轴数量，并根据两套磁头的作用时机，判明列车的运行方向；同样，当列车车轮抵达计轴器（传感器）B 的作用区域，传感器 B 将车轴脉冲，经电子连接箱传送给室内计算机主机系统，由主机系统确定对轴数是累加计数还是递减计数。依据该轨道区段驶入点和驶出点所记录轴数的比较结果，确定该区段的占用或空闲状态，输出控制信息使该区段的轨道继电器吸起。

同样在道岔区段，设置计轴器的原则类似轨道电路的"一送多受"，此处不再赘述。这样即可根据轨道区段的列车占用状态，构成车站联锁和区间闭塞关系。

2. 计轴器的工作过程

（1）计轴磁头。

计轴器实际上是电磁式有源传感器，利用线圈互感原理，当列车车轮通过计测点时，发生的磁通变化，从而得到轮轴信号。计轴磁头的实物图如图 6.12 所示。车轮传感器的每套磁头包括发送（T_x）和接收（R_x）两个磁头，发送磁头安装在钢轨外侧，接收磁头安装在钢轨内侧。

图 6.12　计轴磁头的实物图

（2）磁场变化。

车轮发送线圈 T_x 和接收线圈 R_x 产生的磁通环绕过钢轨后，分别形成上、下两个磁通 Φ_1、Φ_2，它们以不同的路径、相反的方向穿过接收线圈 E。

图 6.13 为车轮对磁场的影响，在无车轮经过车轮传感器时，此时磁通 Φ_1 远大于 Φ_2，在接收线圈内感应出一定的交流电压信号，其相位与发送电压相位相同；当车轮经过计轴器传感器，由于车轮的屏蔽作用，整个磁通桥路发生变化，此时 Φ_1 减小、Φ_2 增大，在接收线圈内感应的交流电压相位与发送电压相位相反。该相位变化经车轮电子检测器电路处理后，即形成了的轴脉冲。

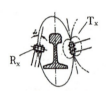 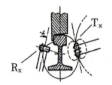

（a）没有车轮时　　（b）年轮渐渐靠近　　（c）年轮处于磁头正上方

图 6.13　车轮对磁场的影响

（3）轴脉冲编码。

为了判明列车行进方向，每个计轴器传感器必须由两套磁头构成。当列车先后经过两组磁头时，每组磁头分别会产生一组轴脉冲，并且产生的轴脉冲在时间上也有先后顺序，通过此时间差可以反映列车的运行方向。

如图 6.14 所示为列车从不同运行方向经过该计轴传感器时，每组磁头所产生的轴脉冲编码。当列车进过一组磁头辐射范围时，假定该组磁头应产生一个脉冲为"1"，当没有列车经过磁头辐射范围时，则产生脉冲"0"。当列车由运行方向 a 经过计轴传感器时（图 6.14（a）），车轮首先经过传感器的 T_1 和 R_1，由 R_1 产生了一组（01100）的脉冲串，然后列车再经过传感器 T_2 和 R_2，由 R_2 产生了一组（00110）的脉冲串，显然处理器通过移位比较，可以获得列车运行方向与编码"1"的运动相一致。同样如果列车反方向运行时，由 b 先经过传感器的 T_2 和 R_2（见图 6.14（b）），由 R_2 产生一组（01100）的脉冲串，然后经过传感器 T_1 和 R_1，又由 R_1 产生一组（00110）的脉冲串。由此可见，当列车按照不同运行方向经过列车，可产生不同的脉冲对序列，计轴运算单元根据接收到的不同脉冲对序列判断出来列车的运行方向。

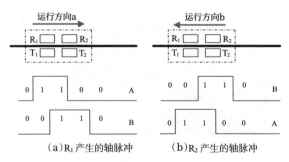

(a) R_1 产生的轴脉冲　　(b) R_2 产生的轴脉冲

图 6.14　轴脉冲与运行方向

3. 计轴器的计数方法

计轴器的计数方法如图 6.15 所示。

（1）当列车轮对切割高频磁头磁力线一次，计轴器会记录一次。以一节车厢为例（四组轮对），当列车驶入区间时，计轴器会记录共四次切割磁力线，只要列车没有切割前方磁头磁力线，系统会认为该车仍在区间内行驶；当列车经过前方计轴磁头时会再次切割磁力线，标志着列车已使出该区间，进入下一个区间。

（2）每一组磁头既是新区间开始的标志，也是前一个区间结束的标志。

（3）当两节以上编组列车运行发生车头、车体分离时，由于计数器记录的驶出区间轮对数与驶入区间轮对数不符，前一个区间也不会开放。

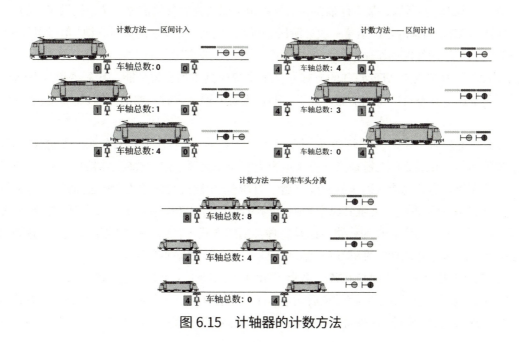

图 6.15 计轴器的计数方法

三、计轴器在 ATC 系统的应用

ATP 子系统最重要的课题是如何正确、可靠地向列车传递速度命令，这也是在选择 ATC 系统时，必须首先考虑的问题。近年来，随着通信技术的发展，基于通信的列车运行控制系统（CBTC 系统）是移动闭塞的 ATC 系统，系统管理中心与列控中心进行不间断地双向通信，在完全掌握所有列车的精确位置、速度等信息的前提下，完成对所有列车的自动监控。CBTC 系统没有了通常的闭塞分区（如自动闭塞的轨道电路对线路的物理分割，所构成的闭塞分区），只有动态的逻辑分区概念（为了系统管理的需要而设置的，不是真实的分区）。

CBTC 系统动态地调整两车运行的保护距离，从而可在确保运行安全的前提下，最大限度地缩短列车运行间隔。

CBTC 系统工作正常时，计轴设备不参与 ATP 和联锁功能，但总是处于受监督的工作状态。

计轴区段的占用/空闲和设备的故障信息会发送到 ATS 子系统。ZC 忽略计轴区段的状态，这样，当系统处于自动模式时，计轴的故障不会影响 CBTC 系统的性能和通过能力。

当 ATC 系统故障的情况下，计轴器作为轨道电路的替代品，由其构成联锁、闭塞系统，以确保列车运行安全。对于 CBTC 系统而言，车载信号作为主体信号；但是对于非通信列车或 CBTC 发生故障时，没有车载信号，列车只能由司机操纵，根据地面信号的显示运行，而设置于道岔区域的地面信号联锁控制，还是依赖于计轴器所构成的计轴区段（ACB）——线路轨道被分成"区段"，列车驶过计轴磁头就视为进入及离开一个区段，ZC（区域控制）负责控制联锁，并根据区段占用及所有障碍物的已知位置提供列车的安全间隔，ZC（PMI）与计轴器（ACE）连接，以获取 ACB 占用情况，获得类似自动闭塞的固定闭塞分区，确保形成列车安全的闭塞间隔分区（ACB）。所以，基于计轴器的信号系统可以作为后备的信号系统，提供安全的运营。

通常，CBTC 系统的建设运营一般分阶段进行。建设初期，计轴设备与联锁、信号机等配合，用于自动监控区间线路和车站线路，给出线路、道岔、股道区段的"空闲/占用"指示，可以车站联锁、闭塞和点式 ATP/ATO 的方式。计轴系统应具备预复位功能。在后备模式开通运营时计轴系统还应具备直接复位功能，并于 CBTC 系统开通运营时，取消计轴系统的直接复位功能。

上海轨道交通 5 号线（莘闵线）采用点式 ATP 子系统，系统不像 CBTC 保证实时双向通信，是非连续通信；在线路的关键地点，设置地面应答器（无源为主）或应答器加环线，向列车传送速度命令等信息，完成对列车的速度控制，当列车超速时，也可以实施超速防护，确保行车安全。点式 ATP 子系统，由于其成本较低（约为连续式的 70% 左右）、安全可靠，对于客流量较小、行车间隔时间较长的线路，这是一种实用的方式（目前，很多线路的发车间隔都在 3 min 以上，远未达到 CBTC 的 90 s）。点式 ATP 模式的计轴器如图 6.16 所示。

点式 ATP 模式运营原则是在各个站点（AC）、站间（AC2）以及站前（AC3）各安装一个计轴器；也可在站后或区间信号机后增加一个计轴器（AC1），通过增加计轴器所构成的计轴区段、缩短 ACB 区域，来保证行车间隔性能、提高行车效率。

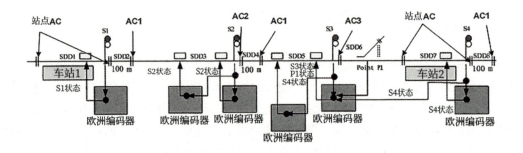

图 6.16　点式 ATP 模式的计轴器

项目六 计轴器

🚩 任务工单

任务名称	计轴器结构及复零操作	姓名	
		日期	

操作方法
模拟区段空闲,但计轴器显示有车占用时的复零步骤。

分析故障原因	

操作中存在的问题及解决方法
1. 区段有车占用时,计轴器工作情况。
2. 区段空闲,计轴显示占用时的处理方法。

技能掌握程度	非常熟练☐	比较熟练☐	一般熟练☐	不熟练☐
教师评语				
任务实施成绩				
日期				

项目七

应 答 器

【学习目标】

知识目标
1. 了解应答器相关接口。
2. 掌握应答器的主要用途。
3. 掌握应答器的种类。
4. 掌握应答器的原理。
5. 掌握应答器的配置与编号规则。

能力目标
1. 能识别应答器的种类。
2. 能对应答器进行配置编号。
3. 能掌握应答器的工作原理。

【学习任务】

1. 了解应答器种类及主要用途。
2. 了解应答器的配置与编号规则。
3. 了解应答器的工作原理。

【教学建议】

可结合视频图片教学,最好在具有应答器的实训室开展"教、学、做"一体化教学;条件满足的话,在现场对相关设备及作用进行演示讲解。

项目七 应答器

任务一 应答器概述

一、应答器的主要用途

随着列车运行速度不断提高,仅依靠由轨道电路将闭塞信息送至车载设备的方式,在信息量方面已经不能满足列车安全高速行驶的要求,需要增加应答器设备向车载设备提供大量固定信息和可变信息。

在中国列车运行控制系统 CTCS 技术规范总则里,从 CTCS-1 级到 CTCS-4 级都要运用应答器设备。因此,应答器是铁路既有线提速以及客运专线中不可缺少的设备。

应答器设备向车载 ATP 设备主要传送以下信息。

(1)线路基本参数:如线路坡度、轨道区段等参数。

(2)线路速度信息:如线路最大允许速度、列车最大允许速度等。

(3)临时限速信息:当施工等原因引起的对列车运行速度进行限制时,向列车提供临时限速信息。

(4)车站进路信息:对车站每个接发车进路,可以向列车提供"线路坡度""线路速度""轨道区段"等线路参数。

(5)道岔信息:给出前方道岔侧向允许列车运行的速度。

(6)特殊定位信息:如升降弓、进出隧道、鸣笛、列车定位等。

(7)其他信息:固定障碍物信息、列车运行目标数据、链接数据等。

二、应答器的分类

根据应答器所传输报文是否可变,应答器可分为无源应答器和有源应答器。

无源应答器存储固定信息,当列车经过无源应答器上方时,无源应答器接收到车载天线发射的电磁能量后,将其转换成电能,使地面应答器中的电子电路工作,把存储在地面应答器中的数据循环发送出去,直至电能消失(即车载天线已经离去)。无源应答器发送固定不变的数据,如设置在区间,发送线路坡度、最大允许运行速度、轨道电路参数、列控等级转换等信息。

有源应答器通过电缆与 LEU 连接,用于发送来自 LEU 的时实变化的信息报文,其信息对应于车站联锁排列的进路、临时限速服务器或 CTC/TDCS 下达的临时限速命令。当列车经过有源应答器上方时,有源应答器接收到车载天线发射的电磁能量后,将其转换成电能,使地面应答器中发射电路工作,将 LEU 传输给有源应答器的数据循环实时发送出去。直至电能消失(即车载天线已经离去)。当与 LEU 通信故障时,有源应答器变为无源应答器工作模式,发送存储的固定信息(默认报文)。LEU 周期接收来自于车站列控中心(TCC)的报文,并将其连续不断地向有源应答器发送。

三、应答器报文

应答器以报文的形式发送信息,因此需要定义报文的格式、所代表的含义。我国列控系统中,应答器报文采用欧洲标准。

每条应答器报文都是由一个 50 位的报文帧头、若干信息包以及 8 位结束包构成,共计 830 位,如表 7.1 所列,每个信息包都具有各自的格式和定义。

根据铁道部科技运〔2008〕16 号关于印发《CTCS-2 级应答器报文定义及运用原则(暂行)》的通知,CTCS-2 列控系统所用到的信息包如表 7.2 所列。

按照系统设计要求,将上述信息包组合成 830 位报文后,为了保证传输的安全性和可靠性,按照欧洲标准对其进行编码,形成 1 023 位的传输报文,应答器、LEU、TCC 中储存及其传输的是 1 023 位的传输报文。

表 7.1 应答器报文结构

序号	名称	变量	位数	备注
1	帧头	Q_UPDOWN	1	信息传送的方向
		M_VERSION	7	语言/代码版本编号
		Q_MEDIA	1	信息传输媒介
		N_PIG	3	本应答器在应答器组中的位置
		N_TOTAL	3	应答器组中所包含的应答器数量
		M_DUP	2	本应答器信息与前/后应答器信息的关系
		M_MCOUNT	8	报文计数器
		NID_C	10	高 7 位 = 大区编号,低 3 位 = 分区编号
		NID_BG	14	高 6 位 = 车站编号,低 8 位 = 应答器单元编号
		Q_LINK	1	应答器(组)的链接关系
2	用户信息包		最大 772	信息包 1 信息包 2 ⋮ 信息包 n
3	结束包		8	=11111111,表示信息帧结束

表 7.2 CTCS-2 列控系统信息包

序号	信息包号	信息包名称
1	[ETCS-5]	应答器链接包
2	[ETCS-21]	线路坡度包
3	[ETCS-27]	线路速度包
4	[ETCS-41]	列控等级转换包
5	[ETCS-44]	欧洲标准以外的信息包
6	[ETCS-68]	特殊区段包
7	[ETCS-72]	文本信息包
8	[ETCS-79]	地理位置信息包

表 7.2（续）

序号	信息包号	信息包名称
9	[ETCS-132]	调车危险包
10	[ETCS-254]	默认信息包
11	[ETCS-255]	信息结束包
12	[CTCS-1]	轨道区段包
13	[CTCS-2]	临时限速包
14	[CTCS-3]	区间反向运行包
15	[CTCS-4]	大号码道岔包
16	[CTCS-5]	绝对停车包

四、应答器相关接口

应答器设备与其他设备连接以及报文传输的接口有：①A 接口——应答器与车载 ATP 设备无线传输接口；②C 接口——LEU 与有源应答器间报文传输接口；③S 接口——TCC 与 LEU 间串行通信接口。

（一）A 接口

A 接口是应答器与车载 ATP 设备之间的无线传输接口，它具有以下三个功能。

1. 上行数据传输接口 A1

A1 接口是由应答器向车载 ATP 传输数据报文的接口，当车载设备经过应答器上方时，应答器连续不断地将 1 023 位的传输报文发出。

A1 接口采用移频键控调制 FSK 方式：①中心频率为 4.234 MHz；②频偏为 282.24 kHz；③平均传输速率为 564.48 kb/s；④当要发送的数据是逻辑"0"时，对应的发送频率为 3.951 MHz，当要发送的数据是逻辑"1"时，对应的发送频率为 4.516 MHz。

2. 供电接口 A4

A4 接口用于由车载设备向应答器提供工作电源。

车载天线单元通过产生磁场为应答器提供能量，应答器感应该磁场，并将其转换为工作电源。车载天线发送频率为 27.095 MHz 的连续波。

3. 编程接口 A5

A5 接口用于对应答器进行编程，即报文写入及生产制造资料写入。

（二）C 接口

C 接口是 LEU 与有源应答器之间的数据传输接口，采用专用电缆，它具有以下三个功能。

1. LEU 向有源应答器传送报文的接口 C1

C1 接口传输基带信号。LEU 将 1 023 位的应答器传输报文进行码型变换，将其转换为

DBPL 码，通过电缆不间断地向有源应答器发送。

（1）DBPL（Differential-Bi-Phase-Level）编码。

DBPL 是双相位差分电平码，如图 7.1 所示。编码在 LEU 中通过硬件电路完成，当码元为"1"时，与上一位的波形保持一致；当码元为"0"时，将上一位的波形反相，作为本位码元的编码结果。

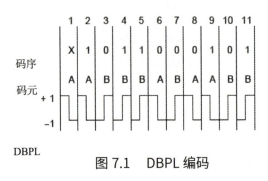

图 7.1　DBPL 编码

（2）C1 特性指标。

在 LEU 输出端接 120 Ω 阻性负载，信号幅值 V_{pp} 为 14 ~18 V。平均数据传输速率为 564.48 kb/s。

2.LEU 向有源应答器接口电路提供电源的接口 C6

C6 接口是由 LEU 给有源应答器接口电路提供电源的接口，其频率为 8.82 kHz，在 LEU 端接 170 Ω 阻性负载时其峰值为 20~23 V 的正弦波。

3.有源应答器向 LEU 发送有列车通过信息的接口 C4

（三）S 接口

S 接口是 LEU 与车站列控中心（TCC）间的通信接口。每个 LEU 有 2 个 RS-422 接口与 TCC 进行通信，构成冗余。

采用主从通信方式，TCC 为主机，LEU 为从机，TCC 以 500 ms 为周期向 LEU 发送应答器报文，通信波特率 38 400 b/s。

通信协议采用现场总线安全通信协议（FSFB/2）。

五、应答器的原理

（一）应答器的工作原理

应答器利用电磁感应原理，用于在特定地点实现地面与车载设备间高速点式数据传输的设备。应答器安装于两钢轨中心，平时处于休眠状态，仅靠瞬时接收车载天线的功率而工作，并能在接收到车载天线功率的同时向车载天线发送编码信息。安装于机车底部的车载天线不断向地面发送功率并在机车通过地面应答器时接收来自应答器的编码信息。

项目七 应答器

当列车经过无源应答器上方时,无源应答器接收到车载天线发射的电磁能量后,将其转换成电能,使应答器中的电子电路工作,把存储在应答器中的 1 023 位数据报文循环发送出去,直至电能消失(即车载天线已经离去)。

通过报文读写工具 BEPT 可以向改写无源应答器的数据报文。

通过 BEPT 可以对无源应答器存储的数据报文进行读出、校核。

有源应答器通过与 LEU 的连接,可实时改变传送的数据报文。

当与 LEU 通信故障时(接口"C"故障),有源应答器可以自动切换到无源应答器工作模式,发送缺省报文。

(二)应答器的原理框图

应答器的原理框图如图 7.2 所示,其工作过程如下。

当车载天线接近应答器时,应答器的耦合线圈感应到 27 MHz 的磁场,能量接收电路将其转化为电能,从而建立起应答器工作所需要的电源,此时应答器开始工作。

应答器控制模块是整个电路的控制核心,当电源建立后,它首先判断由 C 接口输入的数据是否有效,若该数据无效或无数据,控制模块使用存储在报文存储器中的数据,将其进行 FSK 调制后,输出到数据收发模块,经功率放大后,由耦合线圈发送。只要电源存在,控制模块将不间断地发送,这意味着车载天线一直位于应答器上方。

当控制模块上电时,若判断出 C 接口的数据有效,则控制模块将发送 C 接口传来的数据。一旦控制模块做出报文选择(选择存储的数据或 C 接口传来的数据),在这次上电的工作周期内,无论 C 接口数据是否有效,应答器都不会改变发送的数据。

当车载天线离开应答器上方后,应答器失去了电源,便停止数据发送。C 接口工作电源仅用于该接口电路部分,不给控制模块和数据收发供电,因此,有源应答器也只有在车载天线出现时才发送数据。

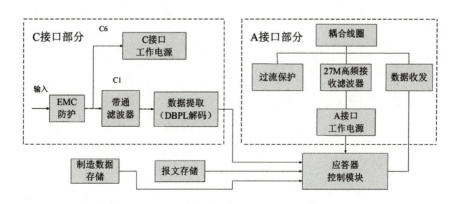

图 7.2 应答器的原理框图

（三）应答器主要技术指标

（1）报文长度：1 023 bit。

（2）外形尺寸：480 mm×350 mm×70 mm（长 × 宽 × 高）。

（3）质量：约 7 kg。

（4）应答器下行链路（车—地传输）功率载频为 27.095 MHz ± 5 kHz。

（5）应答器上行链路（地—车传输）中心频率为 4.234 MHz ± 200 kHz。

（6）应答器数据信号调制方式为 FSK，调制频偏为 282.24 kHz ± 5%，平均数据传输速率为（564.48 ± 2.5%）kb/s。

任务二 应答器的配置及编号

一、应答器的配置

(一) 区间应答器的配置

1. 配置原则及目的

站间每 3~5 km 设无源应答器于闭塞边界上。

在应答器被用于运行方向的区分时,至少应成对设置,而在用于其他用途时则可以单独设置。正线上应答器的布置如图 7.3 所示。

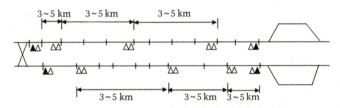

图 7.3 正线上应答器的布置

应答器基本设在车站进站口或在车站区间闭塞临界前 15 m 处,车站出站口的应答器基本设在闭塞临界 15 m 处,如图 7.4、7.5 所示。

应答器的间隔最小为 3 m,最大为 12 m。

1 个应答器组也有跨 2 个轨道电路的时候,甚至跨 2 个闭塞区间的时候。

2. 区间应答器的报文

区间应答器的报文包括应答器连接信息、线路坡度信息、静态限速信息、等级转换信息、特殊区间信息和轨道电路信息。

不过上述信息应以一个或多个信息包组合起来传输。

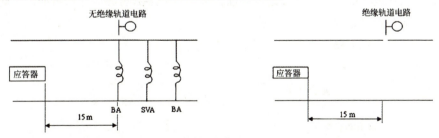

图 7.4 应答器与无绝缘轨道电路的相对位置   图 7.5 应答器与绝缘轨道电路的相对位置

(二) 出站应答器的配置

1. 配置原则及目的

在出站口处闭塞电路边界附近上,放置一个或多数有源应答器和一个或多数无源应答器,以组成应答器组。出站口应答器的布置如图 7.6 所示。

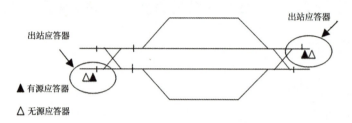

图 7.6　出站口应答器的布置

2. 出站应答器的报文

（1）无源应答器的报文。

无源应答器的报文包括应答器连接信息、线路坡度信息、静态限速信息、等级转换信息、特殊区间信息和轨道电路信息。

（2）有源应答器的报文。

正向发车时包括应答器连接信息和临时限速信息。

反向接车时包括应答器连接信息、线路坡度信息、静态限速信息、调车危险、轨道电路信息、临时限速信息和反行信息。

上述应答器的信息应以一个或多个信息包组合起来传输。

无源应答器向车载设备传输前方一定距离内的线路参数。前方一定距离是指从前方第二个应答器组向前到大约相当于制动距离处，传输的内容包括线路坡度信息。

有源应答器传输直到下一站为止的临时控制速度等信息。

（三）进站应答器的配置

1. 配置原则及目的

进站应答器放在进站信号机的闭塞边界跟前，由一个或多数有源应答器组成，由此组成应答器组。进站口应答器的布置如图 7.7 所示。

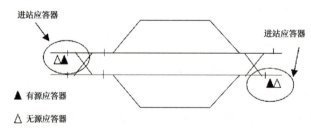

图 7.7　进站口应答器的布置

2. 进站应答器的报文

（1）无源应答器的报文。

无源应答器的报文包括应答器连接信息、线路坡度信息、静态限速信息、等级的转换信息、特殊区间信息和轨道电路。不过这些是为反向运行的信息，正向运行时不传输。

（2）有源应答器的报文。

有源应答器的报文包括线路坡度信息、静态限速信息、调车危险信息、轨道电路信息、临时限速信息和反行信息。

二、应答器的编号

1. 应答器的编号规则

应答器编号图如图7.8所示。

（1）每个应答器（组）的编号由车站编号+应答器（组）编号共同构成，车站编号与ETCS系统车站编号规则相同，每个车站编码在全国是唯一的。

（2）应答器编号以每个应答器（组）为一个基本单元进行编写，编号顺序以列车正运行方向为参照，按从小到大的原则进行编排。

（3）每个应答器组可由1~8个应答器组成，以列车正运行方向为参照，列车首先通过的应答器其位置为①，其他以此类推。

（4）应答器组内的编号是在下行线以离起点最近的应答器为①，在上行线以离起点最远的应答器为①。

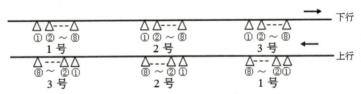

图7.8 应答器编号图

2. 车站编号范围

车站编号范围图如图7.9所示。

每一个车站编号应包含的车站编号范围以列车正运行方向为参照，从进站信号机开始至相邻车站进站信号机（不含）范围内的所有应答器。

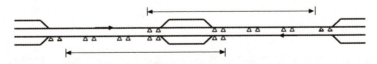

图7.9 车站编号范围图

项目八

轨道交通联锁系统

【学习目标】

知识目标
1. 掌握联锁的概念。
2. 掌握联锁设备的功能。
3. 掌握联锁的基本内容。
4. 掌握联锁表编制方法。
5. 掌握铁路联锁与地铁联锁的区别。

能力目标
1. 能编制联锁表。
2. 能根据联锁表进行联锁试验。

【学习任务】

1. 了解联锁及联锁设备的认知。
2. 了解联锁的基本内容。
3. 了解联锁表的编制方法。
4. 了解城市轨道交通联锁内容。

【教学建议】

可在具有 6502 继电集中联锁系统和计算机联锁系统的实验室进行现场教学。

任务一　联锁基础知识

工作任务

任务名称	6502电气集中设备认知	工单号	
姓名		专业	
日期		班级	

任务描述
1. 6502电气集中设备一套。
2. 完成6502电气集中室内设备的认知，室内设备主要有控制台、区段人工解锁按钮盘、继电器组合及组合架、电源屏和分线盘等。
3. 完成6520电气集中室外设备的认知，室外设备主要有色灯信号机、转辙机、轨道电路、电缆和电缆连接箱盒。

任务要求
1. 掌握电气集中室内设备组成及作用。
2. 掌握电气集中室外设备的组成及作用。

　　为了保证行车安全，通过技术方法，使进路、进路道岔和信号机之间按一定程序、一定条件建立起的既相互联系，而又相互制约，这种制约关系即联锁。

　　联锁的任务是保证车站范围内行车和调车的安全，并提高车站通过能力，改善有关行车人员的劳动条件。

　　信号设备是城市轨道交通的重要联锁设备，用来在车站或车辆段实现联锁关系、建立进路、控制道岔的转换和信号机的开放，以及进路解锁，以保证行车安全。联锁设备分为正线车站联锁设备和车辆段联锁设备。联锁设备早期采用继电集中联锁，现在大多采用计算机联锁。

一、联锁设备

　　控制车站的道岔、进路和信号，并实现它们之间的联锁关系的设备，称为联锁设备。联锁设备可以采用机械的、机电的或电气的方法来实现，可以分散控制也可以集中控制。

　　联锁设备有继电集中联锁和计算机联锁两大类设备。

　　用电气的方法集中控制和监督全站的道岔、进路和信号机，并实现它们之间联锁的设备称为电气集中联锁设备，简称电气集中联锁。若是用继电器组成的电路来进行控制并实现联锁的设备，称为继电式电气集中联锁，简称继电集中联锁。继电集中联锁采用色灯信号机，道岔由转辙机转换，进路上所有区段均设有轨道电路，在信号楼进行集中控制和监督。

　　电气集中联锁把全部道岔、进路和信号集中起来控制和监督，在一定程度上实现了站内行车指挥的自动控制，能准确及时地反映现场行车情况，不再需要分散控制时所需的联系时间，而且完全清除了因联系错误而引起的事故，因而大大提高了行车安全程度和作业效率，并且极大地改善了行车人员的劳动条件。电气集中联锁具有操作简便、办理迅速、表示完善、安全可靠等一系列优点。

计算机联锁大大提高了继电集中联锁的功能，并方便设计、施工、维修和使用。计算机联锁正在迅速发展，是车站联锁设备的发展方向。

二、联锁设备的基本要求

（1）确保进路上进路、道岔、信号机的联锁，联锁条件不符时，禁止进路开通。敌对进路必须相互照查，不得同时开通。

（2）装设引导信号的信号机因故不能开放时，应通过引导信号实现列车的引导作业。

（3）应能办理列车和调车进路，根据需要设置相应的防护进路。

（4）联锁设备宜采用进路操纵方式。根据需要联锁设备可实现车站有关进路、端站折返进路的自动排列。

（5）进路解锁宜采用分段解锁方式。锁闭的进路应能随列车正常运行自动解锁、人工办理取消进路和限时解锁并应防止错误解锁。限时解锁时间应确保行车安全。

（6）联锁道岔应能单独操纵和进路选动。影响行车效率的联动道岔宜采用同时启动方式。

（7）车站站台及车站控制室应设站台紧急关闭按钮。站台紧急关闭按钮电路应符合故障-安全原则。

（8）联锁设备的操纵宜选用控制台。控制台上应设有意义明确的各种表示，用以监督线路及道岔区段占用、进路锁闭及开通、信号开放和挤岔、遥控和站控等。

（9）车站联锁主要控制项目包括列车进路、引导进路、进路的解锁和取消、信号机关闭和开放、道岔操纵及锁闭、区间临时限速、扣车和取消、遥控和站控，以及站台紧急关闭和取消。

三、联锁设备的功能

（1）联锁逻辑运算：接收 ATS 或车站值班员的进路命令，进行联锁逻辑运算，实现对道岔和信号机的控制。

（2）轨道电路信息处理：处理列车检测功能的输出信息，以提高列车检测信息的完整性。

（3）进路控制：设定、锁闭和解锁进路。

（4）道岔控制：解锁、转换和锁闭道岔。

（5）信号机控制：确定信号机的显示。

四、联锁的基本内容

联锁，必然存在于两个对象之间。下面简单介绍存在于道岔、进路和信号机之间的基本联锁内容。

1. 道岔与进路之间的联锁

道岔有定位和反位两个工作位置,进路则有锁闭和解锁两个状态。道岔位置正确,进路才能锁闭,进路解锁后,道岔再能改变其工作位置。这就是存在于道岔和进路之间的基本联锁关系,这种关系用图表方式表达出来如图 8.1 所示。

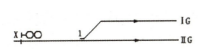

进路号	进路名称	道岔
1	Ⅰ道下行接车	(1)
2	Ⅱ道下行接车	1

图 8.1　道岔与进路之间的联锁

图 8.1 中,进路 1 是Ⅰ道下行接车进路,进路 2 为Ⅱ道下行接车进路。进路 1 要求道岔 1 在反位,进路 2 要求道岔 1 在定位。从表中看出带括号的,代表道岔在反位,不带括号的则表示道岔在定位。表中的意义是,进路 1 与道岔 1 之间有反位联锁关系,即道岔 1 不在反位,进路 1 就不能锁闭,反过来进路 1 锁闭后,把道岔 1 锁在反位位置上,不准许道岔 1 再变位。进路 2 与道岔 1 存在着定位锁闭关系,即道岔 1 不在定位,进路 2 就不能锁闭,反之当进路 2 锁闭以后,把道岔 1 锁在定位位置上,不准许道岔 1 再变位。

上述的定位锁闭关系称为定位锁闭,反位锁闭关系称为反位锁闭。简而言之,定位锁闭,即 A 不在定位,B 不能反位,B 反位后,把 A 锁在定位;反位锁闭,即 A 不在反位,B 不能反位,B 反位后,把 A 锁在反位。

有时,进路范围以外的道岔也与该进路有联锁关系,我们把这样的道岔称为防护道岔,如图 8.2 所示。

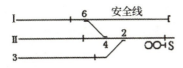

进路号	进路名称	道岔
1	Ⅰ道上行接车	2,(4/6)
2	Ⅱ道上行接车	2,4/6
3	3道上行接车	2,[4/6]

图 8.2　防护道岔与进路之间的联锁

图 8.2 中,在下行Ⅰ道接车进路的延续进路中有一安全线。它是为接Ⅰ道下行接车进路设置的,因 X 进站信号机前方制动距离内有较大的下坡道(6‰ 以上),列车进站后可能停不住车,防止与上行Ⅱ股道接车进路上的列车发生侧撞事故而考虑的。因此道岔 4/6 虽不在Ⅰ道下行接车进路上,但如果允许在道岔 4/6 反位的情况下,建立上行 3 道的接车进路的话,当列车进站,行驶在 2 号道岔期间,有可能与下行Ⅰ道的列车相撞,这是很危险的。因此,道岔 4/6 虽属上行 3 道接车进路以外的道岔,也要求道岔 4/6 与上行 3 道的接车进路发生联锁关系,即道岔 4/6 不在定位,禁止进路 3 锁闭(即禁止防护进路 3 的信号机开放),一旦进路 3 锁闭后,禁止道岔 4/6 变位,即把道岔 4,6 锁在定位位置上。很显然,把道岔 4/6 锁在定位后,就使进

路1与进路3隔离开来了,就消除了上述的危险性。

防护道岔与进路的联锁关系,在图8.2中用中括号表示。[4/6]表示道岔与进路3为定位锁闭关系,若是反位锁闭,则用[(4/6)]表示。

2. 道岔与信号机之间的联锁

因为进路是由信号机防护的,因此道岔与进路之间的联锁,也可以用道岔与信号机之间的联锁来描述。

如图8.3所示,信号机X防护着两条进路:一条是Ⅰ道下行接车进路,要求1号道岔在反位;另一条是Ⅱ道下行接车进路,要求1号道岔在定位。因此信号机X与道岔1之间的联锁关系,既有定位锁闭关系,又有反位锁闭关系,称为定、反位锁闭,应记作"1,(1)"。

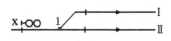

信号机	信号机名称	道岔
X	下行进站信号机	1,(1)

图8.3 道岔与信号机之间的联锁

定、反位锁闭就意味着道岔1在定位时,允许信号机X开放,在反位时也允许信号机X开放,那么能否不采取锁闭措施呢?(以后将介绍,实现联锁要采取一定的锁闭措施)不是的,因为道岔除定位和反位以外,还有一种非工作状态,既不在定位又不在反位的状态,如道岔不密贴或被挤等。就是说,道岔在不正常状态,是不允许信号机开放的。

锁闭信号机有两种不同的办法,一种是锁操纵信号机的握柄(机械操纵元件),即道岔位置不对,把信号握柄锁住,使之不能扳动;一种是锁控制信号机灯光用的继电器。如道岔位置不对时,禁止控制信号机灯光用的信号继电器励磁。在电气集中的联锁方式中,都是采用后一种办法。

3. 进路与进路之间的联锁

进路与进路之间存在着两种不同性质的联锁关系:一是抵触进路,二是敌对进路。

(1)抵触进路。

抵触如图8.4所示,下行接车进路有三条,即进路1、进路2和进路3。这三条进路因为要求道岔位置各不相同,且在同一时间只能建立起一条进路。任何一条进路锁闭以后,在其未解锁以前,因为把有关的道岔锁住了,不可能再建立其他两条进路了,把这样互相抵触的进路称为抵触进路。

既然抵触进路不能同时建立,那么在抵触进路之间,不需要采用锁闭措施的联锁内容,也没有必要列在联锁表内。

但是,也有一种例外的情况,若信号机与道岔均由扳道员在两个咽喉区分别操纵,车站值班员仅仅用电话指挥,那么肩负行车安全责任的车站值班员无法对扳道员进行有效的控制和监督。因此,在上述情况下值班员室,需安装一种用来发送建立进路命令的设备。当值班员操纵一个操纵元件,发出一个电信号。这样扳道员只能接着车站值班员的意图(即按着接收到的电信号)来建立进路,从而受到控制和监督。但是设在值班员室内的设备必须具备一种功能,即不允许值班员有可能同时发出两个有抵触的进路命令。因为车站值班员若能同时发出两个有抵触进路的命令，例如建立进路1和进路3，则最后决定权还取决于扳道员，这就失去了设置此设备的目的。因此，在值班员室内的设备上要求在抵触进路之间，应采取一定的锁闭措施，实施抵触进路之间的联锁，这时，要在联锁表内，必须把抵触进路也列出来。

（2）敌对进路。

用道岔位置不能间接控制的两条进路，这两条进路又存在着抵触或敌对关系，称为敌对进路，如图8.4所示，进路5和进路2是敌对进路，进路5和进路3也是敌对进路。进路5是Ⅱ道上行接车进路，进路2是Ⅱ道下行接车进路。它们是同一股道不同方向的接车进路，不能用道岔位置间接控制，允许同时接车有危险，所以这两条进路为敌对进路是很明显的。

进路5和进路3虽不属于同一股道的接车进路。但从Ⅰ股道的上行端没有安全线这一点上来看，可知下行列车进站后，因为下坡道的坡度大，有可能到达股道后停不住车，因此，当考虑进路5与进路3是否是敌对进路时应涉及上述不安全因素。很明显，若下行进3股道的列车停不住车，势必与进入Ⅱ道的上行列车相撞。因此，进路5和进路3是敌对进路。

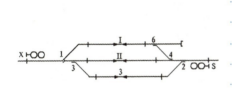

进路号	进路名称	敌对进路	抵触进路
1	Ⅰ道下行接车	6	2，3
2	Ⅱ道下行接车	4，5，6	1，3
3	3道下行接车	4，5，6	1，2
4	3道上行接车	2，3	5，6
5	Ⅱ道上行接车	2，3	4，6
6	Ⅰ道上行接车	1，2，3	4，5

图8.4 进路与进路之间的联锁

4. 进路与信号机之间的联锁

进路与进路之间的联锁关系，可用进路与信号机之间的联锁关系来描述。因为进路较多时，这样描述较明显，不需要从进路号码中查找进路名称了。如图8.5所示，进路1是从D21信号机至无岔区段WG的调车进路，D23信号机所防护的进路与上述进路为敌对进路，所以把D23为进路1的敌对信号，在联锁表进路1的敌对信号栏内记作"D23"。

D33信号机防护着两条进路：一条经由道岔19反位，另一条经由道岔19定位至无岔区段W，由于无岔区段一般较短，故禁止同时由两个方向向该无岔区段内调车。即D21至WG的调车进路，与D33至WG的调车进路是敌对进路。但这两条敌对进路，只是在道岔19在定位时，才能构成，反之则构不成。这种有条件的敌对进路，在进路1的敌对信号栏中记作"<19>D33"，同理，进路2与调车信号机D21也存在着条件敌对关系，故在进路2的敌对信号栏内，记作"<11/13> D21"。凡是两对象间存在着一个或几个条件才构成锁闭关系，就是条件锁闭，而这里的条件一般指道岔位置。

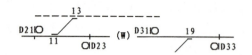

进路号	进路名称	敌对信号
1	D21 至 W	D23，<19>D33
2	D33 至 W	D31，<11/13>D21

图 8.5　进路与信号机之间的联锁

5. 信号机与信号机之间的联锁

既然进路与进路之间联锁，可以用进路与信号机间的联锁关系来描述。当然也可以用信号机与信号机间的联锁关系来描述。以如图 8.6 所示的四架调车信号机为例，则这四架信号机之间的联锁关系可描述为 D21 与 D23 之间的关系是条件联锁，条件是道岔 11/13 定位和道岔 9 定位。

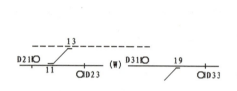

信号机编号	信号机名称	敌对信号	
		条件	锁闭
D21	调车信号机	—	D23
		19	D33
D23	调车信号机		D21
D31	调车信号机	—	D33
D33	调车信号机		D31
		11/13	D21

图 8.6　四架调车信号机的条件联锁

任务工单

任务名称	控制台上各种按钮的用途和功能	姓名	
		日期	

操作方法
1. 进路按钮。
2. 总取消、总人工解锁、引导信号和引导总锁闭按钮。
3. 闭塞、复原、事故按钮。
4. 单独操纵道岔按钮、接通光带按钮、接通道岔表示按钮、切断挤岔电铃按钮、电源切换按钮等。

分析故障原因	

操作中存在的问题及解决方法
1. 严格遵守电务基本安全制度和作业纪律。
2. 爱护实训室设备，严守操作规程。
3. 扳动室外道岔时，应和室外人员联系后再扳动，手脚不能放在道岔动作区，室内外人员应注意密切联系。

技能掌握程度	非常熟练☐　　比较熟练☐　　一般熟练☐　　不熟练☐
教师评语	
任务实施成绩	
日期	

任务二 联锁表

工作任务

任务名称	控制台上各种表示灯的显示意义	工单号	
姓名		专业	
日期		班级	

任务描述
控制台上各种表示灯的显示意义大体归纳为五类。
1. 用于监督道岔状况的显示
（1）定位表示灯点亮（绿色），说明道岔在定位，表示 DBJ 和 TCJ 处在吸起状态。
（2）反位表示灯点亮（黄色），说明道岔在反位，表示 FBJ 和 TCJ 处在吸起状态。
（3）总定位表示灯点亮（绿色），说明按压了总定位按钮，准备将道岔操至定位，表示 ZDJ 吸起。
（4）总反位表示灯点亮（黄色），说明按压了总反位按钮，准备将道岔操至反位，表示 ZFJ 吸起。
（5）道岔单独锁闭表示灯点亮（红色），说明该道岔已单独锁闭，表示单独操纵按钮在拉出状态。
（6）控制台电流表指针摆动，说明道岔能启动，表示 1DQJ 自闭电路接通。
2. 用于监督进路办理过程的显示系统
（1）列车与调车兼用信号点处的进路按钮闪光，说明该按钮被按压过，表示 AJ 吸起。
（2）单置调车进路按钮表示灯闪光，有四种显示意义。
①表示 DXF 组合的 1AJ 吸起。
②表示 DXF 组合的 JXJ 吸起。
③表示 DX 组合的 AJ 吸起。
④表示 DX 组合的 JXJ 吸起。
（3）其他调车专用的进路按钮表示灯闪光，表示 AJ 或 JXJ 吸起。
（4）列车进路按钮亮稳光，表示 LKJ 和 FKJ 均吸起。
（5）调车进路按钮亮稳光，表示 FKJ 吸起。
（6）进路排列表示灯亮（红色），表示有一个方向继电器吸起。
（7）某一区段亮白光带，说明该区段已锁闭，表示至少有一个 LJ 在落下状态。
（8）某一区段亮红光带，说明该区段有车占用或故障，表示 DGJF 落下或 FDGJ 处在吸起状态。
（9）股道亮白光带，说明股道已锁闭，表示 ZCJ 在落下状态。
（10）股道亮红光带，表示 GJ 或 GJF 在落下状态。
（11）引导按钮表示灯点亮（白色），说明按压过该按钮，表示 YAJ 吸起。
（12）引导总锁闭按钮表示灯点亮（红色），说明将全咽喉道岔置于锁闭状态，表示 YZSJ 吸起。
3. 监督信号开放与否的显示系统
（1）进站信号复示器。
①亮红灯，说明信号在关闭状态，表示 1DJF 吸起，LXJ 落下。
②闪红灯，至少表示 1DJF 落下。
③亮绿灯，说明允许灯光点亮，信号已开放，表示 LXJ 吸起。
④亮一红一白，说明引导信号已开放，表示 LXJ 落下，YXJ 吸起。
⑤亮一红一白，说明引导白灯未点亮，表示 YXJ 吸起，2DJ 落下。
（2）出发兼调车信号复示器。
①亮绿灯，说明列车信号已开放，表示 LXJ 吸起。
②亮白灯，说明调车信号已开放，表示 DXJ 吸起。
③闪白灯，说明红灯未点亮，表示 DJ 落下。
（3）调车信号复示器。
①亮白灯，说明信号开放，表示 XJ 吸起。
②闪白灯，说明蓝灯未点亮，表示 DJ 落下。
4. 取消和解锁进路的显示系统
（1）总取消按钮表示灯点亮（红色），表示 ZQJ 吸起。
（2）总人工解锁按钮表示灯点亮（红色），说明 ZRJ 吸起。

（3）3 min 延时解锁表示灯点亮（红色），说明进路 3 min 后才能解锁，表示 1RJJ 吸起。
（4）30 s 延时解锁表示灯点亮（红色），说明进路 30 s 才能解锁，表示 2RJJ 吸起。

5. 各种报警装置及显示系统

（1）接近报警。当列车进入一接近或二接近区段时，区段亮红光带，同时瞬间响铃。
（2）主、副电源倒换时，若先点亮主电源灯（绿色），则改点副电源表示灯（黄色）；若先点亮副电源表示灯，则改点主电源表示灯，同时响铃。
（3）挤岔报警。当 DBJ 和 FBJ 均落下，经过 13 s 后挤岔表示灯亮（红色），同时响铃。
（4）灯丝断丝报警。若某架信号机灯丝断丝时，3 s 后点亮灯丝断丝报警表示灯，同时响铃。

任务要求
掌握控制台上各种表示灯的显示意义。

联锁表是说明车站信号设备联锁关系的图表。联锁表中表示出了进路、道岔、信号机之间的基本联锁内容。由于设计信号电路，是根据联锁的要求进行的，且在设备开通试验时，也要以联锁表作为检查车站联锁设备之间联锁关系的主要依据，因此，应认真细致进行编制。

联锁表是按照车站站场线路配置，咽喉区道岔分布，以及信号机布置情况，遵照《铁路信号联锁图表编制原则》（TB/T 1123—92）编制出来的，根据信号平面布置图和联锁表，详细介绍联锁表的情况。

一、联锁表的编制

联锁表的编制内容如下。

（1）方向栏：应说明进路的方向和性质，如列车进路，分为接发车进路和调车进路。
（2）进路栏：逐条列出车站范围内的全部列车进路和调车进路。在电气集中的车站上，当列车信号机有两条以上的进路时，在表内只列出两条进路方案（不应列出迂回进路），调车进路一般只列出基本进路，变更进路不予列出。
（3）进路方式栏：有两个进路方案的列车进路，在栏中基本进路应写作"1"，变更进路写作"2"（即在排列进路时，除按压始终端按钮外，尚须按压变更按钮）。

确定基本进路时，应首先减少对其他接车和发车进路的干扰，尽量能同时多排列些平行进路，以提高车站的作业效率。在联锁表中一般只列基本进路和平行进路。

（4）排列进路按下的按钮栏：基本进路（即第一方案进路）中应列出始、终端按钮的名称；变更进路（第二方案）中应列出始、终端按钮及有关变更按钮的名称。
（5）确定运行方向道岔：区别进路方案的对向道岔为主要关键道岔。当有两条以上的进路时，把开通基本进路的对向道岔应列入表中。仅有一条进路时可不填写。
（6）信号机栏：填写排列进路时，应写明开放信号机的名称和显示。
（7）道岔栏：顺序填写进路所包括的全部道岔（包括带动道岔）编号和位置。
①道岔在定位。直接填写道岔号码，如 N。
②道岔在反位。在道岔号码外添加小括号，如（N）。
③带动到定位。带动到定位或带动到反位，在定位或反位道岔符号外加一个大括号，如 {N}、

{（N）}。

④防护道岔。防护到定位或带动到反位，在定位或反位道岔符号外加一个中括号，如 [N]、[（N）]。

（8）敌对信号拦：用道岔位置不能间接控制的两条不允许同时建立的进路，称为敌对进路。将有敌对关系的全部进路，以信号机名称填入该栏中，属于填写在本栏中的敌对进路如下。

①同一咽喉区对向重叠的列车进路。

②同一咽喉区对向或顺向重叠的列车进路和调车进路。

③同一咽喉区对向重叠的调车进路。

④由于防护进路的信号机设在侵入限界的轨道绝缘节处，而禁止开通的进路。

⑤同一股道上迎面的接车进路。

凡属于敌对进路的信号机不能同时开放。为此，应把有敌对关系的信号机名称填写在"敌对信号栏"内。填写时应注意条件敌对和无条件敌对，所谓无条件敌对，是指具有相同区段的进路之间的敌对关系。所谓条件敌对是指当有关道岔处于某一位置，才构成的敌对关系。如果 S3 信号机在 11# 反位的条件下是敌对信号，记作 <（11）>S3。如以双动道岔为条件道岔时，只填与所排进路上的道岔为同一道岔区段的道岔，即位于进路内的道岔编号。

（9）轨道区段栏：应将该进路内需要检查空闲的道岔区段、无岔区段，乃至接车股道的编号逐一填写，不得遗漏。应该指出，如与进路有关的超限界轨道区段，也应检查其空闲。

（10）敌对照查栏：应编写股道迎面敌对进路。向同一股道办理列车进路或调车进路所构成的迎面敌对关系，则按列车和调车分别填入相应的栏内。

（11）非进路调车栏：进路可办理非进路调车时填写。

（12）其他联锁栏：当排列进路时，需得到其他条件同意，在该栏中应写。

例如，站场下行咽喉平面图如图 8.7 所示，站场下行咽喉联锁表如表 8.1 所列。

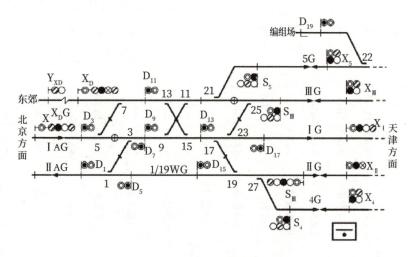

图 8.7　站场下行咽喉平面图

表 8.1 站场下行咽喉联锁表

方向	进路	进路方式	排列进路按下按钮	确定运行方向道岔	信号机名称	信号机显示	信号机表示器	道岔	敌对信号	轨道区段	迎面进路列车	迎面进路调车	其他联锁	进路号码
东郊方面 列车进路 接车	至5股道		X_DLA, S_5LA		X_D	UU		5/7, 9/11, 13/15, (21)	D_{11}, S_5	7DG, 11-13DG, 21DG, <23/25>25DG, 5G	5G	5G		1
	至Ⅲ股道		X_DLA, $S_ⅢLA$		X_D	U		5/7, 9/11, 13/15, 21, 23/25	D_{11}, $S_Ⅲ$	7DG, 11-13DG, 21DG, 25DG, ⅢG	ⅢG	ⅢG		2
	至Ⅰ股道		X_DLA, $D_{17}LA$		X_D	UU		5/7, [9/11], (13/15), 17/19, 23/25	D_{11}, D_{13}, D_{17}	7DG, 11-13DG, 9-15DG, 17-23DG, ⅠG		ⅠG		3
	至4股道		X_DLA, S_4LA		X_D	UU		5/7, [9/11], (13/15), 17/19, 23/25	D_{11}, D_{13}, S_4	7DG, 11-13DG, 9-15DG, 17-23DG, 19-27DG, 4G	4G	4G		4
发车	至5股道		S_5LA, X_DLA		S_5	L		(21), 13/15, 9/11, 5/7	D_{11}, X_D, S_5D	21DG, <23/25>25DG, 11-13DG, 7DG			BS	5
	至Ⅲ股道		$S_ⅢLA$, X_DLA		$S_Ⅲ$	L	B	23/25, 21, 13/15, 9/11, 5/7	D_{11}, X_D, $S_ⅢD$	25DG, 21DG, 11-13DG, 7DG			BS	6
	至Ⅱ股道		$S_ⅡLA$, X_DLA		$S_Ⅱ$	L	B	27, (17/19), [23/25], (13/15), [9/11], 5/7	D_{13}, D_{11}, X_D, $S_ⅡD$	19-27DG, 17-23DG, 9-15DG, 11-13DG, 7DG			BS	7
	至4股道		S_4LA, X_DLA		S_4	L	B	(27), [17/19], [23/25], (13/15), [9/11], 5/7	D_{13}, D_{11}, X_D, S_4D	19-27DG, 17-23DG, 9-15DG, 11-13DG, 7DG			BS	8
	至5股道		S_5LA, X_DLA		S_5	L或LU	B	(21), [13/15], (9/11), 5/7	D_1, D_7, D_9, S_5D	21DG, <23/25>25DG, 11-13DG, <5/7>5DG, 1DG, 3DG, 25DG, <21>21DG, ⅡAG			BS	9
	至Ⅲ股道	1	$S_ⅢLA$, SLZA	(23/25)	$S_Ⅲ$	L或LU		(23/25), 17/19, 13/15, 9/11, 1/3	D_{13}, D_7, D_1, $S_ⅢD$	17-23DG, 9-15DG, 3DG, 1DG, ⅡAG			BS	10
	由Ⅲ股道	2	$S_ⅢLA$, BA, SLZA	23/25	$S_Ⅲ$	L或LU		23/25, 21 [13/15] (9/11) (1/3)		25DG, 21DG, 9-15DG, 3DG, <5/7>5DG, 1DG, ⅡAG			BS	11
	由Ⅱ股道		$S_ⅡLA$, SLZA		$S_Ⅱ$	L或LU		27, 17/19, 1/3	D_{15}, D_5, D_1, $S_ⅡD$	19-27DG, 1/19WG, 1DG, ⅡAG			BS	12
	由4股道		S_4LA, SLZA		S_4	L或LU		(27) 17/19, /3	D_{15}, D_5, D_1, S_4D	19-27DG, 1/19WG, 1DG, ⅡAG			BS	13
北京方面 接车	至5股道	1	XLA, S_5LA	(5/7)	X	UU		(5/7), 9/11, 13/15, (21)	D_3, D_{11}, S_5D	ⅠAG, 5DG, <1/3>3DG, 7DG, 11-13DG, 21DG, <23/25>25DG, 5G	5G	5G		14
	至5股道	2	XLA, D_7A(D_9A), S_5LA	5/7	X	UU		5/7, 1/3 (9/11), 13/15, (21)	D_3, D_9, S_5D	ⅠAG, 5DG, 3DG, 9-15DG, 11-13DG, 21DG, <23/25>25DG, 5G	5G	5G		15
	至Ⅲ股道	1	XLA, $S_ⅢLA$	(23/25)	X	UU		5/7, 1/3, 9/11, 13/15, 17/19, (23/25)	D_3, D_7, D_9, $S_ⅢD$	ⅠAG, 5DG, 3DG, 9-15DG, 11-13DG, 21DG, 17-23DG, 25DG, ⅢG	ⅢG	ⅢG		16

表8.1（续）

方向	进路	进路方式	排列进路按下按钮	确定运行方向道岔	信号机名称	信号机显示	表示器	道岔	敌对信号	轨道区段	迎面进路 列车	迎面进路 调车	其他联锁	近路号码
北京方面 接车	至Ⅲ股道	2	XLA、BA、S_ⅢLA	(5/7)	X	UU		(5/7)、9/11、13/15、21、23/25	D_3、D_{11}、$S_ⅢD$	IAG、5DG、<1/3>3DG、7DG、11–13DG、21DG、25DG、ⅢG	ⅢG	ⅢG		17
	至Ⅰ股道		XLA、D_{17}LA		X	U		5/7、1/3、9/11、13/15、17/19、23/25	D_3、D_7、D_9、D_{13}、$S_ⅢD$	IAG、5DG、3DG、9–15DG、17–23DG、IG		IG		18
通过	至4股道		XLA、S_4LA		X	UU		5/7J/3,9/11J3/15,17/19↓23/25↓(27)	D_3、D_7、D_9、D_{13}、$S_ⅢD$、S_4D	IAG、5DG、3DG、9–15DG、17–23DG、19–27DG、4G	4G	4G		19
	由X经IG向天津方面		XTA、XLZA（XLA、X_1LA、XLZA）		X/X_5	L/L 或 L/U		5/7、1/3、9/11、13/15、17/19、23/25、16、6/8、10/12、2/4	D_3、D_7、D_9、D_{13}、D_{17}、D_{10}、D_8	IAG、5DG、3DG、9–15DG、17–23DG、IG、16–18DG、8–10DG、4DG				20
由D_1	至D_9		D_1A、D_7A		D_1	B		(1/3)	D_7、<(1/3)>、$S_ⅢL$、S_4L	1DG、3DG、<5/7>5DG				21
	至D_{15}		D_1A、D_5A		D_1	B		(1/3)、5/7、1/3	D_5、<19>$S_Ⅱ$、S_4	1DG				22
至 D_9		D_3A、D_7A		D_3	B		5/7、1/3	X、<(5/7)>S_3D、$S_ⅡD$	5DG、3DG				23
至 D_{11}		D_5A、D_{11}A		D_5	B		(5/7)	$S_ⅢD$、D_7、$S_ⅡD$、S_4D	5DG、<1/3>3DG、7DG				24
由调车 向 D_1		D_7A、D_1A		D_7	B		1/3	D_1、<19>、$S_ⅢL$、S_4L	1DG				25
进路 向 D_3		D_9A、D_3A		D_9	B		(1/3)	D_1、<(1/3)>S_3L、$S_ⅢL$、S_4L	DG、<5/7>5DG、1DG				26
至 D_5		D_9A、S_5DA		D_9	B		1/3、5/7	D_3、X	3DG、5DG	5G			27
至5股道		D_{11}A、S_5DA		D_{11}	B		(9/11)、[13/15]、(21)	D_{17}、<9>X、S_4	9–15DG、11–13DG、21DG、<23/25>25DG				28
至5股道		D_{11}A、S_5DA		D_{11}	B		9/11、13/15	S_5、X_D、<13>X	9–15DG	5G			29
至Ⅰ股道		D_{11}A、S_{II}DA		D_{11}	B		9/11、13/15、21、23/25	$S_Ⅱ$、X_D、<13>X	11–13DG、21DG、<23/25>25DG				30
至Ⅰ股道		D_{11}A、S_{II}DA		D_{11}	B		[9/11]、(13/15)	X_D、D_{17}、$S_Ⅱ$、<(13/15)>$S_ⅢL$、S_4	11–13DG、9–15DG、25DG				31
至Ⅲ股道		D_{13}A、$S_ⅢDA$		D_{13}	B		17/19、(23/25)	$S_Ⅲ$、<17>X_D、X	17–23DG、25DG、<21>21DG、ⅢG	ⅢG			32
至Ⅰ股道		D_{13}A、D_{17}A		D_{13}	B		17/19、(23/25)	D_{17}、<17>X_D、X	17–23DG				33
至Ⅱ股道		D_{13}A、$S_ⅡDA$		D_{13}	B		(17/19)、{23/25}、27	$S_Ⅱ$、X<(17/19)>X_D	17–23DG、19–27DG	ⅡG			34

表 8.1（续）

方向	进路	进路方式	排列进路按下按钮	确定运行方向道岔	信号机名称	信号机显示	表示器	道岔	敌对信号	轨道区段	迎面进路列车	迎面进路调车	其他联锁	进路号码
D_{15}	至 4 股道		$D_{15}A$、S_4DA		D_{15}	B		(17/19)、{23/25}、(27)	S_4、X、<(17/19)>X_D	17-23DG、19-27DG	4G			35
	至 II 股道		$D_{15}A$、$S_{II}DA$		D_{15}	B		17/19、27	S_{II}	19-27DG	IIG			36
	至 4 股道		$D_{15}A$、S_4DA		D_{15}	B		(27)、17/19	S_4	19-27DG	4G			37
D_{17}	向 D_7		$D_{17}A$、D_9A		D_{17}	B		23/25、17/19、13/15、9/11	D_9、D_{13}、<9>X	17-23DG、9-15DG				38
	向 D_3		$D_{17}A$、D_3A		D_{17}	B		23/25、17/19、(13/15)、[9/11]、(5/7)	X、D_3、D_{11}、D_{13}	17-23DG、9-15DG、11-13DG、7DG、5 DG、<1/3>3DG				39
	向 X_D		$D_{17}A$、X_DDZA		D_{17}	B		23/25、17/19、(13/15)、[9/11]、5/7	X_D、D_{11}、D_{13}	17-23DG、9-15DG、11-13DG、7DG				40
S_5D	至 D_7		S_5DA、D_9A		S_5	B		(21)、9/11、13/15、(5/7)	D_9、S_5L、<(9/11)>X	21DG、<23/25>25 DG、11-13DG、7DG、5 DG、<1/3>3DG				41
	至 D_3		S_5DA、D_3A		S_5	B		(21)、9/11、13/15、5/7	X_D、D_{11}、D_{13}	21DG、<23/25>25 DG、11-13DG、7DG				42
	向 X_D		S_5DA、X_DDZA		S_5	B		(21)、9/11、13/15、5/7	X_D、D_{11}、D_{13}	21DG、<23/25>25 DG、11-13DG、7DG				43
$S_{III}D$	至 D_7		$S_{III}DA$、D_3A		S_{III}	B		(23/25)、17/19、13/15、(5/7)	D_9、D_{13}、$S_{III}L$、<9>X	25G、<21>21DG、17-23DG、9-15DG				44
	至 D_3		$S_{III}DA$、D_3A		S_{III}	B		23/25、21、9/11、13/15、(5/7)	D_9、D_{11}、D_{13}、$S_{III}L$	25DG、21DG、11-13DG、7DG、5 DG、<1/3>3 DG				45
	至 X_D		$S_{III}DA$、X_DDZA		S_{III}	B		23/25、21、9/11、13/15、5/7	X_D、D_{11}、D_{13}	25DG、21DG、11-13DG、7DG				46
$S_{II}D$	至 D_7		$S_{II}DA$、D_3A		S_{II}	B		27、(17/19)、{23/25}、(13/15)、[9/11]、(5/7)	X、D_9、D_{13}、$S_{II}L$、<9>X	19-27DG、17-23DG、9-15DG				47
	至 D_3		$S_{II}DA$、D_3A		S_{II}	B		27、(17/19)、{23/25}、[13/15]、[9/11]、(5/7)	X、D_9、D_{11}、D_{13}	19-27DG、17-23DG、9-15DG、11-13DG、7DG、5DG、<1/3>3 DG				48
	至 X_D		$S_{II}DA$、X_DDZA		S_{II}	B		27、(17/19)、{23/25}、[13/15]、[9/11]、5/7	D_{15}、$S_{II}L$、<1>D_{11}	19-27DG、17-23DG、9-15DG、11-13DG、7DG				49
	至 D_5		$S_{II}DA$、D_5A		S_{II}	B		27、17/19	D_9、D_{13}、S_4L、<9>X	19-27DG、1/19WG				50
S_4D	至 D_7		S_4DA、D_9A		S_4	B		27、(17/19)、{23/25}、(13/15)、[9/11]、(5/7)	X、D_9、D_{13}	19-27DG、17-23DG、9-15DG				51
	至 D_3		S_4DA、D_3A		S_4	B		27、(17/19)、{23/25}、(13/15)、[9/11]、5/7	X、D_{11}、D_{13}、S_4L	19-27DG、17-23DG、9-15DG、5DG、<1/3>3 DG				52
	至 X_D		S_4DA、X_DDZA		S_4	B		27、(17/19)、{23/25}、(13/15)、[9/11]、5/7	X_D、D_{11}、D_{13}、S_4L	19-27DG、17-23DG、9-15DG、11-13DG、7DG				53
	至 D_5		S_4DA、D_5A		S_4	B		(27)、17/19	D_5、S_4L、<1/3>D_7	19-27DG、1/19WG				54

由调车进路

二、编制联锁表时的注意事项

（1）在编制联锁表时要顺序填写各条进路，编写的顺序是先编写列车进路，再编写调车进路。在编写列车进路和调车进路时的顺序是，先编写左咽喉，再编写右咽喉。

（2）对于防护几条进路的信号机要将这几条进路连续的编写在一起。

（3）特别要注意检查带动道岔、防护道岔、条件敌对、侵限绝缘的编写。防止出现遗漏。

（4）迎面进路涉及对方咽喉的敌对进路只有向股道调车或接车时才有迎面进路。

（5）调车进路终端：同方向的调车信号机可以作为同方向调车进路的终端。

（6）单置调车信号机不能作为反方向调转进路的终端。

（7）并置和差置进路的终端是同方向的调车信号机，进路的终端按钮是反方向调车信号机的按钮；尽头型的调车信号机可以作为反方向的进路终端。

任务三　城市轨道交通的联锁系统

城市轨道交通联锁系统存在很多与传统铁路电气集中系统不同的情况。例如，列车运行的三级控制、多列车进路、追踪进路、折返进路、联锁监控区、保护区段和侧面防护等。

（一）列车运行控制

列车进路由进路防护信号机防护，但列车在进路中的运行安全由 ATP 负责，这为城市轨道交通高密度行车提供了前提和安全保证。在设计中，ATP 与计算机联锁功能的结合，使计算机联锁的功能得到了加强。

列车运行进路控制采用三级控制，即控制中心控制（ATS 自动控制）、远程控制终端控制和车站工作站控制。

控制中心集中控制全线的列车运行（不包括车辆段内列车的运行控制）。系统根据列车运行时刻表及列车运行状况发出列车运行控制命令，并进行自动调整。在车站设置必要的自动控制功能控制中心故障时，转入站级控制。

1. 中心级控制

中心级控制为全自动的列车监控模式，在该模式下，列车进路设置命令由自动进路设定系统发出，其信息来源于时刻表和列车运行自动调整系统。控制中心调度员也可以人工干预，对列车进行调整，操作非安全相关命令，排列和取消进路。

列车自动选路是 ATS 系统的一部分，其任务是与联锁设备协同为列车运行自动地排列运行进路。为达此目的，进路自动排列具有这样的功能：其自动操作单元具有自动操作功能，而联锁系统根据来源于控制中心的自动进路设定系统排列进路指令，负责实际的安全排列进路。当许可校核得出否定结果时，联锁系统将向 ATS 系统回送一个相应的信息，然后由 ATS 系统重复传输相同的控制命令，直至达到规定的次数和时间。

2. 远程控制终端的控制

在控制中心设备故障或控制中心与下级设备的通信线路故障时，控制中心将无法对远程控制终端进行控制，此时系统自动地转入列车自动控制的降级模式。在降级模式下，由司机在车上输入目的地码，通过列车上的车次号发送系统发出带有列车去向的车次号信息，远程控制终端自动产生进路控制命令，联锁系统根据来自远程控制终端的进路号排列进路。在这种情况下，系统不具备列车运行自动调整功能，但对于高密度的列车运行，用此功能可以节省车站操作人员大量的精力。

3. 站级控制

在站级控制模式下，列车运行的进路控制在车站值班员工作站执行，但此时只要控制中心设备及通信线路功能完好，自动进路设置仍可进行。站级控制时，列车进路的设定完全取决于值班员的意图，值班员选择通过联锁区的预期进路。联锁控制逻辑检查进路没有被占用，并且没有建立敌对进路，然后自动排列通过联锁区的进路，锁闭进路。

在所有条件满足列车的安全运行后开放地面信号机,并允许 ATP 将速度命令传送给列露车。信号机的开放表示通过联锁区的进路开通。

(二) 多列车进路

进路分为单列车进路和多列车进路,这主要是因为城市轨道交通运行间隔小,车流密度大,列车的运行安全由 ATP 系统保护,所以在一条进路中可能出现多列列车在运行的情况。如图 8.8 所示,S_1—S_2 为多列车进路,只要监控区空闲,以 S_1 为始端的进路便可以排出,S_1 信号开放。

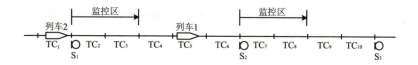

图 8.8　多列车进路示意图

对于多列车进路,当第 1 列车离开进路始端信号机后的监控区后,可以排列第 2 条相同终端的进路。第 2 条进路排出,第 1 列车通过后进路中的轨道区段直到第 2 列车通过后才解锁。

多列车进路排出后,如果是进路中有列车运行,则人工取消进路时,只能取消最后一次排列的进路至前行列车所在位置的进路,其余进路由前行列车通过以后解锁。人工取消多列车进路的前提是,进路的第 1 个轨道电路必须空闲。

(三) 追踪进路

追踪进路是联锁系统本身的一种自动排列进路功能。这种进路的防护信号机具有自动信号属性。当列车接近信号机,占用触发区段时(触发区段是指列车占用区段时引起进路排列的区段,触发进路可能是信号机前方第 1 个接近区段,也可能是第 2 个接近区段,触发区段根据信号机布置和通过能力而定),列车运行所要通过的进路自动排出。追踪进路排出的前提除了满足进路排出的条件外,进路防护信号机还必须具备进路追踪功能。

当信号机被预定具有进路追踪功能时,则对其规定的进路命令便通过接近表示自动产生。调用命令被储存,一直到信号机开放为止。接近表示将由触发轨道区段的占用而触发。

当信号机接通自动追踪进路时,也可以执行人工操作。若接收到接近表示之前已人工排列了一条进路,则自动调用的进路被拒绝,重复排列进路也不能被储存。

假如排列的进路被人工解锁,则该信号机的自动追踪进路功能会被切断。

(四) 折返进路

列车折返进路作为一般进路纳入进路表。通常,通过列车自动选路,追踪进路或人工排列的折返进路从指定的折返线开始。

（五）联锁监控区段

在铁路上信号机开放必须检查所防护进路的所有区段空闲，而在装备准移动闭塞的城市轨道交通中，开放信号机前联锁设备不需检查全部区段，只要检查部分区段，这些被检查的区段称为联锁监控区段。

联锁监控区段即排列进路时信号机开放所必须空闲的区段，一般为信号机内侧两个区段，如监控区段内有道岔，则在最后一个道岔区段后加一区段作为监控区段。监控区段的长度，应满足驾驶模式转换的需要。

进路设有监控区段时，只要监控区段空闲，进路防护信号机便可正常开放。

列车通过监控区段后自动将运行模式转为 ATO 自动驾驶模式或 SM 模式（ATP 监督人工驾驶模式），列车之间的追踪保护就由 ATP 来实现了。

（六）保护区段

为了保证列车的运行安全，避免列车由于某种原因不能在信号机停住而导致事故的发生，应充分考虑列车的制动距离及线路等因素，在停车点后设置保护区段，即终端信号机后方的一至两个区段为保护区段。类似于铁路的延续进路。

进路可以带保护区段或不带保护区段排出。如进路短，排列进路时带保护区段；多列车进路无保护区段时，进路防护信号机可以正常开放。

当排列的运行进路无法成功地进行保护区段设置或延时保护区段设置没有成功时，保护区段可以稍后设置，只要到达线和指定保护区段的轨道区段空闲，并且设置保护区段的条件得以满足。

在设定的时间（预设值为 30 s）截止之后，保护区段便解锁。延时解锁从保护区段接近区域被占用时开始。在列车反向运行情况下，保护区段的延时解锁仍将继续。

（七）侧面防护

城市轨道交通的道岔控制全部为单动，不设双动道岔，所有的渡线道岔均按单动处理，也不设带动道岔。这些都靠采取侧面防护来防止列车的侧面冲突。侧面防护是指为了避免其他列车从侧面进入进路，与列车发生侧面冲突，这类似于铁路的双动道岔和带动道岔的处理。

侧面防护可以分成两种，主进路的侧面防护和保护区段的侧面防护。防护主进路的侧面防护称为主进路的侧面防护，防护保护区段的侧面防护称为保护区段的侧面防护。

列车进路需要侧面防护是为了保证其安全的运行径路，侧面防护由防护道岔确保，或者通过显示红色信号来确保。

道岔为一级侧面防护，信号机为二级侧面防护。排列进路时先找一级侧面防护，再找二级侧面防护。无一级侧面防护时，则将信号机作为侧面防护。

侧面防护必须进行超限绝缘的检查。

侧面防护的任务是，通过操作、锁定和检测邻近分歧道岔，使通向已排运行进路的所有路径均不能建立。侧面防护也可通过具有停车显示和位于有侧面防护要求的运行进路方向的主体信号机来获得。在进路表中已为每一条运行进路设计了侧面防护区域。

如果采用了一个道岔的侧面防护，而道岔的实际位置和所要求的位置不一致时，则应发出一个转换道岔位置的命令。

当该命令不能执行（如道岔因封锁而禁止操作）时，该操作命令将被存储直至要求的终端位置达到为止。否则需要通过取消或解锁该运行进路来取消该操作命令。

排列进路时，除需要检查始端信号机外，还需要检查终端信号机和侧防信号机的红灯灯丝，只有这两种信号机的红灯功能完好，进路防护信号机才能开放。

当要求侧面防护的运行进路解锁时，运行进路侧面防护区域也将解锁。

任务工单

任务名称	6502 电气集中进路的办理与表示	姓名	
		日期	

操作方法
1. 办理一条接车进路。
2. 办理一条发车进路。
3. 办理一条以差置信号机为终端按钮的调车进路。
4. 办理一条以并置信号机为终端按钮的调车进路。
5. 办理一条长调车进路。
6. 办理一条变通进路。
7. 排列一条进路，并取消该进路。
8. 排列一条接车进路，模拟接近区段占用，并解锁该进路。
9. 排列一条侧线发车进路，模拟接近区段占用，并解锁该进路。
10. 排列一条调车进路，模拟接近区段占用，并解锁该进路。
11. 排列一条进路，模拟轨道电路红光带关闭信号，红光带消失后重复开放信号。
12. 引导进路锁闭的办理及取消。
13. 引导总锁闭的办理及取消。

分析故障原因	

操作中存在的问题及解决方法
1. 在排列进路时，按下按钮应停顿一下，松开不要太快，以便继电器可靠动作。
2. 绿色按钮为列车进路按钮，设在线路上；白色按钮为调车进路按钮，设在线路旁。
3. 扳动室外道岔时，应和室外人员联系后再扳动，手脚不能放在道岔动作区，室内外人员应注意密切联系。

技能掌握程度	非常熟练□	比较熟练□	一般熟练□	不熟练□
教师评语				
任务实施成绩				
日期				

项目九

轨道交通闭塞系统

【学习目标】

知识目标

1. 了解轨道交通闭塞系统的分类。
2. 掌握各类轨道交通闭塞系统的组成。
3. 掌握轨道交通自动闭塞的工作原理。

能力目标

1. 能使用半自动闭塞办理接发车作业。
2. 能说出三显示与四显示自动闭塞灯光区别。

【学习任务】

1. 了解闭塞系统。
2. 了解 64D 型继电半自动闭塞的组成及办理。
3. 了解自动闭塞的设备组成及工作原理。
4. 认知准移动闭塞和移动闭塞。

【教学建议】

可在具有轨道交通闭塞系统设备模型或仿真系统的实训室开展"教、学、做"一体化教学；最好能在现场学习各类轨道交通闭塞系统下的行车情况。

项目九 轨道交通闭塞系统

任务一 闭塞基础知识

为保证铁路必要的通过能力和行车安全,铁路线路以车站为分界点划分成若干个区间,通常区间还要分为若干闭塞分区。所谓区间是指两个车站(或线路所)之间的铁路线路。相邻两站之间的区间称为站间区间;车站与线路所之间的区间称为所间区间。根据区间线路的数目,可分为单线区间、双线区间和多线区间。

为保证行车安全,车站向区间发车时,必须确认区间空闲。要防止两站同时向一个区间发车,或防止两列及以上列车向同一方向进行追踪运行时发生追尾事故,因此要求按照一定的方法组织列车在区间的运行。用信号或凭证,保证列车按空间间隔制运行的技术方法称为行车闭塞法,简称闭塞。

实现闭塞方式的设备称为闭塞设备。行车闭塞设备是实现行车闭塞法的基础,它经历了电报或电话闭塞→路签或路牌闭塞→半自动闭塞→自动闭塞的发展过程。时至今日,我国除部分支线铁路、厂矿专用铁路尚在使用64D半自动闭塞设备外,大部分干线铁路都安装使用自动闭塞设备,近年来,通过引进、消化和吸收国外自动闭塞的先进技术,我国自行开发研制了具有自主知识产权的ZPW-2000系列无绝缘移频自动闭塞设备,不仅在既有铁路线路上得到了广泛的推广运用,而且在客运专线、城市轨道交通线路上也得以安装使用。

为了保证列车在区间内行车安全,列车由车站驶向区间运行的条件:一要验证区间空闲;二要有进入区间的凭证;三要实行区间闭塞。

一、实行区间闭塞的基本方法

1. 时间间隔法

列车按照事先规定好的时间自车站发车,使两个列车之间间隔按一定的时间运行。但是,当列车在区间内发生了事故(停车或分离等),这种方法就不能保证列车在区间运行的安全。

2. 空间间隔法

把铁路线路分成若干线段(区间或闭塞分区)。在每个线段内,只准许一个列车运行,使前行列车和追踪列车之间保持一定距离的行车方法。这种行车方法是我国目前所采用的闭塞方法。

二、实现区间闭塞的制度

1. 人工闭塞

采用电气路签或路牌作为列车占用区间的凭证,由接车站值班员检查区间是否空闲。因为这种方法,在交接凭证和检查区间状态都是依靠人工来完成,所以称为人工闭塞。

2. 半自动闭塞

人工办理闭塞手续,列车凭出站信号机或线路所通过信号机的进行信号显示作为发车凭证,列车发车后，出站信号机自动关闭的闭塞方法。利用继电器电路的逻辑关系实现分界点之间联系的半自动闭塞称为继电半自动闭塞。发车站要发车，值班员必须在办理好闭塞手续，才能开放出站信号机；列车出发后，出站信号机自动关闭，区间闭塞；列车到达接车站后，靠接车站值班员确认列车整列到达，向发车站发送复原信息，使区间闭塞复原。这种方法，既要值班员办理操纵，又需依靠列车的作用自动动作，所以称之为半自动闭塞。

3. 自动闭塞

自动闭塞是根据列车运行及有关闭塞分区的状态，自动变换通过信号显示，而司机凭信号机显示行车的闭塞方法。在双线单方向自动闭塞制式中，将一个区间划分为若干个小的分区，即闭塞分区，在每个闭塞分区的入口处装设一架通过信号机，用以防护该闭塞分区；每个闭塞分区都装设轨道电路（或计轴设备），通过轨道电路将列车和通过信号机的显示联系起来，使通过信号机的显示能根据列车的运行自动变换。因为闭塞作用的完成不需要人工参与，故称自动闭塞。

4. 移动自动闭塞

列车运行间隔自动调整，又称移动自动闭塞系统。这种设备不需要将区间划分成固定的若干闭塞分区，而是在两列车间自动地调整运行间隔，使之经常保持一定的距离。所以称列车运行自动调整，它可以大大地提高区段的通过能力。

城市轨道交通中，由于采用了ATC系统，闭塞作用由其ATP子系统完成。按照闭塞实现的方式，城市轨道交通ATP设备的闭塞制式可分为固定闭塞、移动闭塞和介于两者之间的准移动闭塞。

任务二 继电半自动闭塞及自动站间闭塞

工作任务

任务名称	64D 型继电半自动闭塞的操作办理	工单号	
姓名		专业	
日期		班级	

任务描述
1. 准备万用表、64D 型继电半自动闭塞设备。
2. 完成 64D 型继电半自动闭塞的正常办理。

任务要求
1. 掌握 64D 型继电半自动闭塞的正常办理手续。
2. 掌握 64D 型继电半自动闭塞三种情况下取消复原的办理手续。
3. 掌握 64D 型继电半自动闭塞三种情况下事故复原的办理手续。

继电半自动闭塞是我国铁路上一种主要的闭塞设备。标准型为 64 型继电半自动闭塞（简称 64 型）。为满足铁路运营情况的需要可分为 64D 型（单线用）、64F 型（双线用）和 64Y 型（单线带预办）三种类型。

一、64D 型继电半自动闭塞

我国铁路运营线路曾经有相当部分是单线区段，都广泛采用过 64D 型继电半自动闭塞设备。64D 型继电半自动闭塞如图 9.1 所示。64D 型继电半自动设备包括操纵箱、继电器箱、轨道电路、闭塞电源和闭塞外线等。

按照半自动闭塞的基本要求，两站间办理闭塞应传递以下信息。

（1）请求发车正信息（人工控制）。
（2）自动回执负信息（自动控制）。
（3）同意接车正信息（人工控制）。
（4）出发通知正信息（列车控制）。
（5）到达复原负信息（自动控制）。
（6）取消复原负信息（人工控制）。
（7）事故复原负信息（人工控制）。

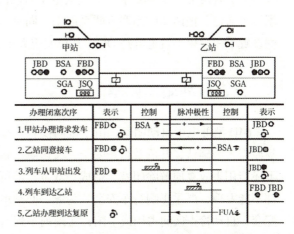

（a）64D 型继电半自动闭塞原理示意图

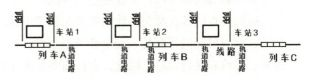

（b）64D 型继电半自动闭塞列车运行示意图

图 9.1　64D 型继电半自动闭塞

上述七种信息中（6）、（7）为非正常情况下使用。（1）、（3）、（4）是与行车直接有关的信息，采用正信息。这三个信息是按照办理闭塞顺序来区分信息的内容，例如，闭塞机在定位时，发车站请求发车，向接车站发送的正信息即为请求发车正信息。同意接车信息是构成允许发车的信息，为了提高安全性，在它前面增加非互易的负极性的自动回执信息。此负信息时以电路状态及发送的信息的车站区别于其他三个负信息。最后三个信息是使闭塞机恢复正常状态的信息，其特征要与正常办理的信息有所区别。

二、继电半自动闭塞的基本要求

为了确保列车在单线区段运行的安全，必须保证在区间内只能运行一列列车。为此，继电半自动闭塞系统必须具备以下基本的技术要求。

（1）车站要向区间发车，必须检查区间空闲状态，在取得接车站同意并已取消了接车站向该区间的发车权后，发车站才能开放出站信号机。

（2）当列车出站后，发车站的出站信号机必须自动关闭，在未再次办理手续之前，出站信号机不得再次开放。

（3）列车打到达接车站，由车站值班员检查列车完整到达后，接车站关闭进站信号机后，即可办理解除闭塞（到达复原）手续，使两站闭塞机恢复定位状态。

（4）闭塞系统必须符合"故障-安全"原则。

为了满足上述基本要求，单线继电半自动闭塞系统两站间各设一台闭塞机 BB，用一对闭塞线（通道）把两站的闭塞机联系起来。同时，为了检测列车的出发和到达，在进站信号机内侧设置了一段短小轨道电路 DG，其长度应大于 25 m。

三、自动站间闭塞

64D 型继电半自动闭塞，由于区间没有列车占用检查设备，不能检查区间是否空闲，到达复原需人为确认，既危及行车安全，又影响运输效率。特别严重的是，在区间有车占用的情况下还能用事故复原解除闭塞，造成"双发"的可能性。列车在区间丢车或车辆溜逸至区间时，都不能发现，严重影响行车安全。为此，必须增加区间空闲检查设备，与继电半自动闭塞设备配套，自动检查区间占用或空闲，实现列车到达后的自动复原，构成站间自动闭塞。

自动站间闭塞不同于半自动闭塞，其不必人工办理闭塞和到达复原；也不同于自动闭塞，其区间不划分闭塞分区，不设通过信号机。

区间检查设备有两类：计轴器和长轨道电路。采用计轴技术的优越性在于能对长区间进行检查；具有较高的可靠性、安全性及适用性；在国外铁路应用较为普遍，并产生了很好的运用经验、经济和社会效益。因此，在目前多采用计轴技术。

计轴自动站间闭塞系统是在现有 64D 型继电半自动闭塞设备的基础上增加计轴设备、计轴专用电源、计轴检测盒、滤波器、计轴综合电缆、计轴与原 64D 型继电半自动闭塞结合电路以及防雷设备等构成的，其系统构成框图如图 9.2 所示。

采用计轴器作为区间空闲与占用状态的检查设备，每个区间安装两套，分别设在两站进站信号机内侧 2~3 m 处。计轴器通过设置在区间两端的计轴点，对驶入区间和驶离区间的列车轴数进行记录，并经过传输线路将各自的轴数传递到对方站进行校核。当两端所记录的轴数一致时，就认为列车完整到达，区间空闲。否则，表示占用。未办理闭塞时有车溜入区间，就自动断开闭塞电路，并发出声光报警。

计轴专用电源用于提供计轴器工作电源和动作区间轨道继电器的电源及点亮控制台表示灯的电源。

计轴检测盒用于检测计轴设备工作状态，并提供计轴设备工作状态指示。

计轴设备与原 64D 型继电半自动闭塞的结合电路每个区间的两端站各设一套。在计轴设备发生故障时，仍可使用半自动闭塞。

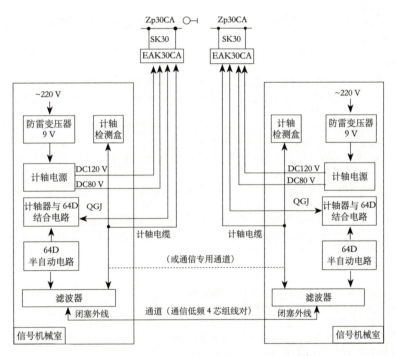

图 9.2　计轴自动站间闭塞系统构成框图

任务工单

任务名称	搭接继电器电路并分析故障	姓名	
		日期	

操作方法

1. 64D 型继电半自动闭塞的正常办理，分五步完成，如下图所示。

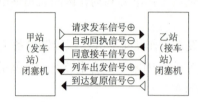

2. 取消复原有以下三种情况。

第一种：由请求一方在正常办理第一步结束后因故办理取消复原。按压 FYA，观察站设备状态的变化，并做好记录。

第二种：由请求一方在正常办理第二步结束后因故办理取消复原。按压 FYA，观察两站设备状态的变化，并做好记录。

第三种：由请求一方在正常办理第三步时，列车尚未出发前因故办理取消复原。应先取消发车进路，待进路解锁，出站信号关闭后再按压 FYA，观察两站设备状态的变化，并做好记录。

3. 事故复原有以下三种情况。

第一种：正常办理且列车到达接车站后，此时若接车站轨道电路故障（可在实验室模拟轨道电路上人为分路），接车站按压 FYA，两站设备不能正常实现到达复原，须由接车站按压 SGA 进行事故复原，观察两站设备状态的变化，并做好记录（强调 SGA 使用的特殊性，须首先在行车记录簿上登记时间、原因，再破铅封后方可使用）。

第二种：某站因故停电，恢复供电后，需办理事故复原，按压 SGA，观察两站设备状态的变化，并做好记录。

第三种：某站若要进行机外调车作业，需要通知对方站配合完成闭塞手续，按正常办理进行。待调车作业结束后，本站可利用 SGA 完成事故复原，要求对方站振铃期间及时按压 FYA，完成对方站设备复原。观察两站设备状态的变化，并做好记录。

分析故障原因

1. 若继电器控制正确，但灯泡不亮，分析可能的原因。
2. 继电器不吸合，但灯泡会亮，分析原因。
3. 电路连线正确，但继电器不吸合，分析原因。

操作中存在的问题及解决方法

1. 正常办理手续时两站都使用哪些按钮，各表示灯什么情况下点亮，各站电铃什么情况下鸣响等。
2. 说明取消复原办理的时机及方法；说明事故复原办理的原因及方法。

技能掌握程度	非常熟练□	比较熟练□	一般熟练□	不熟练□
教师评语				
任务实施成绩				
日期				

任务三 自动闭塞

工作任务

任务名称	基于 ZPW-2000A 轨道电路的自动闭塞区段组合焊接	工单号	
姓名		专业	
日期		班级	

任务描述
1. 有条件的可以进行焊接实验，也可以识读 ZPW-2000A 设备。
2. 准备电烙铁、焊锡丝、偏口钳、剥线钳、组合、ZK-1301 移频自动闭塞内部配线图、扎带、锉。
3. 组合内部配线图的识读。

任务要求
1. 了解焊接的各个工具及用法。
2. 熟悉电烙铁使用及焊接方法及工艺要求。
3. 掌握 ZPW-2000A 轨道电路区段的电路图。
4. 根据 ZPW-2000A 轨道电路区段的内部配线图焊接组合并导通。
5. 熟练美观地对组合配件进行绑扎。

自动闭塞就是根据列车运行及有关闭塞分区状态自动变换信号显示，而司机凭信号行车的闭塞方法。其特征为把站间划分为若干闭塞分区，有分区占用检查设备（即轨道电路或计轴设备），可以凭通过信号机的显示行车，也可凭机车信号或列车运行控制的车载信号行车；站间能实现列车追踪；办理发车进路时自动办理闭塞手续，自动变换信号显示。因为闭塞作用的完成不需要人工参与，故称自动闭塞。

一、自动闭塞的分类

在我国铁路的发展过程中，采用的自动闭塞种类比较多，一般按照运营和技术上特征可以进行以下分类。

1. 按行车组织方法分类

按行车组织方法，自动闭塞可分为单向自动闭塞和双向自动闭塞。

在单线区段，只有一条线路，既要运行上行列车，又要运行下行列车，为了调整双方向列车的运行，在线路的两侧都要装设通过信号机，这种自动闭塞称为单线双向自动闭塞；在双线区段，以前一般采用列车单方向运行方式，即一条铁路线路只允许下行方向列车运行，而在另一条线路则只允许上行列车运行。为此，对于每一条铁路线路仅在一侧装设通过信号机，这样的自动闭塞称为双线单向自动闭塞，如图 9.3 所示。

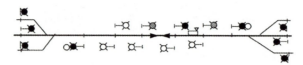

图 9.3 双线单向自动闭塞

为了充分发挥铁路线路的运输能力,在双线区段的每一条线路上都能双方向运行列车,这样的自动闭塞称为双线双向自动闭塞,如图 9.4 所示。正方向设置通过信号机,反方向运行的列车按机车信号运行。

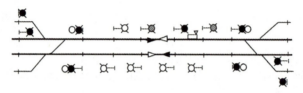

图 9.4 双线双向自动闭塞

2. 按通过信号机的显示制式分类

按通过信号机的显示制式,自动闭塞可分为三显示自动闭塞和四显示自动闭塞。

三显示自动闭塞的通过信号机具有三种显示,能预告列车运行前方两个闭塞分区的状态。当通过信号所防护的闭塞分区有车占用时显示红灯;只有当它防护的闭塞分区空闲时显示黄灯;当其运行前方有两个及以上闭塞分区空闲时显示绿灯。

我国早期的自动闭塞都是三显示自动闭塞,但在三显示自动闭塞区段,列车超过显示黄灯的通过信号机时就要减速,在前架显示红灯的通过信号机前必须停车,因此要求每个闭塞分区的长度绝对不能小于列车的制动距离。随着列车速度和密度的不断提高,特别是随着我国高速铁路的发展,列车制动距离越来越长,要用两个闭塞分区作为制动距离,但这样列车运行密度又会降低,只能采用缩短闭塞分区的长度而增加信号机显示的方法来解决,即采用四显示自动闭塞。

四显示自动闭塞是在三显示自动闭塞的基础上增加一种绿黄显示。图 9.5 是四显示自动闭塞。四显示自动闭塞能预告列车运行前方三个闭塞分区的状态,列车以规定速度越过绿黄显示时开始减速,使列车在抵达黄灯显示下时不大于黄灯规定的速度,保证列车在红灯显示前停车;而对于低速、制动距离短的列车,在绿黄显示下可以不减速。

四显示自动闭塞能缩短闭塞分区的长度,进而缩短列车行动间隔,提高区间通过能力。我国目前在建的和改建的线路大部分采用四显示自动闭塞。

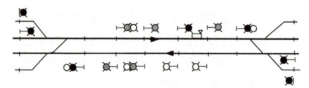

图 9.5 四显示自动闭塞

3. 按设备安置方式分类

按设备安置方式，自动闭塞可分为分散安装式自动闭塞和集中安装式自动闭塞。

分散安装式自动闭塞的设备都放置在线路上每个信号点处。分散安装方式造价较低，但闭塞设备大多是电子设备且安装在铁路沿线，由于受到列车的震动及环境温度影响较大，故障率较高，也不利于信号人员维护。集中安装式自动闭塞的设备集中放置在相近的车站机械室内，用电缆与通过信号相联系。集中安装式自动闭塞极大地改善了设备的工作条件，提高了设备的稳定性和可靠性，十分便于维修，但需要大量电缆，造价较高。目前，自动闭塞均采用信号安装式。

4. 按传递的信息特征分类

按传递的信息特征，自动闭塞可分为交流计数电码自动闭塞、极性频率脉冲自动闭塞和移频自动闭塞。

交流计数电码自动闭塞以交流计数电码轨道电路为基础，以钢轨作为传输通道传递信息，以不同长度的电码脉冲和间隔作为信息特征来控制通过信号机的显示。这种自动闭塞设备存在机械磨损比较严重、信息量少、信号显示应变时间长的制约，不能满足铁路高速发展的要求，现在已被淘汰。后经改造为微电子设备后，也存在信息量少的影响。

极性频率脉冲自动闭塞（简称极频自动闭塞）以极性频率脉冲轨道电路为基础，以钢轨作为通道传递信息，用不同极性和不同数目的脉冲作为信息特征来控制通过信号机的显示。这种自动闭塞对于电气化区段交直流断续干扰的防护性较差，而且由于信息量少，现在也被淘汰。

移频自动闭塞以移频轨道电路为基础，以钢轨作为通道传递信息，以不同频率低频信号调制不同频率的载频信号形成的移频信号作为信息特征来控制通过信号机的显示。这种自动闭塞对载频信号和低频信号的频率要求较高。

5. 按是否设置钢轨绝缘分类

按是否设置钢轨绝缘，自动闭塞可分为有绝缘自动闭塞和无绝缘自动闭塞。

为了分割闭塞分区，要在闭塞分区的分界处装设钢轨绝缘。但钢轨绝缘的设置不利于线路向长钢轨、无缝化方向发展，钢轨绝缘损坏率也较高，影响了设备的稳定工作，且增加了维修工作量和费用。在电气化区段，为了能使牵引电流顺利通过钢轨绝缘，必须安装扼流变压器，这会增加投资。随着我国高速铁路的发展，钢轨绝缘处的轨缝对车轮的冲击不可忽视，是一种安全隐患。为了解决这些问题，研制出了无绝缘自动闭塞。无绝缘自动闭塞以无绝缘轨道电路为基础，用电气绝缘节代替了原来的钢轨绝缘，为铁路线路的无缝化、高速化奠定了基础。我国目前在建的和改建的区间自动闭塞都采用无绝缘自动闭塞。

6. 按设备技术手段分类

按设备技术手段，自动闭塞可分为传统的自动闭塞和装备列车运行自动控制系统的自动闭塞。

前面介绍的几种自动闭塞都属于传统的自动闭塞。传统的自动闭塞一般设地面通过信号机，装备有机车信号，保证列车按照空间间隔制运行的技术方法是用信号或凭证来实现的。目前，传统的自动闭塞一般适用于列车最高运行速度在 160 km/h 及以下的区段。

装备列车运行自动控制系统（简称列控系统或 ATC 系统）的自动闭塞可分为三类，分别为固定闭塞、准移动闭塞和移动闭塞。

（1）固定闭塞。

列控系统采取分级速度控制模式时，采用固定闭塞方式。运行列车间的空间间隔是若干个闭塞分区，闭塞分区数依划分的速度级别而定。一般情况下，闭塞分区是用轨道电路或计轴装置来划分的，它具有列车定位和占用轨道的检查功能。固定闭塞的追踪目标点为前行列车所占用闭塞分区的始端，后行列车从最高速开始制动的计算点为要求开始减速的闭塞分区的始端，这两个点都是固定的，空间间隔的长度也是固定的，所以称为固定闭塞。

（2）准移动闭塞。

准移动闭塞方式的列控系统采取目标距离控制模式（又称连续式一次速度控制）。目标距离控制模式根据目标距离、目标速度及列车本身的性能确定列车制动曲线，不设定每个闭塞分区速度等级，采用一次制动方式。准移动闭塞的追踪目标点是前行列车所占用闭塞分区的始端，当然会留有一定的安全距离，而后行列车从最高速开始制动的计算点是根据目标距离、目标速度及列车本身的性能计算决定的。目标点相对固定，在同一闭塞分区内不依前行列车的走行而变化，而制动的起始点是随线路参数和列车本身性能不同而变化的。空间间隔的长度是不固定的，由于要与移动闭塞相区别，所以称为准移动闭塞。

（3）移动闭塞。

移动闭塞方式的列控系统也采取目标距离控制模式（又称连续式一次速度控制）。目标距离控制模式根据目标距离、目标速度及列车本身的性能确定列车制动曲线，采用一次制动方式。移动闭塞的追踪目标点是前行列车的尾部，当然会留有一定的安全距离，后行列车从最高速开始制动的计算点是根据目标距离、目标速度及列车本身的性能计算决定的。目标点是前行列车的尾部，与前行列车的走行和速度有关，是随时变化的，而制动的起始点是随线路参数和列车本身性能不同而变化的。空间间隔的长度是不固定的，所以称为移动闭塞。其追踪运行间隔要比准移动闭塞更小一些。移动闭塞一般采用无线通信和无线定位技术来实现。

二、列车运行的间隔时间

信号显示制度有多种方式，采用哪种信号显示制度应根据必要的间隔时间、行车情况、显示条件和其他情况而定。

（一）闭塞分区长度

区间闭塞分区的最小长度必须满足《列车牵引计算 第1部分：机车牵引式列车》（TB/T 1407.1—2018）规定的列车制动率全值的80%的常用制动和超速防护而启动紧急制动的制动距离。计算制动距离时，必须考虑区间列车可能达到的最高行车速度，以利于提高安全性。我国的《铁路闭塞 第1部分：自动闭塞技术条件》（TB/T 1567.1—2019）中规定"三显示自动闭塞分区的最小长度范围为1 000~1 200 m"；《铁路信号技术管理规定》中规定"列车在限制下坡道上紧急制动的制动距离，规定为800 m"。目前，我国既有的自动闭塞分区长度大都是按运行时间间隔而不是按制动距离空间间隔划分的,一般均比所要求的制动距离大,从而影响了行车密度。为提高列车密度将闭塞分区长度按制动距离来划分。可以缩短列车运行的空间间隔。随着列车速度和密度不断提高,可以缩短列车运行空间间隔,以达到必要的行车密度。

(二)三显示制式闭塞分区长度与列车运行间隔时间的关系

闭塞分区的最大长度(进站信号机前方除外)根据轨道电路的安全及可靠动作的条件,最好不要超过轨道电路的极限长度,以免增加分割点的设备。预告信号机至进站信号机的距离,一般不小于1 200 m,不大于1 500 m。这个要求是根据进站咽喉区的通过能力要符合区间的通过能力,以及要尽量减少同向到达列车的间隔时间,也就是必须缩减越行时的停留时间。如果同向到达隔时间大于列车在区间的同向运行间隔时间时,那么,就不可避免地要使列车堵在进站信号机外侧。这个要求并不能经常严格地遵守。因为考虑到闭塞分区的长度必须符合制动距离的要求,而制动距离在下坡道上可能大于1 500 m,同时还要考虑到两个色灯信号机的对称布置、显示距离和其他条件,因此,在个别有充分根据的情况下,进站色灯信号机前面的闭塞分区长度允许大于500 m。

在同一方向的两列列车,彼此以闭塞分区相间隔追踪运行,前一列车的尾部与后一列车的头部之间所保持的最小间隔时间,称为追踪间隔时间。

(三)三显示制式的追踪运行

(1)列车间隔三个闭塞分区,在绿灯下运行,如图9.6所示。

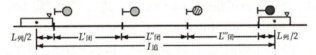

图9.6 列车按间隔三个闭塞分区运行的间隔距离

从图9.6中可看出按三个闭塞分区间隔运行时,最小间隔时间可按下式求得

$$I = 0.06 \frac{3L_{闭}+L_{列}}{V_{平均}}$$

计算时应注意$L_{闭}$应按最长的区段计算,即按最困难区段考虑。

(2)列车间隔二个闭塞分区,在黄灯光下运行,其运行情况如图9.7所示,

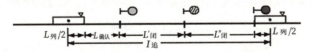

图9.7 列车按间隔二个闭塞分区运行的间隔距离

最小间隔时间可按下式求得

$$I = t_{确} + 0.06\frac{2L_{闭} + L_{列}}{V_{平均}}$$

式中　$t_{确}$——司机确认信号变换显示的时间，一般为 0.25 min；

　　　$V_{平均}$——黄灯运行下的列车平均速度（km/h）。

这种方式使列车经常在黄灯光下运行，不能提高车速，因此，只能有个别的困难区段（在区间遇有困难的上坡道或车站发车，当按确定的运行间隔不能满足划分三个闭塞分区的要求时）才采用。采用的间隔时间有 8 min 或 10 min 的最小间隔时间，在繁忙的干线上已有采用按 6 min 设计 7 min 运行的最小间隔时间。究竟采用哪种最小间隔时间，要考虑线路运量的繁忙程度、线路状况和机车类型等定。其方法，可以先按机车类型初步确定采用 7 min 或 8 min 或 10 min 间隔时间，然后根据该区段线路分析。例如，用 8 min 先在困难区段（长大上坡道等处）布置信号机，如果在困难的区间能够满足机车类型确定的间隔时间，则说明初步确定的追踪间隔时间是合适的；如果困难区间的线路条件不能满足按机车类型初步确定的间隔时间，则可以考虑把间隔缩小为二个间隔，如果二个间隔仍不能满足要求时则考虑增大间隔时间，采用满足最困难区间所限制的列车追踪间隔时间。

（3）接近车站的间隔时间。

①如图 9.8 所示，其运行间隔可按下式计算，即

$$I = 0.06\frac{L_{列} + L_{岔} + 2L_{闭}}{V_{平均}} + t_{准}$$

式中　$L_{岔}$——进站信号至警冲标的距离（m）；

　　　$t_{准}$——车站为第二列车准备进路的时间（min）。进路式电气集中时，$t_{准}$ 为 0.25 min，手动道岔时，$t_{准}$ 为 1.5 min，一般电气集中时，$t_{准}$ 为 0.5 min。

②在进站区段上牵引条件困难而采用二个间隔时，最小运行间隔按下式计算，即

$$I = 0.06\frac{L_{列} + L_{岔} + L_{闭}}{L_{平均}} + t_{准} + t_{确}$$

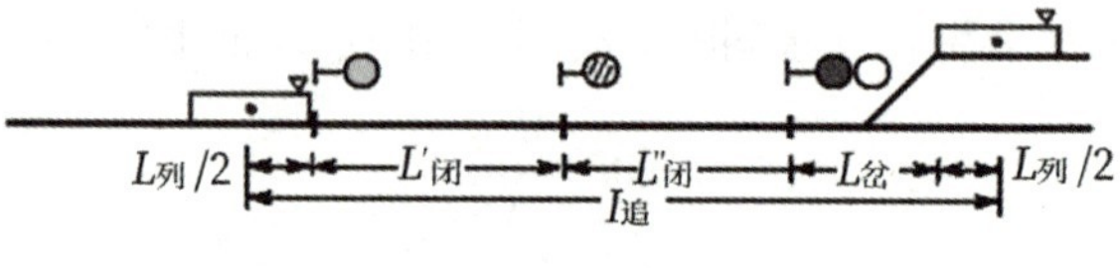

图 9.8　列车接近车站的间隔距离

（4）自动闭塞区段车站同方向发车的间隔时间，如图 9.9 所示，其运行间隔可按下式计算，即

$$I = 0.06\frac{L_{列} + 2L_{闭}}{V_{平均}} + t_{准}$$

式中　$t_{准}$——车站值班员显示发车指示信号、车长指示发车信号、后行列车司机确认信号显示状态、开动列车的时间（按 1 min 计算）。

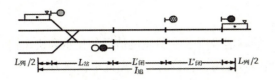

图9.9 列车发车的间隔距离

三、ZPW-2000型无绝缘移频自动闭塞

移频自动闭塞采用频率参数作为控制信息的自动闭塞制式。我国铁路早期采用的移频4信息、8信息和18信息移频自动闭塞，引进法国的UM71无绝缘自动闭塞和我国目前正在使用的ZPW-2000型无绝缘移频自动闭塞均为移频自动闭塞，只是频率参数不相同。

（一）移频自动闭塞的含义

移频自动闭塞是以移频轨道电路为基础的自动闭塞。它选用频率参数作为控制信息，采用频率调制的方法，把低频（f_c）搬移到较高频率（载频f_0）上，以形成振幅不变、频率承低频信号的幅度作周期性变化的调频信号。将此信号用钢轨作为传输通道来控制通过信号机的显示，达到自动指挥列车运行的目的。移频信号的波形如图9.10所示。

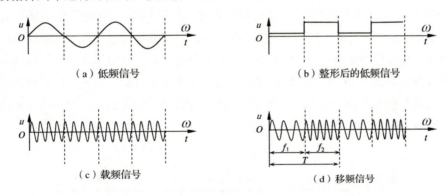

图9.10 移频信号的波形

从图中可以看出，移频信号是f_1和f_2两种频率交替变化的信号，而且f_1和f_2两种频率都是以载频f_0为中心做上下偏移，偏移的范围是一个定值，两者在单位时间内的变化次数与低频信号的频率相同，即单位时间内频率变化的次数由低频调制信号f_c决定。

当低频调制信号输出低电位时，载频f_0向下偏移$\triangle f$（称为频偏），为$f_1=f_0-\triangle f$，称为低端载频（或下边频）；当低频调制信号输出高电位时，载频f_0向上偏移$\triangle f$，为$f_2=f_0+\triangle f$，称为高端载频（或上边频）。

由于低端载频和高端载频的交替变换接近于突变性的，好似频率在移动，因此称为移频信号。应用这种移频信号作为控制信息的轨道电路叫移频轨道电路，以此为基础的自动闭塞称为移频自动闭塞。在移频轨道电路中传输的信息实际是f_1和f_2两种频率交替变化的信号，所以载频实际上是不存在的。

在移频自动闭塞中，低频信号用于控制通过信号的显示和机车信号显示，而载频 f_0（又称中心载频）则为运载低频信号之用，其目的是提高抗干扰能力。

（二）移频自动闭塞的工作原理

在移频自动闭塞区段，移频信息的传输，是按照运行列车占用闭塞分区的状态，迎着列车的运行方向，自动地向前方闭塞分区传递信息的。ZPW-2000 移频自动闭塞的工作原理如图 9.11 所示。

下行线路有两列列车 A，B 运行，A 列车运行在 9G 分区，B 列车运行在 1G 分区。由于 9G 有车占用，防护该闭塞分区的通过信号机 9 显示红灯，这时 9 信号点的发送设备自动向前方闭塞分区 7G 发送 26.8 Hz 调制的中心载频为 1 768.7 Hz 的移频信号。当 7 信号点的接收设备收到该移频信号后，控制 7 信号机显示黄灯。此时 7 信号点的发送设备自动向前方闭塞分区 5G 发送 16.9 Hz 调制的中心载频为 2 298.7 Hz 的移频信号。当 5 信号点的接收设备收到该移频信号后，控制 5 信号机显示绿黄灯。此时 5 信号点的发送设备自动向前方闭塞分区 3G 发送 13.6 Hz 调制的中心载频为 1 701.4 Hz 的移频信号。当 3 信号点的接收设备收到该移频信号后，控制 3 信号机显示绿灯。此时 3 信号点的发送设备自动向前方闭塞分区 1G 发送 11.4 Hz 调制的中心载频为 2 301.4 Hz 的移频信号。续行列车 B 在 1G 按规定速度运行。如果列车 A 由于某种原因停在 9G 分区，则当续行列车 B 进入 3G 分区，司机见到通过信号 5 显示绿黄灯，则应注意减速运行。当续行列车 B 进入 5G 分区，司机见到通过信号 7 显示黄灯，则应进一步减速运行。当续行列车 B 进入 7G 分区，司机见到通过信号 9 显示红灯，司机采取制动措施，使列车 B 停在通过信号机 9 前方。这样，就可根据列车占用闭塞分区的状态，自动改变地面信号机的显示，准确地指挥列车的运行，实现自动闭塞。

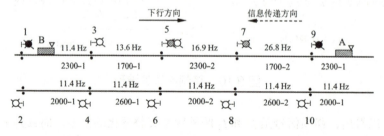

图 9.11 ZPW-2000 移频自动闭塞的工作原理

（三）ZPW-2000A 型无绝缘自动闭塞简介

ZPW-2000A 型无绝缘自动闭塞充分吸收 UM71 的技术优势，并实现了重大技术改进和创新。它克服了 UM71 在传输安全性和传输长度上存在的问题。在轨道电路传输安全上，解决了轨道电路全路断轨检查、调谐区死区长度、调谐单元断线检查、拍频干扰防护等技术难题。延长了轨道电路的传输长度。采用单片微机和数字信号处理技术，提高了抗干扰能力。

ZPW-2000A 型无绝缘自动闭塞采用无绝缘轨道电路，轨道电路的无绝缘是通过电气绝缘节实现的。电气绝缘节原理图如图 9.12 所示。除车站进出站口交界点外，各闭塞分区分界点均设电气绝缘节。调谐区按 29 m 长设计，它由调谐单元（称 BA）及空心线圈（称 SVA）组成。其参数保持原"UM71"参数，功能是实现两相邻轨道电路电气隔离。这样，就如同有绝缘节存在一样，即采用"电气绝缘节"来取代"机械绝缘节"。轨道电路采用的频率，在同一线路的相邻轨道电路必须不同，两相邻线路上亦不相同，以免互相干扰。

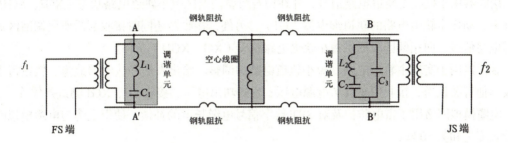

图 9.12　电气绝缘节原理图

ZPW-2000A 型无绝缘自动闭塞由室内设备和室外设备构成。室内设备包括发送器、接收器、衰耗器和电缆模拟网络等。室外设备包括调谐单元、空心线圈、匹配变压器和补偿电容等。有电气—电气绝缘节（JES-JES）结构和电气—机械绝缘节（JES-BA//SVA'）结构两种，其系统构成如图 9.13 所示。

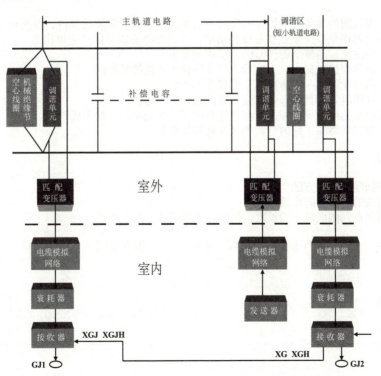

图 9.13　ZPW-2000A 型无绝缘自动闭塞系统构成

ZPW-2000A 型无绝缘轨道电路将轨道电路分为主轨道电路和调谐区短小轨道电路两个部分，并将短小轨道电路视为列车运行前方主轨道电路的所属"延续段"。

发送器用于产生高精度、高稳定性的移频信号，同时向线路两侧主轨道电路、短小轨道电路发送信号。

接收器用于接收主轨道电路信号，并在检查所属调谐区短小轨道电路状态（XGJ、XGJH）条件下，动作本轨道电路的轨道继电器（GJ）。另外，接收器还同时接收邻段所属调谐区短小轨道电路信号，向相邻区段提供短小轨道电路状态（XG、XGH）条件。

衰耗器用于实现主轨道电路、短小轨道电路的调整。给出发送和接收器故障、轨道占用表示及其他有关发送、接收用 +24 V 电源电压、发送功出电压、接收 GJ、XGJ 测试条件等。

电缆模拟网络用于雷电防护及对 SPT 数字信号电缆长度的补偿，使得电缆与电缆模拟网络补偿长度之和为 10 km。

任务工单

任务名称	组合焊接	姓名	
		日期	
操作方法 1. 准备施焊：焊接前的准备包括焊接部位的清洁处理，元器件安装及焊料、焊剂和工具的准备。左手焊锡丝，右手握电烙铁（烙铁头要保持清洁，并使焊接头随时保持施焊状态）。 2. 加热焊件：应注意加热整个焊件整体，要均匀受热。 3. 送入焊丝：加热焊件达到一定温度后，焊丝烙铁从对面接触焊件。 4. 移开焊丝：当焊丝融化一定量后，立即移开焊丝。 5. 移开焊铁：焊锡渡润焊盘或焊件的施焊部位后，移开烙铁。 6. 用斜口钳将铜丝的绝缘皮剪掉，并将铜丝截成等长度的小段，加工成弯钩。 7. 用电烙铁与焊锡丝将加工好的弯钩焊接在新的接点上。			
分析故障原因			
操作中存在的问题及解决方法 1. 注意使用烙铁的方法，防止烫伤线。 2. 注意继电器接点到侧面端子的长度，把握好线的尺寸，禁止浪费。			
技能掌握程度	非常熟练☐ 比较熟练☐ 一般熟练☐ 不熟练☐		
教师评语			
任务实施成绩			
日期			

任务四　固定闭塞、准移动闭塞和移动闭塞

在城市轨道交通内，列车间隔控制即闭塞均由列车运行自动完成。由于采用了ATC系统，各个轨道电路区段，即闭塞分区均不设通过信号机，而由车载ATP系统予以显示。也没有铁路那样专用的闭塞设备的概念，闭塞作用由ATP系统完成。按照闭塞实现的方式，城市轨道交通的闭塞可分为固定闭塞、准移动闭塞和移动闭塞。

准移动闭塞式和移动闭塞式ATC系统可以实现较大的通过能力，对于客运量变化具有较强的适应性，可以提高线路利用率，具有高效运行、节能等作用，并且控制模式与列车运行特性相近，能较好地适应不同列车的技术状态，其技术水平较高，具有较大的发展前景。虽然固定闭塞式ATC系统技术水平相对较低，但由于可满足2 min通过能力的行车要求，且价格相对低廉，因此也宜选用。根据实际情况，因地制宜选择三种不同制式的ATC系统是完全必要的。

一、固定闭塞

固定闭塞将线路划分为固定的闭塞分区，不论是前、后列车的位置，还是前、后列车的间距都是用固定的地面设备（如轨道电路等）检测和表示的。线路条件和列车参数等均需在闭塞设计过程中加以考虑，并体现在地面固定区段的划分中。固定闭塞行车方式如图9.14所示。

图9.14　固定闭塞行车方式

由于列车定位是以固定区段为单位的（系统只知道列车在哪个区段中，而不知道在区段中的具体位置），所以固定闭塞的速度控制模式必然是分级的，即阶梯式。在这种制式中，需要向被控列车"安全"传送的只是代表少数几个速度级的速度码，如图9.15所示。

固定闭塞方式，无法满足提高系统能力、安全性和互用性的要求。

传统ATP的传输方式采用固定闭塞，通过轨道电路判别闭塞分区占用情况，并传输信息码，

需要大量的轨旁设备，维护工作量较大。此外，传统方式还存在以下缺点。

（1）轨道电路工作稳定性易受环境影响，如道床阻抗变化、牵引电流干扰等环境因素。

（2）轨道电路传输信息量小。要想增加信息量，只能通过提高信息传输的频率实现。但是如果传输频率过高，钢轨的集肤效应会导致信号的衰耗增大，使传输距离缩短。

（3）利用轨道电路难以实现车对地的信息传输。

（4）固定闭塞的闭塞分区长度是按最长列车、满负载、最高速度、最不利制动率等不利条件设计的，分区较长，且一个分区只能被一列车占用，不利于缩短列车运行间隔。

（5）固定闭塞系统无法知道列车在分区内的具体位置，因此，列车制动的起点和终点总在某一分区的边界。为充分保证安全，必须在两列车间增加一个防护区段，这使得列车间的安全间隔较大，影响了线路的使用效率。

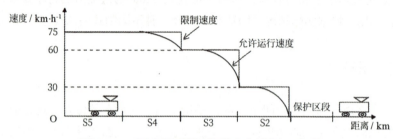

图 9.15　固定闭塞阶梯式速度控制示意图

二、准移动闭塞

准移动闭塞对前、后列车的定位方式是不同的。前行列车的定位仍沿用固定闭塞的方式，而后续列车的定位则采用连续的或称为移动的方式。为了提高后续列车的定位精度，目前各系统均在地面每隔一段距离设置1个定位标志（可以是轨道电路的分界点或信标等），列车通过时提供绝对位置信息。在相邻定位标志之间，列车的相对位置由安装在列车上的轮轴转数累计连续测得。

由于准移动闭塞同时采用移动和固定两种定位方式，所以它的速度控制模式既具有无级（连续）的特点，又具有分级（阶梯）的性质。若前行列车不动而后续列车前进时，其最大允许速度是连续变化的；而当前行列车前进，其尾部驶过固定区段的分界点时，后续列车的最大速度将按"阶梯"跳跃上升，如图 9.16 所示。

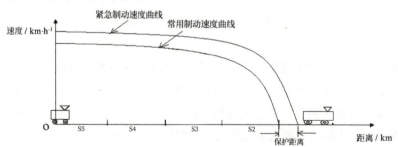

图 9.16　准移动闭塞连续曲线速度控制示意图

由于准移动闭塞兼有移动和固定的特性,与"固定"性质相对应的设备,必须在工程设计和施工阶段完成。而被控列车的位置是由列车自行实时(移动)测定的,所以其最大允许速度的计算最终只能在车上实现。

为了使后续列车能够根据自身测定的位置实时计算其最大允许速度,必须使用数字编码轨道电路向其提供前方线路的各种参数以及前行列车所处区段的信息。

准移动闭塞在控制列车的安全间隔上比固定闭塞更进了一步。它通过采用报文式轨道电路辅之环线或应答器来判断分区占用并传输信息,信息量大;可以告知后续列车继续前行的距离,后续列车可根据这一距离合理地采取减速或制动,列车制动的起点可延伸至保证其安全制动的地点,从而可改善列车速度控制,缩小列车安全间隔,提高线路缴利用效率。但准移动闭塞中后续列车的最大目标制动点仍必须在先行列车占用分区的外方,因此,它并没有完全突破轨道电路的限制。

三、移动闭塞

1. 移动闭塞的基本概念

移动闭塞的特点是前、后两列车都采用移动式的定位方式,不存在固定的闭塞分区,列车之间的安全追踪间距随着列车的运行而不断移动且变化。移动闭塞行车方式如图 9.17 所示。

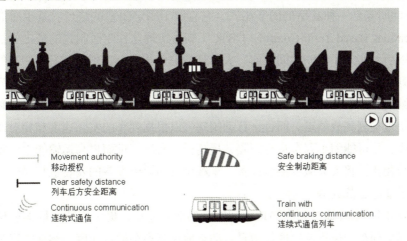

图 9.17　移动闭塞行车方式

移动闭塞可借助感应环线或无线通信的方式实现。早期的移动闭塞系统大部分采用基于感应环线的技术,即通过在轨间布置感应环线来定位列车和实现车载计算机(VOBC)与车辆控制中心(VCC)之间的连续通信。如今大多数先进的移动闭塞系统已采用无线通信系统实现各子系统间的通信,构成基于无线通信技术的移动闭塞。

2. 移动闭塞的特点

移动闭塞具有如下特点。

(1)线路没有固定划分的闭塞分区,列车间隔是动态的,并随前一列车的移动而移动。

（2）列车间隔是按后续列车在当前速度下所需的制动距离，加上安全余量计算和控制的，确保不追尾。移动闭塞连续曲线速度控制示意图如图9.18所示。

（3）制动的起点和终点是动态的，轨旁设备的数量与列车运行间隔关系不大。

（4）可实现较小的列车运行间隔。

（5）采用地—车双向传输，信息量大，易于实现无人驾驶。

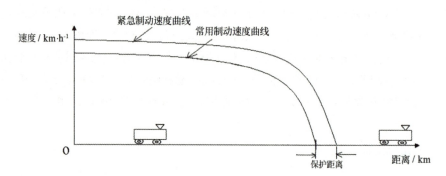

图9.18　移动闭塞连续曲线速度控制示意图

3. 移动闭塞的技术优势

（1）移动闭塞是一种新型的闭塞制式，它克服了固定闭塞的缺点。基于通信的列车控制（Communications Based Train Control，CBTC）则是实现这种闭塞制式的最主要技术手段。采用这种方法以后，实现了车—地间双向、大容量的信息传输，达到连续通信的目的，在真正意义上实现了列车运行的闭环控制。当列车和车站一开始通信，车站就能得知所有列车的位置，能够提供连续的列车安全间隔保证和超速防护，在列车控制中具有更好的精确性和更大的灵活性，并能更快地检测到故障点。而且，移动闭塞可以根据列车的实际速度和相对速度来调整闭塞分区的长度，尽可能缩小列车运行间隔，提高行车密度，进而提高运输能力。此外，这种系统与传统系统相比，将大大减少沿线设备，车载设备和轨旁设备的安装也相对较为容易，维修方便，有利于降低运营成本。

（2）移动闭塞系统通过列车与地面间连续的双向通信，提供连续测量本车与前车距离的方法，实时提供列车的位置及速度等信息，动态地控制列车运行速度。移动闭塞制式下后续列车的最大制动目标点可比准移动闭塞和固定闭塞更靠近先行列车，因此，可以缩小列车运行间隔，有条件实现"小编组、高密度"目标，从而使系统可以在满足同等客运需求条件下缩短旅客候车时间，缩小站台宽度和空间，降低基建投资。

（3）由于系统采用模块化设计，核心部分均通过软件实现，因此，系统硬件数量大大减少。

（4）移动闭塞系统的安全关联计算机一般采取3取2或2取2的冗余配置，系统通过故障-安全原则对软、硬件及系统进行量化和认证，可保证系统的可靠性、安全性和可用度。

（5）移动闭塞还常常与无人驾驶联系在一起。两者的结合能够避免司机的误操作或延误，以获得更高的效率。

（6）无线移动闭塞的数据通信系统对所有的子系统透明，对通信数据的安全加密和接入防护等措施可保证数据通信的安全。由于采取了开放的国际标准，可实现子系统间逻辑接口的标准化，从而有可能实现路网的互联互通。采取开放式的国际标准也使国内厂商可从部分部件的国产化着手，逐步实现整个系统的国产化。

4. 移动闭塞的工作原理

移动闭塞与固定闭塞的根本区别在于闭塞分区的形成方法不同。移动闭塞系统是一种区间不分割、根据连续检测先行列车位置和速度进行列车运行间隔控制的列车安全系统。这里的连续检测并不意味着一定没有间隔点。实际上该系统把先行列车的后部看作是假想的闭塞区间。由于这个假想的闭塞区间随着列车的移动而移动，所以称为移动闭塞。在移动闭塞系统中，后续列车的速度曲线随着目标点的移动而实时计算，后续列车到先行列车的保护段后部之间的距离等于列车制动距离加上列车制动反应时间内驶过的距离。

移动闭塞技术在对列车的安全间隔控制上更进了一步。通过车载设备和轨旁设备连续地双向通信，控制中心可以根据列车实时的速度和位置动态地计算列车的最大制动距离。列车的长度加上这一最大制动距离并在列车后方加上一定的防护距离，便组成了一个与列车同步移动的虚拟闭塞分区（见图9.19）。由于保证了列车前后的安全距离，两个相邻的移动闭塞分区就能以较小的间隔同时前进，这使列车能以较高的速度和较小的间隔运行，从而提高运营效率。

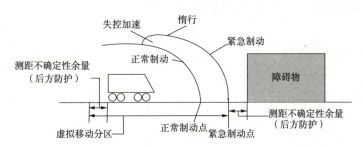

图 9.19 移动闭塞的行车安全间隔

5. 移动闭塞 ATC 系统分类

移动闭塞 ATC 系统就车—地双向信息传输速率而言，可分为基于电缆环线传输方式和基于无线通信和数据传输媒介的传输方式。

按无线扩频通信方式，可分为直接序列扩频和跳频扩频方式。

按数据传输媒介传输方式，可分为点式应答器、自由空间波、裂缝波导管和漏泄电缆等传输方式。

项目十

城市轨道交通 ATC 控制系统

【学习目标】

知识目标
1. 了解基于轨道电路的 ATC 系统组合及工作原理。
2. 掌握基于通信的 CBTC 系统的结构组成及工作原理。

能力目标
1. 能理解车—地通信原理。
2. 能理解列车追踪原理。
3. 能理解超速防护原理。

【学习任务】

1. 基于轨道电路的 ATC 系统列车运行图的编制及识读。
2. 了解通信的 CBTC 系统。

【教学建议】

可利用多媒体设备进行直观的理论教学，利用图片和录制的视频进行初步认知；后期最好能结合到现场进行经验教学。

本项目按照不同的闭塞模式主要介绍准移动闭塞的 ATC 系统、基于 CBTC 的 ATC 系统结构；城轨中固定闭塞的 ATC 应用已逐步淘汰，因此不再赘述。

任务一 基于轨道电路的 ATC 系统

工作任务

任务名称	基于轨道电路的 ATC 系统认知	工单号	
姓名		专业	
日期		班级	

任务描述
1. 准备 ATS 子系统一套。
2. ATS 子系统操作。

任务要求
了解基于轨道电路的 ATC 系统结构。

基于轨道电路的 ATC 系统,包括基于模拟轨道电路和数字编码轨道电路的 ATC 系统,在城市轨道交通中得到大量应用,尤其是后者;本任务主要介绍准移动闭塞的 ATC 系统的典型代表——西门子基于 FTGS 数字音频轨道电路的 ATC 系统。

一、系统结构与功能

基于 FTGS 数字音频轨道电路的 ATC 系统是从德国西门子公司引进的 LZB700M 设备,该设备由轨旁设备和车载设备组成。轨旁设备由 ATP 轨旁单元、FTGS 数字音频轨道电路、同步定位单元和 PTI 轨旁单元组成。车载设备由 ATP 车载单元、ATO/PTI 车载单元和机车乘务员人机接口(MMI),如图 10.1 所示。

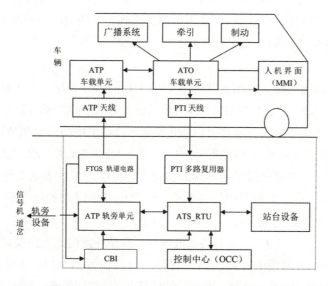

图 10.1 基于轨道电路的 ATC 系统结构图

ATP 子系统的主要任务是速度监测、保证列车安全间隔、紧急制动、来往车辆方向监测、静止状态的监测、车门的释放、强制性限速，以及确保列车操作过程中的故障安全。

ATO 子系统的主要任务是自动驾驶模式、列车速度控制、列车目标制动、车门的开启与闭合、根据时间表（滑行/巡行）产生节能的速度曲线，以及确保所要求的车载操作。

ATS 子系统的主要任务是负责运行监督、控制和管理。ATS 把现行的时间表传送至 ATO，监视运行的过程并对时间偏离做出反应，并控制旅客信息系统。

RTU（远程终端单元）的主要任务是连接控制中心（OCC）及车站外设子系统的 CBI、ATP/ATO、PTI、DTI 等，用于设置进路、计算停站时间和实现降级模式。

二、FTGS 数字音频轨道电路

FTGS 音频绝缘轨道电路，用电气绝缘技术把轨道线路分割为多个区段，检查和监督这些轨道区段是否空闲，并将空闲/占用信息传给联锁系统；并且传送 ATP 产生的报文信息到列车上，它广泛应用于世界各地的正线铁路和城市轨道。

为了防止相邻区段之间串频，使用了不同中心频率和不同位模式进行区分。对于某一轨道区段来说，只有收到与本区段相同的频率与位模式的信息才被响应。中心频率是位模式的载波，位模式是调制信号。FTGS-917 型轨道电路的空闲检测过程可分为以下三步。

（1）幅值计算：检测接收回来的电压。
（2）调制检验：检测接收回来的电压的中心频率是否正确。
（3）编码检验：检测接收回来的电压所带的位模式是否正确。

首先，接收器对幅值进行计算，当接收器计算到接收到的轨道电压幅值足够高，并且调制器鉴别到发送的编码调制是正确的时，接收器发送一个"轨道空闲"信号，这时轨道继电器吸起表示"轨道区段空闲"；其次，当车辆进入某区段时，由于车辆轮对的分路作用，造成该区段短路，使接收端的接收电压减小，轨道继电器达不到相应的响应值而落下，进而发出一个"轨道占用"信号；迎着列车方向发送 ATP 报文。

1. 信号调制

FTGS-917 型轨道电路，使用 8 种频率（9.5 kHz、10.5 kHz、11.5 kHz、12.5 kHz、13.5 kHz、14.5 kHz、15.5 kHz、16.5 kHz）作为某区段固有的中心频率。只要使用对应的窄带滤波器就能滤出该区段的电压波形，这样可以防止相邻区段轨道电路信息和杂波的干扰。

FTGS-917 型轨道电路采用 15 种不同的位模式（2.2、2.3、2.4、2.5、2.6、3.2、3.3、3.4、3.5、4.2、4.3、4.4、5.2、5.3、6.2），相邻区段使用不同的位模式。位模式 $X.Y$ 表示为把一小段时间分成八等份，在一个周期内，先是 X 份时间的高电平，然后是 Y 份时间的低电平，且要求 $X+Y \leqslant 8$。FTGS-917 型轨道电路采用 15 种不同的位模式（2.2、2.3、2.4、2.5、2.6、3.2、3.3、3.4、3.5、4.2、4.3、4.4、5.2、5.3、6.2），这些高、低电平不断循环就构成了位模式脉冲。

由位模式脉冲把区段的中心频率调制成移频键控信号（FSK），其中上边频率为中心频率 +64 Hz；下边频率为中心频率 -64 Hz。调制后的信号可以抵抗钢轨牵引回流中谐波电流的干扰。

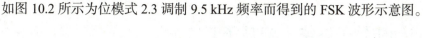

如图 10.2 所示为位模式 2.3 调制 9.5 kHz 频率而得到的 FSK 波形示意图。

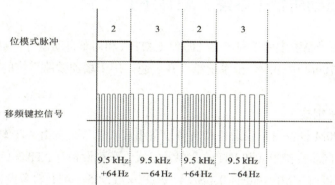

图 10.2　位模式 2.3 调制 9.5 kHz 频率所得的 FSK 波形示意图

2. FTGS 标准型轨道电路结构框图

轨道电路区段划分采用电气绝缘划分，电气绝缘主要有 S 棒、终端棒（机械绝缘和电气绝缘混合型）、短路棒和 M 棒。当列车占用轨道区段时，报文转换板完成 FTGS 的位模式和 ATP 报文之间的转换，发送 ATP 报文，并使发送方向迎着列车方向，如图 10.3 所示。

由于 LZB 系统要利用 FTGS 轨道电路发送 ATP 报文给列车，在有列车占用轨道区段时，FTGS 的位模式无效，同时，ATP 报文被激活；发送板执行一个报文转换信号进行开关切换，再通过一个光耦合器，ATP 报文就从报文转换板传送到发送板。

元件故障-安全措施：接收设备双信道结构；轨道继电器相同的开关状态：通过双通道的两个轨道继电器不同的开关状态进行故障检测。四芯星形电缆，一组芯线发送，另一组接收。最大控制距离 6.5 km（轨旁盒-联锁），最大有效长度 1.5 km。LZB 电码传输率，最大 200 b/s。

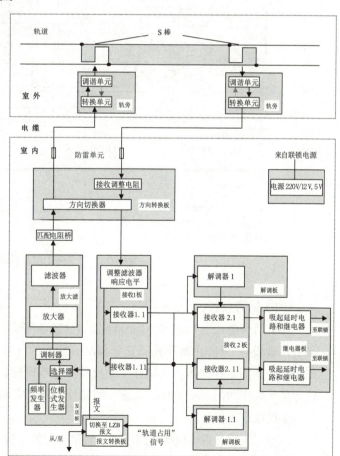

图 10.3　FTGS 标准型轨道电路结构框图

三、列车自动防护子系统（ATP 子系统）

LZB700M 是信号系统中用于列车自动防护（ATP）和列车自动运行（ATO）的一个功能强大的子系统。LZB700M 中的两个子系统结合在一起，用于增加铁路系统的安全性、有效性和成本效率。

1.ATP 子系统组成

西门子 LZB700M 设备由车载设备和轨旁设备组成。轨旁设备由 ATP 轨旁单元，FTGS 数字音频轨道电路、同步定位单元和 PTI 轨旁单元组成。车载设备有 ATP 车载单元，ATO/PTI 车载单元和司机人机接口 MMI。如图 10.4 所示，ATP 车载设备、ATP 轨旁设备都是故障-安全计算机系统。

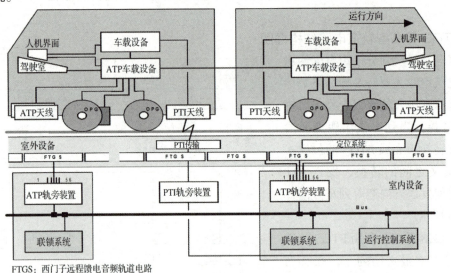

FTGS：西门子远程馈电音频轨道电路
OPG：里程表脉冲发生器

图 10.4 LZB700M 系统配置图

（1）轨旁设备。

ATP 轨旁单元是 LZB700M 系统同整个列车防护系统其他要素的主要接口。ATP 轨旁设备和 ATP 车载设备一样，由基于故障安全 SIMIS 原理的计算机构成，为 3 取 2 的配置。ATP 轨旁设备包括一个固定存储器，它储存了项目具体基本设施的数据（如轨道站型、线路速度），ATP 轨旁单元采用西门子 COSPAS 安全实时操作系统。它的主要特点如下。

①提取行车指令。
②固定线路参数（包括线路坡度、轨道区段的长度、速度限制区段和临时速度限制区段）。
③与微机联锁接口（进路运行状态和进路要素）。
④同相邻轨道单元的通信（故障安全总线系统）。
⑤与 FTGS 轨道电路的接口（轨道空闲检测设备）。

⑥与外部设备的接口（自诊断、接点输入、紧急停车输入）。

FTGS、LZB700M 和联锁系统之间的信息交换如图 10.5 所示。

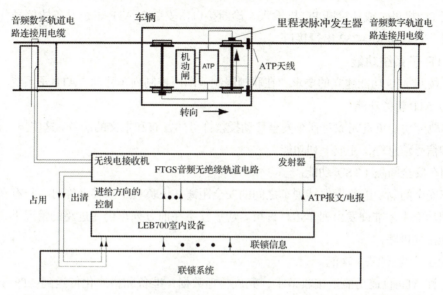

图 10.5 FTGS、LZB700M 和联锁系统之间的信息交换示意图

（2）车载设备。

LZB 的 ATP 轨旁设备通过钢轨连续不断地向 ATP 车载设备传送列车运行指令。它由 ATP 和 ATO 车载单元共享。

①ATP 车载单元：使列车遵照列车移动许可运行，以保证行车安全。违反移动许可会引起 ATP 车载单元执行紧急制动，并使列车停稳。这些操作是同安全密切相关的，同时 ATP 车载单元必须要求故障导向安全，为 2 取 2 配置，它和 ATO 车载单元一起安装在机柜内。ATP 功能应用软件采用 PASCAL 语言编写，并在西门子 COSPAS 实时操作系统下运行。

②ATP 天线（每个驾驶舱两个）：安装在列车下部、行车轨道上方，每组天线位于第一轮对的前方，它们能感应到由轨道里音频轨道电路电流的信号和 SYN 环线的电流。列车的两端驾驶室各装备有一对天线，只有司机驾驶室在使用时 ATP 天线才会被选用。

③测速电机（OPG，每辆列车安装两个）：它为 ATP 功能提供输入，ATP 完成同列车安全运行相关的速度，距离和方向信息的计算。两种 P16 型测速电机固定安装在列车两侧两个不同的车轴的轴承上，它能降低共模故障的风险性。

每个测速电机包含一个齿轮，它被固定安装在车轴上，并与车轮一同旋转。车轮上的 16 个齿轮移动经过两个传感器；每个传感器含有一个振荡器，它的频率由谐振电路确定。振荡器产生 45.5 kHz 和 60.5 kHz 载频，但是齿轮同传感器的接近会引起谐振电路的失调以及振荡器的调制。列车车轮的旋转引起两个载波周期的调制，它被传送至 ATP 车载单元进行评估。两个传感器相对于以车轮上的齿交错排列。根据齿轮旋转方向，一个载波调制出现比其他稍微早些或稍微晚些。这样就可以判定转动的方向。

④服务/自诊断：在 ATP 车载设备的运行阶段，服务/诊断接口提供了信息处理记录设备；它还允许安全数据输入至 ATP 车载单元（如车轮轮径和制动曲线）。数据可通过诊断接口传送至诊断 PC 机里，或从诊断 PC 机输入。诊断接口由安装在 ATP 车载设备的信号分配器的连接器组成。为双向 RS-232 串行接口。

2. ATP 子系统功能

ATP 按照 ATS 功能建立的要求，在联锁限制范围内控制列车移动。ATP 子系统功能如下。

（1）ATP 轨旁功能。

ATP 轨旁功能负责完成对列车安全移动授权许可的发布和报文的准备，这些报文包括安全、非安全和信号信息等，完成下列功能。

①列车安全间隔（TS）功能。

列车安全间隔功能负责保持列车之间的安全距离，还负责发出移动许可。只有在进路设定后，联锁功能中才准许发出列车运行许可。应该注意在前方列车仍在进路的情况下，可为后继列车重新排列进路。

②报文产生（TG）功能。

从各种 ATP 轨道功能里接收请求，完成整理数据，准备和格式化传送到 ATP 车载设备的报文，并决定在音频轨道电路中传输的方向。从各种其他 ATP 轨旁功能里接收到请求，然后生成列车报文；并负责把报文传送给各轨道区段。另外，如果需要 TG 功能负责生成信号，用以控制在相应音频轨道电路中的传输方向。

报文由变量和包含在各变量中的数据结合而成，报文的长度和内容会随环境状态的不同而变化，每个变量由下列三个来源编辑而成：编入 ATP 轨旁单元的固定数据，包括速度限制；可依据进路排列和轨道区段占用等状态，从有限的预设选项中选择的可转换数据；ATS 功能的可变数据，如果没有该可变数据，可使用编入到 ATP 轨旁单元的默认值。

列车进入一段轨道区段后，立刻会生成一连串专门报文。除其他信息以外，报文还提供列车进入该区段的时间。这个信息对距离同步是必需的。这些报文由"物理空闲"到"物理占用"的状态变化而引发（不是由"逻辑空闲"到"逻辑占用"的状态变化引发），并持续数秒时间。考虑到安全原因，报文产生功能不会将"物理空闲"和"物理占用"状态用于其他任何目的。

报文产生功能的输入：来自列车安全间隔功能的移动许可信息；ATS 功能中的折返命令，停车取消命令和旅行时间命令；进路、保护区段、轨道区段和道岔的状态；从联锁功能准许 ATP 功能同意运动许可进入进路。

报文产生功能的输出：至 ATP 传输功能中的格式化报文和正确传输方向的选定。

（2）列车检测功能。

由音频轨道电路完成，它根据各轨道区段的"空闲"或"占用"情况来提供有关列车位置的信息。这个决定是由各音频轨道电路设备完成的，它基于本区段内音频轨道电路信号电气测量的结果。区段的状态称为"物理空闲"或"物理占用"，此过程不考虑相邻轨道电路的状态。

列车检测功能没有输入，其输出有如下三种。

①用于联锁功能的"物理空闲"或"物理占用"，出于安全原因，这个信息在使用之前须

经再处理→"逻辑占用/逻辑空闲"。

②用于ATP轨旁功能的"物理空闲"或"物理占用",这个信息唯一使用在距离同步中。

③用于列车检测功能的数字音频轨道电路,它也同时作为向列车传输报文的媒体。

(3) ATP传输功能。

负责发送ATP车载功能要求的感应信号。这些信号包含报文数据和本地同步所需的定位信息两类信息。当音频轨道电路显示轨道区段(物理)占用,二进制编码顺序为ATP报文产生功能生成相应的报文。对于每个占用的音频轨道电路产生单独的报文及因此构成的不同感应信号。

就地对车传输而言,音频轨道电路电流必须由轨道区段末端的铁轨,迎着列车运行的方向注入。对双向运行的线路,送电点及传输方向必须根据列车的运行方向转换。转换传输方向所需的信号由ATP轨旁功能中的报文发生功能发出。

ATP传输功能的输入:来自ATP轨旁功能的要传输的报文和相应选择传输方向的控制信号。

ATP传输功能的输出:感应信号沿着整个轨道区段连续地传输信息;信号利用钢轨作为传输天线,以合适的传输方向发出,且只包括报文数据;感应信号利用SYN环线作为传输天线传输间隙的信号,这个信号提供本地再同步的精确位置信息。

这些感应信号共享一个共同的传输媒体(即轨道同列车之间的间隙),因此它形成了一个在ATP车载设备内接收的单一信号组合。

(4) ATP车载功能。

LZB700M车载功能由下列子功能组成。

监督功能:负责保证列车运行的安全。

服务功能:负责完成ATP监督功能。

状态功能:负责根据主要情况选定正确的状态和模式。

开门功能:自动驾驶列车运行于车站间,并自动打开车门。

司机人机接口(司机MMI)功能:提供信号系统与司机的接口。

ATP车载功能提供的设备按照每一辆特定列车的信号模式的不同而改变。列车可以有四种信号模式,但是任何时候只有单独一个信号模式能够作用。

①ATP监督功能。

ATP监督功能负责保证列车运行的安全,主要实施速度监督功能、方向监督功能。监督功能之间的操作是独立的,且操作是同时进行。各监督功能管理列车安全,并在它的权限内产生紧急制动,在信号系统范围内提供了最大可能的列车防护。

a. 速度监督功能。

速度监督功能由7个速度监督子功能组成,每个子功能选定一个专用的以速度为基准的安全标准。各标准即为一个速度限制,这个限制速度可以是恒定的,也可以根据列车的位置连续或阶梯式改变。如果实际列车速度超过允许速度加上一个速度偏差值时,列车实施紧急制动。该偏差值可以根据安全标准的特点进行修改,并在系统设计时确定。各种速度偏差值会在选定后被编写在ATP车载单元中,与安全相关的标准由以下7个速度监督子系统规定。

(a) RM 速度监督。

RM 速度监督是以限制列车速度达到低速值为目的,这个低速值适用于 RM 模式(如 25 km/h)。该速度监督子功能总是在 RM 模式中有效,但是它不用于任何其他模式。限制速度是恒定的(如不考虑列车的位置),并在系统设计时确定。这个确定值会被编程在 ATP 车载单元中。

(b) 最大列车允许速度的监督。

最大列车允许速度的监督是以限制列车运行速度到最大允许值(就车辆允许而言)为目的。它在 SM、ATO 和 AR 模式中有效。速度限制是恒定的,它定义在 ATP 车载单元储存的数据中。

(c) 停车点的监督。

停车点的监督是以保证列车停在停车点(如不超过停车点)为目的。在 SM、ATO 和 AR 模式中,每当前方列车占用的轨道区段内有安全或危险停车点,该监督子功能都有效。在 RM 模式中,该监督子功能不再有效。

(d) 限制式速度起始点的监督。

限制式速度起始点的监督是保证列车在起始点就按照速度限制运行。在 SM、ATO 和 AR 信号模式中,当前方列车现行占用区段内的速度限制始点存在时有效,在 RM 模式中,它不再有效。从限速始点开始,限制速度随着距列车的距离而不断地变化,并通过一个最终为非零的制动曲线描述。ATP 车载单元计算制动曲线,与停车点监督采用的计算方式基本相同。

(e) 进入速度监督。

进入速度监督是以保证列车同下一轨道区段的最大允许速度及以后的目标一致。这个速度监督在 SM、ATO 和 AR 模式中有效。在 RM 模式中,它不再有效。

(f) 线路允许速度监督。

线路允许速度监督是保证列车运行速度同其所在位置的线路允许速度监督一致,并一直在 SM、ATO 和 AR 模式中有效。在 RM 模式中,它不再有效。

(g) 允许速度由下列约束决定。

列车前方当前占用轨道区段的线路允许速度;列车其他部分仍在占用的其他轨道区段的线路允许速度;任何列车占用部分的任何速度限制。

这样,允许速度根据列车的位置间断地改变。ATP 车载单元通过使用报文里的线路速度数据,测量旅行距离,以及列车的长度来确定允许速度。

速度监督功能的输入:源于车载速度/距离功能中列车现行速度和位置;源于服务/自诊断功能中的列车数据(如列车最大允许速度)。

速度监督功能的输出:向司机人机接口功能提供(通过列车总线)最大允许速度和列车速度警告;向列车制动系统提供紧急制动命令;向服务/自诊断功能提供列车数据、状态信息、处理和记录数据(包括紧急制动的使用),以及错误信息。

b. 方向监督功能。

方向监督功能的作用是监督列车在"反方向"运行中的任何移动,如果此方向的移动距离超过规定值,那么就会实施紧急制动。"反方向"运行的移动距离监督是累计完成,以便无论是单一的运动或是在几个短运动中,交替地被"前行"的短运动中断,"反向"移动距离从不超过规定值。

在 SM、ATO 和 AR 模式中，连续具备这个监督功能；如果列车正在线上运行，那么 RM 模式中也可以使用监督功能。方向监督功能启动时，在驾驶控制中不考虑选用的方向（"前行""反向"或"中间位置"），不论移动是由牵引供电引起的，或是在无动力时由斜坡的滑动造成的，不论移动是故意的或是偶然的。如果列车在"反方向"运行，列车的后部可能通过保护列车的危险点；那么列车运行将侵占为下一列车提供安全距离的轨道区段。驾驶方向的监督是限制这种侵占的扩展。在定义一个安全距离时会考虑最大占用距离，因此任何反方向驾驶中剩余的移动不会对安全造成威胁。

当列车在陡峭上升的斜坡启动时，允许列车稍微向后滑动一点儿，或如果列车超过正确的停车位置，允许司机向反方向实施短暂的移动；将安全距离减至最小，以使线路的能力达到最大。

方向监督功能的输入：来源于车载速度、距离功能的移动距离和移动方向。

方向监督功能的输出：在列车制动系统使用紧急制动实施命令；在服务/诊断功能中紧急制动实施记录数据。

c. 报文监督功能。

报文监督功能（TSV）是监测从 ATP 传输功能接收到的报文。如果检测出传输中断持续超过规定时间（如 3 s），或在此期间，列车运行超过一规定距离（一般为 10 m），报文监督功能会触发一个紧急制动。这个功能在 SM、ATO 和 AR 模式中一直有效，在 RM 模式中不起作用。

d. 内部运行监督功能。

内部运行监督功能是监督 ATP 车载设备的正常工作，且保证如果设备出现对安全造成威胁的故障，阻止列车在未核对的情况下运行。在 ATP 车载单元内部的故障被检测出来的情况下，实施紧急制动且列车停稳。强制司机使用故障开关强制关闭 ATP 车载单元，司机根据信号机指示人工驾驶列车。

② ATP 服务功能。

为了执行上述提到的 ATP 监督功能，ATP 车载单元完成下列服务功能，该功能至 ATO 和司机人机接口功能的输出也同样具备。

速度和距离功能是基于测速电机（OPG）的输入，测速功能负责测定运行距离、列车的速度和运行的方向。距离是根据各数字音频轨道电路的始端来测量的，并通过使用测速电机的输入和固定数据（像车轮直径）来决定。计算距离准许车轮直径，脉冲发生和车轮黏着或打滑而造成的误差。

测速功能接收从测速电机的预定间隔输入。当前读数的脉冲计数会同先前读数和部分计算出的运行距离进行比较。这些部分距离被累加后提供一个确切的运行距离。通过对特定时间间隔距离部分的累加，测速功能可以决定列车实际的运行速度。在系统设计中根据系统要求为提供更大的速度灵敏度，累加距离部分的时间间隔是可配置的。

a. 本地再同步化。

对于非常高的列车位置精度要求，提供额外的本地再同步化（如停车窗和车门释放监督）。这是通过使用预定的同步基准点（SYN 环线的交叉点）实现的。由列车检测的同步基准点，预计位于列车已知的距离窗内,并假定列车距离的测量误差在规定限制范围以内。一旦达到第一个同步基准点,就会精确地知道列车的位置。在某种程度上,交叉模式的选定是由于停车点已足够地接近交叉点因而达到了所需的精度。

b. 折返功能/改换驾驶室。

一方面,自动折返模式（AR 模式）,当列车停稳后 ATP 车载设备收到要求折返报文以后自动生成的,此类报文可能通过 ATS 功能发出的命令给出;另一方面,在全部列车需要折返的地点,这些报文会当列车进入相应的轨道区段时自动生成。然而,如果激发生成,AR 模式可以通过下述两种不同的方式使用。

③ ATP 状态功能。

在列车有电的情况下,ATP 车载单元可能处于三种状态中的其中一种:激活的、待用的、备用的。其中备用状态是暂时的状态。激活状态细分为不同模式,包括前面讲到的信号模式。为了方便起见,状态与模式的合并称之为"ATP 状态",虽然它影响到整个 ATP 车载设备的运行情况。ATP 状态功能负责根据主要情况选定正确的状态和模式。

3. ATP 子系统原理

LZB700M 连续式 ATP 子系统利用 FTGS 数字式音频轨道电路连续地向列车传输数据,这样可以连续监督和控制列车的移动。ATP 轨旁单元连续地从联锁、轨道空闲监测系统和计划数据中提取驾驶命令,并传输到 ATP 车载单元;驾驶命令主要包括目标坐标（目标速度和目标距离）、线路最大允许速度和线路坡度;ATP 车载设备根据这个数据和列车制动力计算出在当前位置的允许速度。驾驶列车所需的数据通过司机驾驶室内的显示屏显示。

在测速电机的帮助下,列车实际运行速度和距离被连续地测量。如果列车超过了当前位置的允许速度,ATP 车载设备在发出警报后,触发紧急制动。如图 10.6 所示为 LZB700M 连续式 ATP 子系统的信号原理。制动曲线在沿线上连续地被计算出来,基于线路特征以及列车参数,以保证最小安全距离。

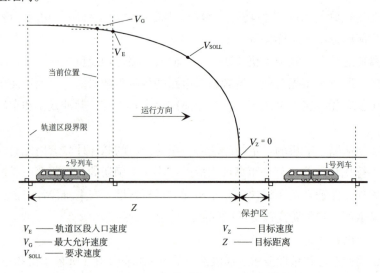

V_E——轨道区段入口速度　　V_Z——目标速度
V_G——最大允许速度　　　　Z——目标距离
V_{SOLL}——要求速度

图 10.6　LZB700M 连续式 ATP 子系统的信号原理

(1) ATP 轨旁原理。

①保持列车之间的安全距离。

作为原理,在安全停车点和运营停车点之间有一个区别。安全停车点的定义基于危险点。在 ATP 轨旁单元里,安全和非安全停车点的处理相互间是独立的。只有非安全停车点可由 ATS 的要求释放。

② ATP 保护区段 / 危险点。

危险点无论如何不能越过,危险点是不能超越的轨道区段始端或占用轨道的始端。鉴于此原因,在危险点提供了 ATP 的保护区段。ATP 保护区段的长度是以运营条件为基础的,如轨道的速度限制(最大速度)、减速度、坡度和在距离测量中出现的错误,它确保制动或紧急制动的车辆最迟在 ATP 保护区段(在危险点前方)末端停稳。ATP 保护区段以特殊的计算机程序(保护区段)来确定。

具有安全显示的停车点位于安全区段的始端,并由 ATP 监督。ATP 通过使用具有安全显示的停车点计算出信号化制动曲线,在停车点列车必须停稳。除此以外,ATP 还计算紧急制动曲线。

③安全间隔。

各安全区段参数都是为每个轨道区段单独设计的,它储存在 ATP 轨旁单元中。参数包括在占用数字式音频轨道电路前方保持空闲的轨道距离。在各停车站设置运营停车点。运营停车点位置的设计根据运行方向决定,运营停车点没有安全显示。安全或非安全停车点的编码数据被传送到车载设备,依照零目标速度 V_Z 以及目标距离 Z。目标距离是从占用音频轨道电路始端至停车点的距离。

④速度曲线。

速度限制可能具有固定或变化的特性。相对于轨道参数和列车的物理特点,速度限制是不变的,因此它们被储存作为项目的专门化、不可擦数据。例如,永久的速度限制区段,停车点,一方面最大列车运行速度;另一方面运营环境下强加的可变限制。允许速度根据道岔位置和临时限速区段来决定。在一个轨道区段使用的全部速度限制区段合并为一,这样在轨道各位置最严格的限制速度有效。

速度限制区段有下列类型组成。

a. 永久速度限制区段;

b. 临时速度限制区段;

c. 速度限制取决于区段上或前方道岔的位置;

d. 具有短安全轨停车点的速度限制区段;

e. 当前允许速度通过传输给列车下列数值而确定;

f. 当前数字式音频轨道电路的速度限制(V_G);

g. 进入下一音频轨道电路的速度(V_E);

h. 到下一限制点列车运行的目标距离 Z 和目标速度 V_Z(在停车点 V_Z=0);

i. 到下一速度限制区段 ZLAA 的距离;

j. 到速度限制区段 ZLAE 末端的距离;

k. 在速度限制区段 VLA 中的允许速度。

（2）ATP 车载原理。

① 距离测量。

根据连续确定列车运行的距离，LZB700M 车载设备可以随时查找到列车的精确位置。数字式音频轨道电路为列车提供区段式大概位置的占用。在操作命令中的全部距离信息由 LZB700M 轨旁设备传送至列车，这些距离信息是以数字式音频轨道电路的边界来定位的。当列车经过数字式音频轨道电路的边界时，距离测量被同步。距离测量功能包括数字式音频轨道电路内列车运行的距离。

测量距离时所需的距离信息由一套距离测量系统提供，它记录了车轮旋转的次数，并根据车轮旋转的次数计算出列车运行的距离。计算时会考虑运行方向和车轮的直径（车轮直径是在 770~840 mm 的范围内可调整的）。距离测量系统的距离信息是由两个测速电机来完成检测的，测速电机安装在不同的车轴和不同的侧面；数据的距离信息会通过两个通道进行评估。假如结果不一致，最大的数值会认为是正确的——从安全侧取值。

② 速度监督。

速度监督取决于驾驶模式，具有 ATP 监督功能的自动，人工驾驶模式（ATO 和 SM 模式）。LZB 在所有位置监督最大允许速度。ATP 监督驾驶模式中，车辆可能只会在进路给定的方向运行。LZB 防止列车后退时超过某特定的距离。因此，车辆后退距离的累加除去几次短暂前行一定不能超过规定的距离（3 m）。假如超过此距离列车将会通过 LZB 来实施紧急制动。

③ 车门的控制。

ATP 提供三种同车门有关的监督功能。ATP 车载单元释放车门打开，只有当下列条件全部满足：准许车门打开取决于感应报文的信息，停车点在车站（BHP），以及在车站的哪一侧车门会被打开（TFG）；列车停稳（速度测量低于 0.1 m/s，用作停稳的标准）；在车站，列车位于规定停车窗以内（如果列车停在车窗以外，则通过给出显示来指示）。

如果从列车接口接收到"所有车门关闭"的信号，在运行的列车中消失，ATP 车载单元就会发出紧急制动。然而当速度超过"0 速度"时（这个数值可能会被选定成为软件的参数），这个功能不会发生反应，允许车门的抖动。

当 ATP 车载单元释放车门打开后，ATP 就会启动"停稳监督"的功能。当所有车门重新关闭的话，"停稳监督"功能就会被终止。如果检测出速度超过停稳标准（0.1 m/s）或列车移动超过一固定距离（这个数值可能被选定为软件参数，一般为 0.3 m），ATP 将实施紧急制动。因而，如果不是所有的车门都关闭的话，ATP 将会阻止列车启动和滑动。这是为了确保乘客，上／下车以及停车的安全，取代在停站时间施加紧急制动，因为释放紧急制动至启动对大运量运营来说需要花费很长的时间。

④ 紧急制动。

通过按压位于车站的紧急按钮来实施紧急停车或是通过超过最大允许速度值（加上规定的误差）来实施紧急制动。紧急制动保存在故障存储器中。借助服务与诊断计算机可以得到记录的数据。

在下列情况出现时，ATP 车载单元实施紧急制动：违反速度曲线，通过感应传输的违反最大车辆的速度；位于站台的紧急制动手柄引起的紧急停车；传输故障，运行超过 10 m，和 5 s；启动方向错误，车辆后退；列车运行时，打开车门；ATP 车载设备全面的故障。

另外，由车辆本身产生的紧急制动会告知 ATP 车载单元，ATP 车载单元也由此实施紧急制动（包括通过显示器的指示）。对 ATP 外部触发的紧急制动的评估和相同处理看作是必要的，因为由于滑动，列车可能会丢失位置信息。

紧急制动是以故障安全的方式触发紧急制动。紧急制动总是引起列车停止。然后用信号通知司机，它可以通过执行 RM 模式来取消紧急制动。列车继续在限制式人工驾驶模式下运行。当列车经过两个音频轨道电路的边界时，会进入 ATP 监督模式（SM 模式）的操作。

如果由 ATP 车载单元出现全面故障引起的紧急制动，列车只能在关断模式下运行，如关闭 ATP。

（3）SIMIS 原理。

根据 SIMIS 原理设计的计算机至少由两台独立的指令同步的相同编程的微机组成，这两台微机的结构相同。处理数据平行地读入到各通道内，且同步进行处理。顺序处理步骤后的状态，以及在处理步骤中的产生的测试／输出数据，会被检查以确保它们是一样的。

SIMIS 原理的基本配置使用两台二取二配置的微机。两台相互独立，且独立于微机的比较器，如果信息来自两台计算机的记录，那么比较器只允许处理输出。假如比较器检测出现故障，任何一台比较器都可以实施 SIMIS 安全关断。系统设计的原理是在 SIMIS 安全关断时，总会中断处理，并达到故障导向安全的状态。图 10.7 所示为其结构、比较器及数据交换。

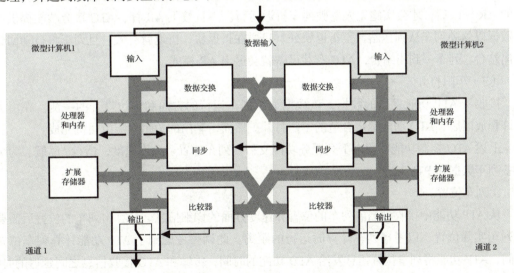

图 10.7 SIMIS 二取二系统结构图

定期地执行径路检查，连续地检查独立计算机通道的处理状态，用以确保功能的正常运转。这样就保证了快速的故障检测及必需的安全响应。

三、列车自动运行子系统（ATO 子系统）

1. ATO 的功能

ATO 功能主要负责列车牵引和制动系统的自动控制，以及发出车门自动打开的命令。ATO 功能具有多个控制子功能，这些子功能由许多服务子功能支持。

ATO 功能包括三个控制功能，这三个控制功能相互之间独立地运行。各控制功能管理列车自动运行的一方面，只有在 ATO 模式中才有效。控制子功能有自动驾驶（站间）、自动折返（无人）和车门打开。

（1）自动驾驶（站间）。

当 ATC 车载设备在 SM 模式中和当列车出站所需的条件已经满足，且列车牵引和制动控制已放置零位时，这时司机可以实施自动驾驶功能。一旦激活，ATP 车载单元转换至 ATO 模式，ATO 功能将计算出列车至下一站非安全停车点距离速度轨迹。一般地，速度距离轨迹将对有效节能进行优化。

（2）自动折返（无人）。

自动折返（无人）功能是一种特殊情况下的驾驶，在这种驾驶情况下无司机，而且列车上的全部驾驶控制台将被关闭，用于列车无人驾驶折返的运行。

当从 ATC 轨旁功能接收到无人驾驶折返运行许可时，就会自动进入 AR 模式。经由司机 MMI 功能显示给驾驶室的司机，确认接收到显示后，授权司机关闭驾驶控制台。只有按下站台的 AR 杆以后，才会实施无人驾驶列车折返运行。一旦按下 AR 杆，ATC 轨旁功能提供所需的数据以驾驶列车从到达站台至折返轨处。只要在折返轨，折返就有效，且列车将自动回到新的出站台。列车一到出站台，ATC 车载设备就会退出 AR 模式。

（3）车门打开。

接收从 ATP 功能发出的数据，该数据显示列车运行的方向和车门打开的一侧。在由 ATP 准许释放以后，ATO 功能选定合适的车门打开。然而，车门的关闭只能由司机完成。

上述 ATO 控制功能需要由下列服务功能支持：列车位置、允许速度、惰行/巡航、为 ATS 准备列车数据和 PTI 支持。

①列车位置。

从 ATP 功能中接收到当前列车的位置和速度方面的详细信息。计算出列车的位置后需要调整列车实际位置，以考虑列车计算时运行的距离。此调整考虑到了 ATP 功能计算列车位置的时间，ATP 功能将列车位置信息发给 ATO 功能的时间，传输和 ATO 接收信息之间延迟的时间。

另外，ATO 功能同测速单元的接口为控制用途提供更高测量精确性。列车位置功能也接收到地面同步的详细信息，由此确定列车的实际位置和计算列车位置的误差。测速的误差信息准许列车位置功能校正距离测量，距离测量用于停车点监督，以便列车达到必要的停车窗的精度。由测速误差完成的列车位置调整可在所有点出现，直至接近实际停车点 10~15 m 的位置。ATO

控制下的停车精度一般在预定位置 0.25 m。

②允许速度。

提供 ATO 速度控制器，这个速度控制器对轨道上列车的位置有一个相应的速度。这个速度没有被优化，只是低于当前速度限制和制动曲线给的限制。

③巡航/惰行。

ATC 功能其中一个主要的任务是按照时刻表控制站间列车的运行，同时保证了最大能量效率。这就是 ATO 巡航/惰行功能的作用，协同 ATS 功能中的 ATR 功能，并通过下述两个阶段可以实现巡航/惰行功能。

④PTI 支持。

实际列车识别功能（PTI）由车载和轨旁设备负责完成执行。PTI 功能负责向 ATS 功能报告列车识别信息（如车次号、目的地号和乘务员号）和确定的列车位置数据（如当前轨道电路识别和测速电机读入）。经由 ATO 功能，ATC 车载功能提供的数据被传送给 PTI 功能的轨旁部件，由 PTI 功能，数据基本不变地传送给 ATS 功能。

2.ATO 的原理

ATO 模式是装有 ATP 和 ATO 的列车运行的正常模式。车载 ATO 自动控制牵引装置和制动单元。因此，ATO 需要 ATP 的数据包括：从 ATP 轨旁单元接收到的全部 ATP 运行命令、测速电机（以确定当前列车位置和实际速度）、位置识别（轨道电路的更换）和定位系统的信息、列车长度等信息。

三个基本的驾驶阶段为加速（包括启动）、巡航/惰行和制动。原理上，自动驾驶由闭环控制来完成（图 10.8）。测速电机通过 ATP 向 ATO 发送列车的实际位置信息。反馈环路的基准输入是从 ATP 数据和运营控制数据中得出的。从而，ATO 向牵引和制动控制提供确定数值的数据输出。

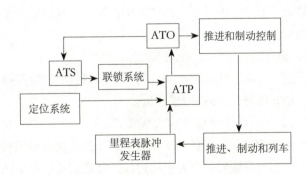

图 10.8 自动驾驶的闭环控制图

3.ATO 的操作

ATC 显示单元通过 DIN 总线接收到从 ATP 或 ATO 车载单元的输入或 ATC 显示单元接收到司机通过数据输入模式人工输入的数据，操作显示屏幕如图 10.9 所示。

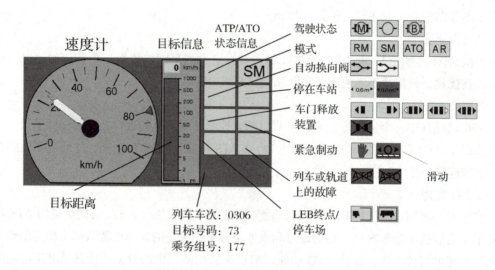

图 10.9 操作显示屏幕

提供给××地铁一号线、四号线（一期工程）的驾驶模式有下列几种。

（1）ATO 自动驾驶 –ATO 模式。

在这个模式下列车在车站间的驾驶是自动的。首先司机给出列车关门指令并等待车门关闭。然后司机通过按压启动按钮给出出发指令。如果车门依然打开，ATP 将不允许列车出发。列车启动后站间运行的速度调整、至下站的目标制动及列车的开门都由 ATO 自动操作。ATP 确保列车各阶段自动运行的安全。车站至车站的运行将根据行车控制中心 ATS 的优化时刻表指令执行。

（2）ATP 监督人工驾驶 –SM 模式。

司机根据驾驶室的指令手动驾驶列车。ATP 连续监督人工驾驶的列车运行，如果列车超过允许速度将产生紧急制动。

（3）ATP 限制允许速度的人工驾驶 –RM 模式。

这是一个"注意前进"的限制式人工驾驶。列车是由司机根据轨旁信号驾驶的，司机承担列车运营安全的责任，ATP 监督允许的最大限速值。

（4）非限制速式人工驾驶无 ATP 监督 – 关断模式。

关断模式用于车载 ATP 完全关断时的列车驾驶。列车是由司机根据轨旁信号和调度员的口头指令驾驶的。司机承担了列车运营安全的全部责任。紧急制动是由车辆产生的，速度限制是由车辆供货商提供的车载设备执行。

（5）自动折返驾驶 –AR 模式。

ATP 车载设备的 AR 模式是由轨旁报文要求传输后自动生成的，并通过驾驶室显示设备指示给司机。司机必须按压"AR"按钮确认折返作业。无论运用折返轨折返的折返操作，采用无人折返或有司机折返取决于司机采取的折返模式。折返请求传输是由 ATS 中央控制指令或由设计固定的 ATP 区域轨旁单元发出的，折返作业必须在该区域无条件进行。

任务工单

任务名称	ATC 各子系统功能	姓名	
		日期	

操作方法
1. ATP 子系统功能。
2. ATS 子系统功能。
3. ATO 子系统功能。

分析故障原因	
操作中存在的问题及解决方法	
技能掌握程度	非常熟练□　比较熟练□　一般熟练□　不熟练□
教师评语	
任务实施成绩	
日期	

任务二 城轨 CBTC 系统

工作任务

任务名称	CBTC 系统结构组成及原理	工单号	
姓名		专业	
日期		班级	

任务描述
1. CBTC 相关软件。
2. 完成 CBTC 系统结构组成的认知。
3. CBTC 系统原理的认知。

任务要求
掌握 CBTC 系统工作原理。

一、CBTC 系统的特点

1999年9月，IEEE 将 CBTC 定义为利用高精度的列车定位（不依赖于轨道电路）、双向连续、大容量的车—地数据通信，车载-地面的安全功能处理器实现的一种连续自动列车控制系统。借助先进的列车定位技术、安全处理器技术和无线通信技术，使得 CBTC 与传统基于轨道电路的列车控制系统相比，具有以下优点。

（1）系统安全性高。

利用无线信道进行车—地数据的双向传输，列车可将其位置和速度等信息传给车站，同时车站可不间断地跟踪、监控列车运行，实现对列车的闭环控制，使列车运行的安全性大大提高。

（2）调度指挥自动化。

各级调度都可以随时了解区段内任意运行列车的位置、速度、机车工况及其他各种参数，利用上述信息，各级调度可以规范、协调地直接指挥行车，实现调度自动化，同时也便于旅客了解有关信息，提高轨道交通的服务质量。

（3）通过能力大。

车站控制中心依据列车状态及前车状态，结合智能技术调整列车运行，获得最佳的区间通过能力，减少列车在区段内运行时不需要的加速、制动，节省燃料，增加旅客乘坐舒适度。

（4）轨旁设备少。

CBTC 系统减少了轨道沿线设备，设备主要集中于车站和机车上，减轻了设备维护和管理的劳动强度，维修程序简单，使用周期成本低。

（5）工程建设周期短。

由于 CBTC 采用了较少的硬件设备，与轨道电路系统相比，CBTC 安装工作量小，而且调试工作不受天气影响，克服了轨道电路受天气影响引起调试参数不稳定的弱点，可达到比数字轨道电路更短的工程建设周期。

（6）系统灵活性和兼容性强。

CBTC 系统可以适应对不同速度、不同长度、不同性能的列车控制，灵活性很强，对于旧线改造时信号系统的升级，只需在原有信号系统的基础上叠加 CBTC 控制功能，便可极大地提高路网效率。列车服务继续由现有系统提供，同时安装通信系统的接入点，一旦通信网络和沿线设备投入使用，车载设备就会逐渐取代现有的 ATP 设备，允许列车在新的运行规则下运行。

（7）可以实现移动闭塞。

移动闭塞使两列车追踪间隔大大缩短，提高了列车在区间追踪运行的密度，从而大大提高运输效率。同时，高密度地运行及短编组列车可以缩短站台长度和折返线（轨道上列车折返的区段），这将大幅降低投资成本。

（8）易于互联互通。

已经建成一定规模或准备建设相当规模城市轨道交通网络的城市都在考虑互联互通。无线 CBTC 具有开放的接口，是实现不同厂家之间信号系统互联互通的最佳手段。

二、CBTC 系统的功能

如图 10.10 所示，CBTC 系统包括 ATS 子系统、CBTC 轨旁设备、相邻 CBTC 轨旁设备、车载 CBTC 设备和数据通信网络等。功能框图中还单独列出了"联锁"功能模块，该功能模块与 CBTC 地面设备连接。考虑到不同的线路长度可能需要多套的 CBTC 地面设备，所以在典型框图中还列出了"相邻的 CBTC 轨旁设备"模块。CBTC 系统的功能与系统配置有关，实际的系统可能由于不同的设备提供商、不同的工程需要而有所差异。但是，所有 CBTC 系统均采用数据通信网络连接 CBTC 地面和车载设备，实现 ATP 功能，控制列车安全运行。

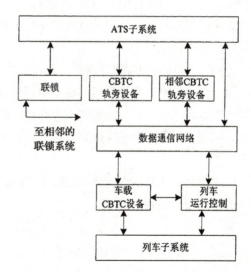

图 10.10 典型的 CBTC 系统的功能框图

（1）闭塞功能。

在 CBTC 系统中各种水平的应用均依靠闭塞保证行车，必须同样具有构成闭塞区段的功能。在 CBTC 半自动闭塞系统中，采用进/出站口的标志器、查询应答器或其他类似设置来表明站间闭塞的分界口，并且要达到在出站标志之后一定使用某个专用频率来区分，用这个频率来构成机车信号以供给司机（指最低应用水平），或用此信号显示供给车载设备上 ATP 系统（指较高一级应用水平）。CBTC 中的闭塞功能可以是固定的，也可以是移动的，目前在 CBTC 半自动闭塞系统中的闭塞区段长度相当于站间长度，而在 CBTC-MAS 系统中则为最短，其长度为本列车常用制动所需的距离附加安全距离，所以闭塞功能也是保证安全功能。

（2）定位功能。

在 CBTC 系统中定位精度愈高，则系统可使行车效率愈高。

（3）计算功能。

CBTC 系统要有能力计算出在给定最大允许列车速度条件下本列车目前最大可能达到的车速。因为在任意一个移动闭塞区间，列车只能依据各种动态和静态参数，以及其定位值和实际速度来计算出应有速度，从而保证行车安全。

（4）提供线路参数和运行状态功能。

CBTC 系统必须向地面设备和车载设备及时地、动态地给出相应的参数和列车运行状态，以备司机人为或车载设备自动地做出应有的操作。

（5）车—地双向通信功能。

CBTC 系统为管辖范围内列车及地面设备提供良好的双向通信功能，它不仅提供运行列车的参数，而且也应提供非信号范围内的各种有关参数，满足信息服务所需的数据要求。

（6）记录功能。

CBTC 系统应具有良好的记录功能，不仅在车载设备上，而且还应在地面设备上有记录，这种记录应起到双重作用，一方面为改善列车运行性能和提高运行质量分析用的记录；另一方面为发生任何车祸后，从记录设备中寻找出发生事故的原因，进行有效的分析，它类似于航空系统的黑盒子功能。

（7）远程诊断和监测功能。

用于改善 CBTC 系统的可靠性、可用性及安全性，因此，CBTC 的车载设备、地面设备均应设计有远程诊断的接口，允许系统在运行过程中发生故障时立即发出相应信号给地面综合诊断台，以便及时地采取相应措施。这个功能十分复杂的，需要 CBTC 系统从开始设计时就考虑进去。

以上提到的大部分是基本功能，在应用技术较高等级 CBTC 系统，则其还应具有 ATP、ATS 和 ATO 系统的全部功能。

三、CBTC 系统的结构

如图 10.11 所示为典型无线 CBTC 系统的结构示意图，该系统以列车为中心，其主要子系统包括区域控制器、车载控制器、列车自动监控 ATS（中央控制）、数据通信系统和司机显示等。

（1）区域控制器。

区域控制器（Zone Controller, ZC）即区域的本地计算机，与联锁区一一对应，通过数据通信系统保持与控制区域内所有列车的安全信息通信。ZC 根据来自列车的位置报告跟踪列车并对区域内列车发布移动授权，实施联锁。区域控制器通常采用 3 取 2 的冗余检验配置。冗余结构的列车自动监控可与所有列车运行控制子系统的通信，用于传输命令及监督子系统状况。

(2)车载控制器。

车载控制器（VOBC）与列车（指一个完整的编组）一一对应，实现列车自动防护 ATP 和列车自动运行 ATO 的功能。车载控制器也采用 3 取 2 的冗余配置。车载查询器和天线与地面的应答器进行列车定位，测速发电机用于测速和对列车定位进行校正。

(3)数据通信系统。

数据通信系统实现所有列车运行控制子系统间的通信，该系统采用开放的国际标准，即以 IEEE 802.3（以太网）作为列车控制子系统间的接口标准，以 IEEE 802.11 作为无线通信接口标准，这两个标准均支持互联网协议（IP）。

(4)司机显示。

司机显示提供司机与车载控制器及列车自动监控 ATS 的接口，显示的信息包括最大允许速度、当前测得速度、到站距离、列车运行模式及系统出错信息等。

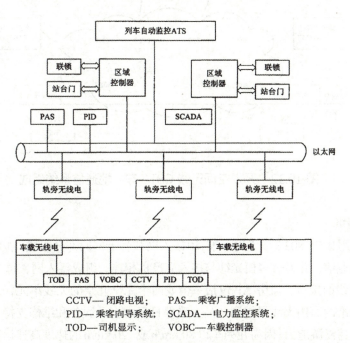

CCTV——闭路电视； PAS——乘客广播系统；
PID——乘客向导系统； SCADA——电力监控系统；
TOD——司机显示； VOBC——车载控制器

图 10.11 典型无线 CBTC 系统的结构示意图

四、CBTC 系统的车—地信息传输

在 CBTC 系统中，列车与地面之间的信息传输是其关键技术之一。CBTC 利用连续、大容量的车—地双向数字通信实现列车控制信息和列车状态信息的传输。根据列车与地面之间信息传输的具体实现方式，可以将目前存在的 CBTC 系统分为基于无线自由波传输的 CBTC 系统、基于轨间电缆环线传输的 CBTC 系统，以及基于漏泄波导管传输的 CBTC 系统。

1. 基于无线自由波传输的 CBTC 系统

在 CBTC 系统中，完全采用无线传输的方式有两种：一种是采用移动通信作为车—地信息传输的媒介；另一种是采用基于 IEEE802.11 系列标准的 WLAN 无线网络作为车—地信息传输的媒介。基于无线通信的 CBTC 系统，采用无线自由波作为传输系统为地面无线控制中心和车载控制设备之间的数据传输提供安全的无线传输通道，基于 GSM-R 的 CBTC 系统解决方案主要应用于高速铁路的列车控制系统中。

无线局域网（WLAN）是无线网络领域的一种重要的分支。基于 WLAN 的 CBTC 系统解决方案已经开始成为城市轨道交通列车控制系统中的首选方案。开放空间无线 CBTC 车—地通信系统是由轨旁有线网络、车载通信单元和无线网络三部分组成，如图 10.12 所示。

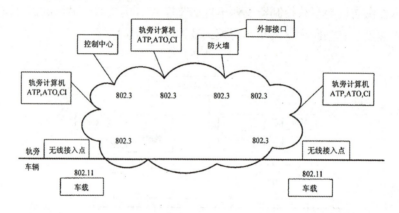

图 10.12 开发空间无线 CBTC 车—地通信系统组成

（1）有线网络。

有线部分应用 IEEE 802.3 以太网标准，由接入网和骨干网两部分组成。轨旁无线接入点（AP）和列车进行双向通信，并通过多模光纤与接入交换机相连，组成接入网，每个 AP 包括到电源、以太网和 4 个天线的接口，轨旁 AP 包括一个或两个完全冗余的无线单元，并协同工作。无线单元可以应用标准的商用无线局域网产品，确保日后的售后服务和维修支持工作。无线单元固件将要求提供快速漫游能力，因为在列车以 80 km/h 或 120 km/h 的速度高速运行时，需要该功能。

骨干网是冗余的高速光纤以太网，采用了双向自愈的环形拓扑结构，自愈协议在一个交换机失效后的很短时间内将重新配置网络，不会导致 ATC 的服务中断。骨干网可采用通信专业提供的传输通道，也可由通信专业提供光纤，信号专业单独组网。

骨干交换机位于设备集中站，所有 ATC 轨旁设备都通过一对冗余端口接入到骨干交换机。为满足系统要求的安全性和可靠性，有线网络应用两条环网结构的有线路径（光纤），采用冗余的电子设备、冗余的入网路径、冗余的环网结构和可选的光纤通路。

（2）车载通信单元。

每列车上的无线系统包括两个完全冗余的车载通信单元，它们是轨旁 AP 的通信客户端，分别安装在靠近车头和车尾的车载设备机架内。

车载通信单元包括两个冗余的无线单元，它们之间协同工作。每个无线单元都与两个一组的车载天线相连，安装在车体的上部，每个无线单元都接两个天线，进一步提高了通信稳定性。前、后端驾驶室列车通信单元的 CPU 通过点对点通信，每个列车通信单元的 CPU 与车载控制单元通过电气机架内的 TCP/IP 以太网线连接。

（3）无线网络。

无线网络主要由标准的无线局域网商业部件组成，应用 WLAN 技术，遵循 IEEE802.11 无线域网标准。IEEE802.11x 系列是国际电气和电子工程师协会制定的通用无线局域网标准；其 IEEE802.11a、IEEE802.11b、IEEE802.11g 三个标准参数见表 10.1 所列。

表 10.1 IEEE802.11 标准参数对比表

标准	工作频段	最高信号传输速率	调制技术	分配宽带	传输距离	可用非重复信道数	兼容性
802.11b	2.4~2.4835 GHz	11 Mb/s	DSSS FHSS	83.5 MHz	较长	0	基线标准
802.11a	5.75~5.875 GHz	54 Mb/s	OFDM OFDM	100 MHz	短	4	无
802.11g	2.4~2.4835 GHz	54 Mb/s	DSSS FHSS	83.5 MHz	较长	0	与 802.11b 产品后向兼容

为满足系统安全性和可靠性要求，在实际应用中，利用 AP 的无线重叠覆盖和冗余的车载无线设备，可以形成 4 条单独的无线路径，它们必须同时失效或者阻塞，才会导致通信中断。无线网络采用重叠覆盖方式，形成实时双向双通道冗余无线网络结构，以弥补无线通信的非故障安全缺陷。如图 10.13 所示，轨旁无线通道可以按照 100% 的重叠率进行设计，可保证在一个无线接入点故障时，列车信号不会丢失。

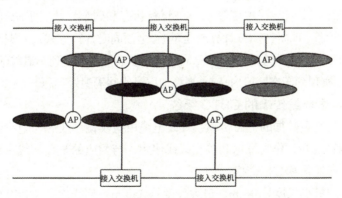

图 10.13 实时双通道冗余无线网络结构

每个车载通信单元都有自己固定的 IP 地址。轨旁和中心设备与车载设备之间由通信系统提供动态漫游。每个列车单元就像一个普通的路由器直接连接在轨旁网络上。上层软件提供了无缝的分区交换,以及智能的自适应的漫游,因此具有极高的系统可用性。整个系统分布在城市轨到交通线路的多个车辆和各种轨旁设备上。各个设备通过唯一的 IP 地址(源/目的地标识)解析来接收和发送信息。冗余的设备也是一样,都具有自己独特的 IP 地址。车载无线设备基于对信号强度的计算,确定与哪一个轨旁的无线接入点进行通信。如果本无线接入点提供信道区域内的无线信号强度低于某一门限值,车载无线设备会自动转接转换到下一个有可接收信号强度的轨旁无线接入点提供的信道。车载无线设备与接入点之间切换过程的平均时间低于 100 ms。

无线 CBTC 采用空间无线通信系统,通过数据通信网络实现列车与轨旁设备实时双向通信,采用基于 IP 标准的列车运行控制结构,无线 CBTC 系统基本原理如图 10.14 所示。

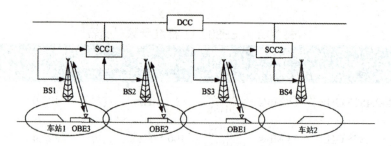

图 10.14 无线 CBTC 系统基本原理

调度控制中心 DCC(Dispatch Control Center)控制多个车站控制中心 SCC(Station Control Center),实现相邻 SCC 之间的控制交接。SCC 通过管辖范围内的多个基站 BS(Base Station)与覆盖范围内的车载设备 OBE(On Board Equipment)实时双向通信。列车在区段内运行时,通过全球定位系统 GPS(Global Positioning System)查询应答器或里程计装置等方式实现列车位置和速度的测定,OBE 利用无线通过基站 BS 将列车位置、速度信息发送回给 SCC。SCC 通过 BS 周期地将目标位置、速度及线路参数等信息发送给后行列车。OBE 收到信息后,根据前车运行状态(位置、速度、工况)线路参数(弯道、坡度等)、本车运行状态和列车参数(列车长度、牵引质量、制动性能等),采用车上计算、地面(SCC)计算或是车上、地面同时计算方式,并根据信号故障-安全原则,比较和选择的方式,预期列车在一个信息周期末的状态能否满足列车追踪间隔的要求,从而确定合理的驾驶策略,实现列车在区段内高速、平稳地以最优间隔追踪运行。

2. 基于轨间电缆环线传输的 CBTC 系统

感应环线通信是基于数据的电磁传输,环线电缆由扭绞铜制线芯、绝缘和防护外层组成,它通常敷设于两钢轨之间,作为发送和接收天线使用,与相应的车载天线一起,实现车载设备和轨旁设备间的双向通信和数据交换。

一个环线区段的最小长度是 40 m,最大长度是 350 m,环线之间是相互分离的,仅在区域边界处相互邻接。电缆大约每隔 25~100 m 进行交叉(通常的做法是每隔 25 m 或 50 m 交叉一次),以此进行列车的定位计算,也可作为列车与地面之间的双向数据通信媒体。

轨间环线车—地通信系统由机车 TWC、轨旁 TWC、耦合单元、铺设在钢轨间的环线电缆、机车双向天线以及地面设备 TWC 到耦合单元间的传输线组成。其中每套地面 TWC 设备含一个倒机板，该倒机板控制两个并行的独立单元，每个单元均含电源板、通信控制板和 FSK 调制解调板。车载 TWC 的组成和地面 TWC 类似，整个系统的框图如图 10.15 所示。

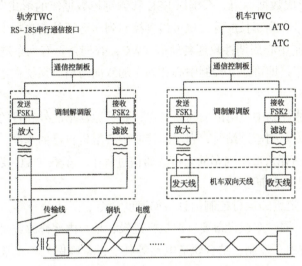

图 10.15 轨间环线车—地通信系统框图

（1）系统描述。

轨间环线车—地通信（Train Wayside Comunication，TWC），利用设置在两根轨道之间的感应环线在控制中心和列车之间建立一个双向的数据通信链路，使控制中心能及时与所辖列车进行信息交互，以确保列车的车载设备控制列车安全行驶、精确停车。TWC 系统主要包括机车 TWC 和轨旁 TWC 两部分，实现这个数据链路的其他设备还有耦合单元、轨道间的环线电缆、机车双向天线，以及控制中心（Operation Control Cenier，OCC）到耦合单元间的传输线。TWC 系统按方向不同形成如下两个信息通道。

上行通信：OCC 信息→轨旁 TWC→机车 TWC→车载控制设备。

下行通信：机车信息→机车 TWC→轨旁 TWC→OCC。

典型的上行通信系统是一点多址的网络，包括一个 OCC 和多个轨旁 TWC 的通信，每个轨旁 TWC 分配唯一的地址。在数据链路中 OCC 是主站，而对某个轨旁 TWC 只有当其被呼叫到，才在 OCC 和该轨旁 TWC 之间建立联系。

控制中心将根据地址发布信息，并要求相应的地址节点的轨旁 TWC 必须做出响应，否则输入的信息就会被忽略。轨旁 TWC 响应后将向控制中心反馈 TWC 地址，同时进行 TWC 载波检测。

下行通信是点对点通信，其中机车 TWC 是主站，由机车 TWC 来激发轨旁 TWC 并建立两者之间的联系。机车 TWC 以一定的轮巡周期发送信息，然后在再次发送信息前等待一个时间周期，以接收轨旁 TWC 设备的应答。而轨旁 TWC 只有在接收到车载 TWC 的有效信息后才会发送信息，接收的无效信息/响应均会被忽略。当列车进入 TWC 环线区域内，机车确认收到应答信号后，开始进行双向信息交换。

（2）系统工作。

每个列车都有一个车载 TWC 系统，一定距离的每个地面点都可设置一个轨旁 TWC 系统。

地面 TWC 系统被连接到控制中心 OCC 的地面处理单元,车载 TWC 系统与车载自动驾驶系统 ATO 和列车控制监督系统 ATS 连接,从而使整个系统通过车载 TWC 系统和地面 TWC 系统与地面控制中心 OCC 形成数据通道。系统以 FSK 移频键控数据流的形式发送 TWC 信息,信息中含状态信息如列车号、列车长度等,也可包含控制列车运行的信息如本车位置、速度命令和线路限速信息等。控制中心周期性轮巡各轨旁 TWC,查询是否有列车进入该轨旁设备相对应的环线区域,一旦有车,即可建立控制中心和列车的双向通信。系统在建立双向通信的基础上实现列车追踪和列车自动控制。

列车追踪功能可从控制中心向出发列车发送、显示运营车次号和目的地数据,并将数据储存在列车数据储存器中。列车进站时,列车向控制中心报告自己的车次。结合轨道电路占用数据,控制中心从起始站开始追踪列车的运行。通信过程中,车载 TWC 要保证将车次的控制和显示信息反馈到控制中心验证。

TWC 还可传送一定量的运行控制信息,如速度命令、限速命令等,车载设备综合各种信息实时计算安全距离,同时车载设备要反馈执行记录,是否内部修改或是否内部故障需要重新初始化等。TWC 参与列车控制,结合轨道电路等其他设备确保列车正常运行不追尾,系统运营准点有序。在 TWC 故障发生时,系统可仅通过查询轨道电路的占用情况实现列车追踪,列车可仅根据来自轨道电路的信息控制列车运行。

3. 基于漏泄波导管传输的 CBTC 系统

漏泄波导管为中空的铝质矩形管,顶部天线方向等间隔开有窄缝,使得无线载频信息沿波导管裂缝向外均匀辐射;在波导管附近适当位置设置的无线接收器,可以接收波导管裂缝辐射的信号,并通过处理得到有用的数据。

漏泄波导管可靠性很高。当地面控制中心发射出的电磁波沿波导管传输时,在波导管内传输的电磁波从波导管槽孔辐射到周围空间,在其外部产生漏泄电场,列车从中获取信息能量,从而实现与地面的通信。同样,列车发出的电磁波,在波导管外部产生漏泄电场,也会耦合到波导管中,实现与控制中心通信。基于波导管传输的 CBTC 系统如图 10.16 所示。

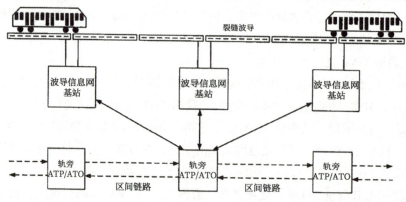

图 10.16 基于波导管传输的 CBTC 系统

波导信息网基站是由车站计算机、无线扩频电台、数据采集卡、无源滤波器、窄缝检测发射器和耦合器等组成。波导信息网移动站是由车载计算机、车载无线电台、数据采集卡和窄缝探测接收器等组成。信号传输是通过 ATS 中心控制室、车站计算机、车载计算机、车载电台和列车上的定向天线发射和接收信号,轨旁单元通过同轴电缆与裂缝波导连接,以裂缝波导为载体双向传输列车实时信息。

波导信息网基站和轨旁 ATP/ATO 是有线连接,轨旁 ATP/ATO 之间通过光纤、光配线架和光端机等形成区间链路。波导信息网基站和波导信息网移动站之间的无线网络执行 IEEE802.11 和 IEEE802.3 标准。

波导信息网使用无线扩频电台进行网络通信。跳频时间与时分复用周期建立同步关系。各控制区间的通信网有一定的重叠覆盖区,保证列车运行至控制区分界处时,可以平滑过渡,在车站主控计算机上安装网络操作系统,系统根据每个列车的车载计算机的标识不同及其无线网卡配置的不同来识别每列列车。使用大型数据库软件(如 Oracle、Sybase 等),通过数据采集卡的数据采集软件,获取车载计算机发出的列车运行数据,对数据进行分析、计算、查询、统计、更新和存储等。车载、车站的控制软件对所其需数据通过波导信息网进行发送、下载和更新。

波导信息网基站还负责接收处理车载计算机的数据、发送主控计算机的数据、接收列车定位数据和处理数据采集卡采集的列车运行数据、提供人机界面(Human Machine Interface, HMI)、接收 HMI 发送的列车控制信息并通过报文模块发送、提供 TCP/IP 通信接口、提供串口通信接口等。

系统中的通信单元由裂缝波导(用于辐射电磁波载波)、波导同轴变换器(用于向裂缝波导馈入射频载波信号)、同轴电缆、终端负载(用于消除反射弧)、波导信息网基站、轨旁 ATP/ATO、区间链路与沿线设备共同组成的一个无线和有线相结合的通信网络,如图 10.17 所示为通信单元的基本组成图。

通信单元是组成波导信息网络的基础,负责每个车站的信息管理、列车控制等,信息通过区间链路等通信网络和控制中心进行交换,以便控制中心对每列列车进行调度管理。每个通信单元和本地 ATS、轨旁 ATP/ATO、计算机联锁、轨道电路组成一个信号控制车站。站台信号设备如信号机、屏蔽门、紧急停车按钮由信号控制站的联锁设备控制。信号控制站主要负责初始化网络配置、无线网络管理、数据记录、数据处理、追踪列车、速度计算、提供操作员接口、列车控制系统接口,以及车载计算机信息交换等。

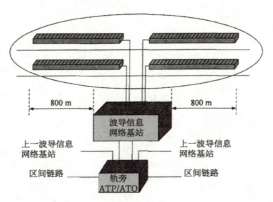

图 10.17 通信单元的基本组成图

波导信息网基站一般位于离波导不远的地方,也可以安装在信号设备室。主要是由无源滤波器、无线调制解调器、裂缝波导检测载波发生器、多路复用器、耦合器电源等设备组成。它是组成波导信息网络单元的最基本的部分,是和车载移动站进行车—地通信的工作站。

列车两端的驾驶室各有一台波导信息网移动站。包括车载无线电台、车载 ATP/ATO 设备、接口电路以及信标接收天线和解码器。车载计算机,安装专用的数据采集卡,将其作为移动工作站,安装操作系统、数据库和专用数据采集软件等。主要负责数据初始化,无线网络连接,获得位置信息,速度计算,控制区交接通信,与车站计算机交换信息、数据记录、数据处理、列车控制系统(窄缝检测接收器)接口等。

采用微波裂缝波导系统作为车—地双向数据传输的媒介,微波裂缝波导系统是波导信息网络的关键部分,它是具有较宽的带宽,可以同时传输数据、语音及视频信号的传输系统,用于车—地双向连续数据传输及列车定位。

任务工单

任务名称	CBTC 系统车—地通信系统	姓名	
		日期	

操作方法
1. DCS—数据通信系统组成。
2. DCS 车—地通信方式。

分析故障原因	
操作中存在的问题及解决方法	
技能掌握程度	非常熟练□ 比较熟练□ 一般熟练□ 不熟练□
教师评语	
任务实施成绩	
日期	

项目十一

城市轨道交通通信系统

【学习目标】

知识目标
1. 掌握通信系统的组成。
2. 掌握通信系统的分类。
3. 掌握城轨通信系统的传输设备。

能力目标
1. 能识别通信网络拓扑图。
2. 能掌握通信系统的组成。

【学习任务】

1. 城轨通信系统组成。
2. 城轨通信系统的传输设备。

【教学建议】

可结合视频图片教学，最好在实训室开展"教、学、做"一体化教学；条件满足的话，在现场对相关设备及作用进行演示讲解。

工作任务

任务名称	城市轨道交通通信系统的认知	工单号	
姓名		专业	
日期		班级	

任务描述
1. 现代通信理论形成初步概念。
2. 通信技术在城市轨道交通的运用。

任务要求
1. 掌握一般的通信系统模型。
2. 掌握城市轨道交通通信网如何组网,如何搭建传输平台。
3. 掌握通信网常见的传输介质及其特点。

一、通信系统的模型

通信系统可将信息从发信者传递给另一时空点的接收者,通信系统的基本模型图如图 11.1 所示。一般由信源、发送变换器、信道(或传输介质)、接收变换器和信宿(收信者)五部分组成。

图 11.1 通信系统的基本模型图

1. 信源和信宿

信源是信息的产生或信息的形成者,信宿是信息的接收者。

根据信源所产生信号的性质不同,信源可分为模拟信源和离散信源。模拟信源是指输出幅度连续的模拟信号,如电话机、电视摄像机等;离散信源是指输出离散符号序列或文字,如电传机、计算机等。

2. 发送变换器

发送变换器用于信源和传输介质的匹配。它将信源产生的信号转换为有利于传送的信号形式,送往传输介质。发送变换器对信源进行处理,如多路复用、保密处理、纠错编码处理等。

3. 信道

信道是指信号的传输通道,有狭义信道和广义信道两种定义。

狭义信道是指信号的传输介质,其范围包括从发送设备到接收设备之间的介质,如架空明线、电缆、光导纤维、传输电磁波的自由空间等。

广义信道是指消息的传输介质，除包括上述信号的传输介质外，它还包括各种信号的转换设备，如发送、接收设备，调制、解调设备等。

信号经过信道传送到接收变换器。信号在信道传输过程中，受到发送变换器、接收变换器和传输介质的热噪声及各种干扰和衰落，即信道噪声。

4. 接收变换器

接收变换器将来自信道的、带有干扰的发送信号加以处理，并从中提取原始信息，完成发送变换过程的逆变换，如解调和译码等。

二、通信系统的组成

通信系统是实现信息传输、交换的所有通信设备连接起来的整体，它由终端设备、传输设备和交换设备三大要素构成。

1. 终端设备

终端设备是通信网的外围设备，一般供用户使用。它的主要功能是将用户发出的各种信息（如语音、数据、图像和文本等）变换为适合在信道上传输的电信号，以完成信息发送；反之将对方经信道送来的电信号变换为用户可识别的信息，完成信息接收。终端设备的种类有很多，如普通电话机、移动电话机、电报终端、计算机终端、数据终端传真机和可视图文终端等。

2. 传输设备

传输设备是传输信息的通道，也称为通信链路。传输设备包括传输介质和延长传输距离及改善传输质量的相关设备，其功能是将携带信息的电磁波信号从发出地点传送到目的地点。传输设备将终端设备和交换设备连接起来，形成网络。

按传输介质不同，传输设备可分为有线传输和无线传输两大类。有线传输包括明线、双绞线、同轴电缆、光纤等，如图 11.2 所示；无线传输包括长波、短波、超短波和微波等。

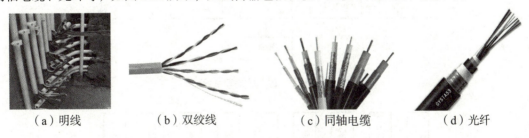

（a）明线　　　　（b）双绞线　　　　（c）同轴电缆　　　　（d）光纤

图 11.2　有线传输介质

3. 交换设备

交换设备是通信网络的核心，起着组网的关键作用。交换设备的基本功能是对所接入的链路进行汇集、接续和分配。不同的业务，如话音、数据和图像通信等，对交换设备的要求各不相同。例如，电话业务网要求交换设备性能实时性强，因此目前电话业务网主要采用直接接续通话电路的电路交换方式。

计算机通信的数据业务,由于数据终端或计算机可有各种不同的速率,为了提高链路利用率,可将流入信息流进行分组、存储,然后再转发到所需链路上去,这种方式称为分组交换方式。分组数据交换机就是按这种方式进行交换,这种方式能比较高效地利用传输链路。

三、通信系统的分类

1. 按信源物理特征分类

按信源发出消息的物理特征不同,通信系统可分为电话、电报、数据和图像等。其中,电话通信是目前最发达的,其他通信常借助于公共电话通信系统传递信息。例如,电报通信一般采用公共电话系统中的一个话路或从话路中一部分频带进行传送;电视信号或图像信号可使用多个话路合并为一个信道进行传送。

2. 按传输信号的特征分类

按传输信号的特征不同,通信系统可分为模拟通信系统和数字通信系统两大类,如图11.3、11.4所示。模拟通信系统与数字通信系统各有特点,但从总体上看,数字通信系统与模拟通信系统相比,具有以下优点。

(1)抗干扰能力强。数字通信系统可通过再生中继器消除噪声积累。

(2)可采用差错控制技术,提高数字信号传输的可靠性。

(3)便于进行各种数字信号处理。例如,计算机存储处理,使数字通信和计算机技术相结合,从而组成综合化、智能化的数字通信网。

(4)数字通信系统可使传输与交换相结合,电话、数据和图像传输相结合,有利于实现综合业务数字网。

(5)数字通信系统的器件和设备易于实现集成化和微型化。

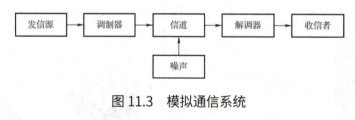

图 11.3 模拟通信系统

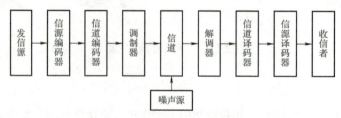

图 11.4 数字通信系统

3. 按网络拓扑结构分类

按网络拓扑结构不同,通信系统可分为网型网、星型网、复合型网、环型网、总线型网等,如图 11.5 所示。

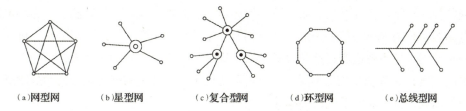

图 11.5　通信网拓扑结构

(1)网型网:任何一个站点都与其他站点直接互连,构成网状网络。这种网络的冗余度较大,其网络的接续质量和网络稳定性好,但传输线路的利用率低,不经济。

(2)星型网:中央结点到各站点之间呈辐射状连接。星形网络中任何单个的故障只影响其本身,不会影响整个网络。但当中央结点的设备能力不足或发生故障时,将会对网络的接续质量和稳定性产生影响。

(3)复合型网:由网形网和星形网复合而成,它是以星形网为基础,并在通信量较大的区间构成复合网结构。

(4)环型网:站点与站点之间首尾相接,形成一个环,数据只能沿单方向传输。它能保证站点访问的公平性,但站点故障会引起全网故障。

(5)总线型网:所有的站点都连接在同一根传输线,即"总线"上。网络结构简单,易扩充。故障检测较困难。

4. 按业务类型分类

按业务类型不同,通信系统可分为电话网、电报网、数据网、传真网、移动通信网和综合业务数字网(ISDN)等。

(1)电话网:包括市内电话网、农村电话网、本地电话网和长途电话网。

(2)电报网:包括公众电报网、用户电报网和智能用户电报网。

(3)数据网:包括公众数据网和专用数据网。

(4)传真网:包括本地传真网、地区性传真网和全国性传真网。

(5)移动通信网:包括本地移动通信网和漫游移动通信网。

(6)综合业务数字网:包括本地 ISDN 和全国性 ISDN。

5. 按运营方式分类

按运营方式不同,通信系统可分为公用网和专用网。

公用通信网即公众网,是向全社会开放的通信网;专用通信网是相对于公用通信网而言的,它是国防、军事或国民经济的某一专业部门(如城市轨道交通、铁道、石油、水利电力等部门)自建或向通信服务运营商租用电路,专供本部门内部业务使用的通信网。

四、城市轨道交通通信系统的组成

城市轨道交通专用通信系统一般由传输、公务电话、专用有线调度电话、无线列车调度、闭路电视监控、车站广播、时钟、旅客信息引导显示、防雷、光纤在线监测、动力环境监测和不间断电源等系统组成。通信系统的服务范围包括运营控制中心、车站、车辆段、停车场、维修中心和车站内等城市轨道交通运营服务区域。通信系统不是单一的子系统,而是多个相对独立子系统的组合,这些子系统在不同运营环境下协调工作。各子系统能对各自的故障进行检测和报警,从而确保整个通信系统的可靠性。

五、城市轨道交通通信传输系统

传输系统是整个通信网络的纽带,通过它将各通信子系统车站信息传送到控制中心,同时为电力系统、信号系统、自动售检票系统、消防报警系统、办公网络等提供传输通道。传输设备包括车站设备和控制中心设备,不同厂家有不同组网模式。

1. 通信系统需要传输的信号形式

通信传输系统需要将各子系统的信号上传到控制中心,同时控制中心也需要通过传输系统将控制信息送至车站。这些信号通过物理接口进行转换,其信号转换接口形式包括 E1 接口、RS-422 接口、RS-485 接口和以太网接口等。

2. 传输系统组网模式

传输系统组网模式如图 11.6 所示,整个传输系统一般由车站设备、控制中心设备和传输线路三部分组成。

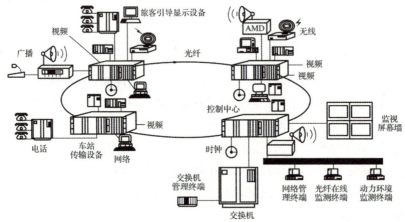

图 11.6 传输系统组网模式

(1)车站设备:用来将车站各系统需要上传的电信号转换成光信号,通过光缆线路传输到控制中心。

(2)控制中心设备:将车站上传的光信号转换成各通信子系统或其他系统需要的电信号。

控制中心设备一般包括网络管理系统,用来监测整个网络设备运行状态,同时还具有系统参数设置、故障统计、报表输出和系统用户权限设置等功能。

3. 传输系统的组网类型

目前城市轨道交通传输系统承载的业务主要有2M中继业务、计算机以太网业务、视频业务、旅客信息多媒体业务、高清晰广播语言业务和各种控制接口业务等。根据城市轨道交通传输系统业务的特点,适合各种业务传输的技术主要有同步数字传输序列(SDH)、开放式传输网络(OTN)、异步传输模式(ATM)和弹性分组环(RPR)等。

(1)同步数字传输序列(SDH)。

SDH 网是由网元和光纤组成的同步数字传输网络,进行信息的同步复用、传输、分插和交叉连接。SDH 网具有一套标准化的信息同步复用等级,称为同步传送模块 STM-N;具有一种块状帧结构,安排丰富的开销比特用于网络的运行、管理和维护(OAM);具有统一的网络节点接口(NNI),简化了信号的互通以及信号的传输、复用、交叉连接和交换过程。SDH 是比较成熟的、先进的光纤传输技术,是目前广泛采用的组网方式。

(2)开放式传输网络(OTN)。

OTN 光纤传输网络是德国西门子公司开发的传输网络设备,它仍采用时分复用技术,属于同步传输体系,但其帧结构与传统的 SDH 不同,帧的长度为 31.25 μs,帧速为 32 000 帧/秒。OTN 是一种高速度、全透明、无阻塞的数字同步传输网,如图 11.7 所示,特别适用于封闭式专用传输网络。由于 OTN 系统能提供丰富的接口板卡业务,轨道交通传输系统承载的业务无需再加接口转换设备,直接接入即可连接组网,网络设备简单。

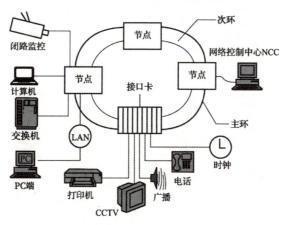

图 11.7 OTN 的组成

(3)异步传输模式(ATM)。

ATM 是在 20 世纪 80 年代为 B-ISDN(宽带综合业务数据网)定义的传输技术,是一种基于统计复用的面向连接的技术。

ATM 的技术特点是能根据业务的需求分配网络带宽,提高网络带宽利用率;具有严格的服务质量保障,有良好的流量控制均衡能力及故障恢复能力,网络可靠性高。

(4)弹性分组环(RPR)。

RPR 是为优化数据包的传输而提出的,它采用基于环形结构的一种带空间复用的传输方式,吸收了千兆以太网的经济性、SDH 对延时和抖动严格保障、可靠的时钟和 50 ms 环网保护特性等多重优点。RPR 组网方案可保证语音、数据、视频等业务在统一平台上传输,广泛应用于网络和各种运营商领域,在国内城市轨道交通领域也有应用案例。例如,广州地铁公安通信传输系统一直采用 RPR 技术。

任务工单

任务名称	XX 车站通信系统的组成	姓名	
		日期	
操作方法 根据本地城轨车站的设置,搜集资料,写出本地 ×× 站城市轨道交通通信系统的组成。			
分析故障原因			
操作中存在的问题及解决方法			
技能掌握程度	非常熟练□ 比较熟练□ 一般熟练□ 不熟练□		
教师评语			
任务实施成绩			
日期			

项目十二

城轨电话与无线调度系统

【学习目标】

知识目标

1. 掌握轨道电话系统的功能。
2. 掌握专用电话系统的分类。
3. 掌握有线电话系统在城市轨道交通中的作用及分类。
4. 掌握城轨无线集群调度通信系统的组成、功能和分组方案。

能力目标

1. 会组建公共电话网络。
2. 会组建专用电话网络。
3. 能对城轨无线集群调度通信系统进行分组。

【学习任务】

1. 了解城轨电话系统。
2. 了解城轨无线集群调度通信系统。

【教学建议】

可结合视频图片教学,最好在实训室开展"教、学、做"一体化教学;条件满足的话,在车站现场对相关设备及作用进行演示讲解。

任务一　电话系统

工作任务

任务名称	公务电话系统、专用电话系统的认知	工单号	
姓名		专业	
日期		班级	

任务描述
根据实验室电话系统或者实际车站电话系统，总结电话系统使用方法，以及一般故障的解决方法。

任务要求
1. 公务电话系统的操作和使用。
2. 调度电话的操作和使用。
3. 站内和轨旁电话的操作和使用。
4. 电话工作故障处理。

一、公务电话系统

公务电话系统是为轨道交通系统内运营、管理、维修等各部门工作人员提供日常工作联系的手段，它是集语音、中低速数据、窄带图像为一体的交换网络，可提供系统内部用户之间，系统内部用户与公用电话网用户之间的电话联络，能将"119""110""120"等特种业务呼叫自动转移至公用电话网的"119""110""120"上。当专用通信系统出现重大故障时，公务通信系统可作为专用通信的应急通信手段。

公务电话系统由程控数字交换机、自动电话及其附属设备组成。程控数字交换机宜设置在负荷集中、便于管理的地点，交换机间通过数字中继线相连。

（一）程控数字交换机

程控数字交换机是公务电话的核心，它的实质是一部由计算机软件控制的数字通信交换机，按用途可分为市话、长话和用户交换机。交换机在硬件上采用全模块化结构，提供高集成度、高可靠性、高功能、低成本的硬件产品；在软件上采用高级语言，具有多种为数据交换和连接而设计的系统软件，功能强大。

1. 程控数字交换机的结构

电话交换机的主要任务是实现用户间通话的接续。程控交换系统由硬件和软件两大部分组成，其中硬件可分为话路系统和控制系统。

（1）话路系统。

话路系统由交换网络和外围电路组成，即由用户级、远端用户级、选组级（数字交换网络）、各种中继接口和信号部件等组成，如图 12.1 所示。其中，交换网络的作用是为音频信号（模拟交换）或话音信号的 PCM 数字信号（数字交换）提供接续通路；外围电路包括用户电路、中继器、扫描器、网络驱动器和话路接口等部分。

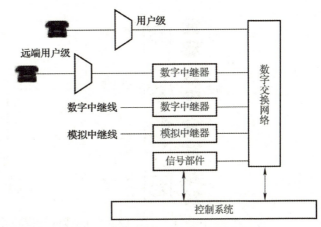

图 12.1　程控数字交换机基本组成

用户电路是交换网络和用户线间的接口电路，它既能将语音信息（模拟或数字）传送给交换网络，又能将用户线上的其他信号，如铃流等与交换网络隔离开来，以免损坏交换网络。

中继器是程控数字交换机与其他交换机的接口电路。中继线是该系统与其他系统或远距离传输设备的连接线。根据连接的中继线类型，中继器可分成模拟中继器和数字中继器两大类。此外，中继器还有出局中继和入局中继之分。

扫描器用来收集用户信息。用户状态（包括中继线状态）的变化通过扫描器可送到控制部分。

网络驱动器是在中央处理系统的控制下，具体地执行交换网络中通路的建立和释放。

话路接口又称信号接收分配器，统一协调信号的接收、传送和分配。

（2）控制系统。

控制系统的功能包括两个方面：一方面是对呼叫进行处理，另一方面对整个交换系统的运行进行管理、监测和维护。控制系统硬件由中央处理芯（CPU）、存储器（内存储器）和输入输出系统三部分组成。

中央处理芯可以是一般数字计算机的中央处理芯片，也可以是交换系统专用芯片。

存储器存储交换系统常用程序、正在执行的程序和执行数据。

输入输出系统包括键盘、打印机，可根据指令或定时打印出系统数据，外存储器存储常用运行程序，机器运行时调入内存储器。

2. 程控数字交换机的优点

程控数字交换机能够提供许多新的用户服务功能，如缩位拨号、来电显示等；它具有维护管理方便、可靠性高、灵活性大等特点。

（二）公务电话系统的组网模式

一般本地用户可直接与交换机相连，不需要外加设备。但对于轨道交通企业来说，公务交换系统服务于整个企业的沿线车站、段厂、控制中心等，覆盖范围一般在几公里到几十公里，各车站一般采用加装远端模块方式，如图 12.2 所示。通过 E1 中继链路将远端模块与交换机连接，车站电话再与远端模块相连。

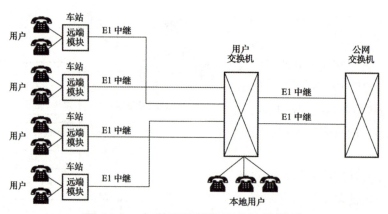

图 12.2　加装远端模块用户连接模式

1. 公务电话系统的号码分配

城市轨道交通企业用户的电话号码分配方式有两种：一种是不与公网联系，号码可根据应用要求自行分配；另一种是与外网通过中继连接，需要电信局分配号码段，然后用户内部根据具体需求在此号码段中自行选择分配。

2. 公务电话系统的功能

公务电话功能主要包括缺席用户、缩位拨号、热线服务、呼出限制、闹钟服务、转移呼叫、遇忙回叫、免打扰服务、呼叫等待、三方通话和主叫号码显示等功能。

（1）缺席用户：当有电话呼 A 时，可由电话局提供语音服务代答，避免对方反复拨叫。

（2）缩位拨号：位数较多的电话号码用 1~2 位自编代码来代替的一种功能。

（3）热线服务：使用该项服务时，只需摘机后在规定时间（几秒钟）内不拨号，系统自动接到被置为"热线"的对方电话号码。

（4）呼出限制：又称"发话限制"，可用于限制呼叫国际和国内长途自动电话，但不能限制市内电话。

（5）闹钟服务：电话机可根据用户预定的时间自动振铃，起到提醒用户的作用。

（6）转移呼叫：可以将所有呼叫本机的电话，自动转移到临时指定的话机上。

（7）遇忙回叫：当拨叫对方电话遇忙时，可以挂机等候，不需再拨号，一旦对方电话空闲，即能自动回叫接通。

（8）免打扰服务：又称"暂不受话服务"，当用户在某一段时间里不希望有来话干扰时，可以使用该项服务。

（9）呼叫等待：当 A 用户正与 B 用户通话，而 C 用户又呼叫 A 用户时，A 用户在受话器中会听到一个呼叫等待音，表示另有用户等待通话。这时，A 用户可以请 B 用户稍等而转与 C 用户通话，也可以请 C 用户稍等而继续与 B 用户通话。

（10）三方通话：使用此项服务，当用户通话时如需要另一方加入通话，可在不中断当前通话的情况下，拨叫另一方，实现三方共同通话或分别与两方通话。

（11）主叫号码显示：该项业务可为被叫用户提供主叫用户的电话号码。

二、专用电话系统

专用电话系统主要为轨道交通运营及维修服务,是行车调度员和车站(车辆段)值班员指挥列车运行和维护人员指导使用人员操作设备的重要通信工具,是为列车运营、电力供应、日常维修和防灾救护提供指挥手段的专用有线通信系统。

(一)专用电话系统的结构

城市轨道交通专用电话系统包括调度通信、站场通信、站间通信和区间通信等。系统可为控制中心指挥人员,如行车调度员、维修调度员、电力调度员、环境报警调度员和防灾调度员等,提供专用直达通信,并且具有单呼、组呼、全呼、紧急呼叫和录音等功能,同时可为站内各有关部门提供与车站值班员之间的直达通话,并且车站值班员可以呼叫相邻车站的车站值班员。专用电话系统主要包括调度电话、站间行车电话、站(车辆段或停车场)内直通电话以及区间电话等,如图12.3所示。

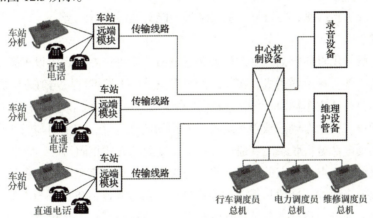

图12.3 专用电话系统

1. 调度通信

调度电话是为列车运营、电力供应、日常维护、防灾救护提供指挥手段的专用通信系统,要求迅速、直达,不允许与运营无关的其他用户接入该系统。

(1)调度电话系统的组成。

调度电话系统包括行车、电力、防灾、环境与设备监控系统等调度电话,它由中心调度专用主控设备,车站、车辆段、停车场专用主控设备,调度电话终端,调度电话分机及维护终端等组成。

调度电话终端设置在控制中心各调度台上。行车调度电话分机应设置在各车站行车值班员、车辆段信号楼行车值班员处等地点。电力调度电话分机应设置在各变电所的主控制室和低压配电室及其他特殊需要的地点。防灾、环境与设备监控系统调度电话分机应设置在各车站、车辆段综合控制室以及车辆段的消防控制室等地点。

（2）调度电话系统的功能。

调度电话系统应具有以下功能要求。

①控制中心调度台应能对下属分机进行个别呼叫、分组呼叫和全部呼叫，能实现强插、强拆和优先级控制等功能。任何情况下均不能发生阻塞。

②实现控制中心总调度员与各系统调度员之间的通话。

③控制中心总调度员协调和监视行车、电力、环控（防灾）、维修调度员的控制操作。

④控制中心行车调度员、电力调度员、环控（防灾）调度员、维修调度员与各站（段）相应值班员之间的直接通话。

⑤调度分机可对相应调度台进行一般呼叫和紧急呼叫。

⑥调度分机呼叫调度台时，调度台应能按顺序显示呼叫分机号码，并区分是一般呼叫还是紧急呼叫。

⑦各调度系统间的分机、调度系统内的分机之间不允许进行通话。

⑧调度台与分机的通话，在控制中心应能自动记录，控制中心的调度设备应具有自检功能，能对整个调度系统进行检测，并可显示检测结果，能对通话进行录音。

2. 站场通信

站场通信一般采用直通电话，室内设置普通分机，室外或在站台上设置紧急电话。紧急电话机选用单键式、外置扬声器话机，在紧急情况下只要按下按键即可与值班室通话。

场内通信主要是解决车辆段、停车场内行车指挥、乘务运转、段内调度指挥和车辆检修人员之间的专用通信。每个车辆段或停车场设置专用的调度电话，向上可与行车调动联系，向下与段场内专用调动电话分机联系。其通话方式与调度通信方式相同。

站场直通电话为一点对多点的辐射式集中连接方式，应能满足车站值班员、车辆段和停车场信号楼值班员、车辆段运转值班员、列检值班员、信号维修值班员等与本站场相关部门构成直通电话，并且只允许值班员与分机相互呼叫通话，分机间不允许通话。

3. 站间通信

站间通信是指相邻两个车站值班员之间进行通话联络的点对点通信方式。

站间通信电话是为相邻两站（包括上行和下行）值班员办理行车有关业务使用，车站值班员一般使用按键式操作台作为值班台，单键操作即可接通站间通话。

4. 区间通信

区间电话的主要作用是供驾驶员、区间维修人员与邻站值班员及相关部门联系通话。

区间电话是在轨道线路沿线每隔一段距离设置的通话装置，其设置形式有两种：一种是区间通话柱；另一种是轨旁电话，如图12.4所示。由于区间通话设施在室外或隧道内，环境较差，其设备需要具有防潮、防火、防燥、防尘、防冻和防破坏性等特殊要求。

区间电话业务一般分为区间专用电话和区间直通两种模式。在区间专用自动方式上，用户摘机后需要拨号呼叫，由车站分机根据所播号码进行转接；在区间直通方式上，用户选择通话的用户，一般包括上下行车站、行调、电调、信号、通信和线路桥梁等，摘机后直接接通。

（二）专用电话系统的组网模式

目前专用电话系统的组网模式如下。

方案一：专用电话系统与公务电话系统合设，利用公务电话的程控电话交换机的调度电话模块实现专用电话的所有功能，可节省成本。

方案二：调度电话在控制中心单独设调度电话总机，利用传输接入系统将车站（车辆段）的调度电话分机接入控制中心的调度电话总机；车站（车辆段）设车站电话集中机实现车站（车辆段）的直通电话、站间行车电话和区间电话等功能。

图12.4　区间通话柱和轨旁电话

方案三（分设方案）：调度电话在控制中心单独设调度电话总机（或称交换机），利用传输系统将车站（车辆段）的调度电话分机接入控制中心的调度电话总机；利用公务通信的车站交换机或远端用户模块实现车站（车辆段、停车场）的直通电话、站间行车电话和区间电话等功能。

方案四（合设方案）：专用电话系统与公务电话完全分离，但它将专用通信系统融为一体，即调度电话与站间、站内、轨旁电话由同一通信设备实现，结构更加紧凑，便于使用和维修，尤其可以减少车控室值班员面前的电话分机数量（行车调度、环控调度、维修调度电话分机均集成到值班员操作台上）。另外，合设方案有统一的监测手段和监控设备，便于日常维护系统。

任务工单

任务名称	××车站通信系统的组成	姓名	
		日期	
操作方法 根据学习的结果，搜集电话系统相关资料，列出电话系统的分类与构成，整理出电话系统功能及其功能的实现方式。			
分析故障原因			
操作中存在的问题及解决方法			
技能掌握程度	非常熟练☐　　比较熟练☐　　一般熟练☐　　不熟练☐		
教师评语			
任务实施成绩			
日期			

城市轨道交通通信与信号

任务二 无线集群调度通信系统

工作任务

任务名称	无线集群调度通信系统认知	工单号	
姓名		专业	
日期		班级	

任务描述
根据实验室现有无线集群调度通信系统调度台、车载台、车站电台、手持电台等，进行城市轨道交通有关应急预案演练。

任务要求
1. 学习城市轨道交通公司在站台火灾、旅客伤亡和列车故障等不同情况下的应急预案。
2. 学生分组演练驾驶员、车站值班员、站务员、调度员等不同岗位在特殊情况下的通话。

一、无线集群调度通信系统概述

无线集群通信是一种智能化的无线频率管理技术。无线集群通信系统本质上是允许大量用户共享少量通信信道和虚拟专网技术，其工作方式与移动电话系统相似，都是由交换控制中心根据需要，自动为用户指定无线信道；不同点在于无线集群通信以组呼为主，用户之间有严格的上下级关系，用户根据各自的优先级占用或抢占无线信道，呼叫接续时间短（0.3~0.5s），且以单工、半双工通信为主要通信模式。

1. 无线集群通信系统的工作方式

传统的专用业务移动通信系统使用的频率是固定的，一旦用户选择了某信道，那么它的通话就只能在这一信道上进行，直至通话结束；如果这一信道已被其他用户占用，则它就不能选择其他空闲信道，从而出现拥塞。

集群通信系统的主要业务是调度台的收发信机与一群（组）移动台之间建立一条单工或半双工的无线通信线路，或移动台用户（车载台或手持台）之间建立一条单工或半双工的无线通信线路。在一个多信道调度无线系统中，集群是指向正在申请服务的用户自动分配信道，集群系统分配信道的基本技术有信息集群、传输集群和准传输集群等。

（1）信息集群。

信息集群又称消息集群，在整个通话期间，给该通话组用户分配一条无线信道。从移动台按键开始，此信道就被占用，只有通话双方结束通话后一定时间，此信道才被释放。

（2）传输集群。

传输集群又称发射集群，当A、B双方用户在单工或半双工工作时，A用户按下讲话键后，就占用一个空闲信道，当A用户第一个消息发送完毕松开讲话键时，就有一个"传输完毕"的信令送到基地台的控制器,这个信令用来指示基地台这个信道可以被别的用户使用。在传输集群方式中,不会由于通话暂停而继续占用信道,因而信道利用率提高。

(3)准传输集群。

准传输集群又称准发射集群,它是相对于传输集群而言的,是为了克服传输集群的缺点而改进的。

准传输集群兼顾信息集群和传输集群的优点,缩短了信道的保留时间,用户每次发话完毕,松开讲话键后,信道保留约为 0.5~1 s,不会使消息中断。

2. 集群通信系统技术

(1)多址技术。

集群通信系统由基地台和移动台组成。一个移动台由一个用户使用,为单路,而基地台是多路的,所以集群通信也是单路和多路混合的一种特殊通信方式。由于有多路工作方式,就存在多路复用即多址方式的选择。

目前多址方式有频分多址(FDMA)、时分多址(TDMA)、码分多址(CDMA)、空分多址(SDMA)、混合多址和随机多址等方式。传输模拟信号时,仅有 FDMA 和 CDMA 两种方式;传输数字信号时,则有 FDMA、TDMA 和 CDMA 三种方式。

(2)信道控制技术。

信道控制技术是指信道共用的体制。大区制移动通信系统采用多信道共用技术,多个无线信道同时为多个移动台所共用,网络内大量用户共享若干无线信道,提高信道利用率。

多信道共用的信道分配方式不是将每个信道固定指配给某些用户使用,而是根据需要实时地将空闲信道分配给申请通话的用户使用,信道的指配是动态的,每个信道可以被任意用户使用。

信道分配模式基本分为固定信道指配模式、动态信道指配模式和混合信道指配模式。

(3)信令技术。

信令是移动台与交换系统之间,交换系统与交换系统之间相互传送的地址信息,管理信息(包括建立通话、信道分配、保持信息、拆线信息以及计费管理信息等),以及其他交换信息。

集群通信就是多个用户共用少数几个无线信道。表示控制和状态的信号和指令是确保通信有序、协调工作,且具有保密性的基础。为了区别集群通信系统中用于通话的有用信号,将话音信号以外用于控制系统正常工作的非话音信号及指令系统称为信令。

(4)数字通信技术。

数字通信技术是数字集群系统与模拟集群系统的区别所在,是数字集群通信系统中比较重要的部分。

①数字话音编码。

在数字通信中,信息的传输是以数字信号形式进行的,因而在通信的发送端和接收端,必须相应地将模拟信号转换为数字信号或将数字信号转换成模拟信号。

在集群移动通信中,使用最多的信息是话音信号,话音编码为信源编码,是将模拟话音信号变成数字信号以便在信道中传输。这是从模拟网到数字网至关重要的一步。话音编码技术通常分为波形编码、声源编码和混合编码三类。

②数字调制解调技术

数字调制解调技术是集群移动通信系统中的重要组成部分，在不同的小区半径和应用环境下，移动信道将呈现不同的衰落特性。目前国际上选用的数字蜂窝系统中的调制解调技术有正交振幅调制（QAM）、正交移相键控（QPSK）、高斯最小频移键控（QMSK）、四电平频率调制（4L-FM）、锁相环移相键控（PLL-QPSK）、相关移相键控（COR-PSK）和通用平滑调频（GTFM）等。

3. 集群通信系统的分类

（1）按信令方式分类。

按信令方式不同，集群通信系统可分为共路信令方式和随路信令方式。

共路信令是设定一个专门的控制信道传送信令，这种方式的优点是信令速度快，电路容易实现，但占用信道。

随路信令是在一个信道中同时传话音和信令，信令不单独占用信道，可节约信道，缺点是接续速度慢。

（2）按信令占有信道方式分类。

按信令占有信道方式不同，集群通信系统可分为固定式和搜索式。在固定式中，消息传送占用固定信道。搜索式发起呼叫时占用随机信道，需不断搜索变化的信令信道，忙时信令信道可作为话音信道，新空闲出来的话音信道可接替控制信道。固定式实施简单，搜索式实施复杂。

（3）按通话占用信道分类。

按通话占用信道不同，集群通信系统可分为信息集群、传输集群和准传输集群。

（4）按呼叫处理方式分类。

按呼叫处理方式不同，集群通信系统可分为损失制系统和等待制系统。

在损失制系统中，当话音信道占满时，呼叫申请被示忙，用户需重新呼叫，信道利用率低。

在等待制系统中，当信道被占满时，对新申请者采取呼叫排队方式处理，采取先来先服务的方式，不必重新申请，信道利用率高。

（5）按控制方式分类。

按控制方式不同，集群通信系统可分为集中控制方式和分散控制方式。

集中控制方式是由一个智能终端控制，统一管理系统内话务信道的方式。

分散控制方式是每一信道都有单独的智能控制终端的管理方式。

二、无线集群调度通信系统在城市轨道交通中的应用

（一）城轨无线集群调度通信系统的组成

在城市轨道交通中，无线集群系统主要解决固定人员（调度员、值班员）与流动人员（驾驶员、站务、维修人员和列检人员等）及其相互之间的通话及数据传输问题。无线集群系统的网络结构一般为带状网络，如图12.5所示。系统主要包括控制中心交换设备、控制中心网络管理终端、调度台、基站、移动设备（便携式手持台、车载电台、车站用固定台）和传输设备等。

项目十二 城轨电话与无线调度系统

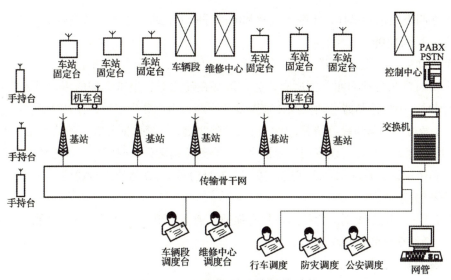

图 12.5 无线集群系统网络结构

城轨无线集群调度系统在功能组成上一般分为六个无线通信子系统,即行车调度通信子系统、站务通信子系统、车辆段调度通信子系统、维修调度通信子系统、公安调度通信子系统和防灾调度通信子系统。

(1)行车调度通信子系统:负责完成正线行车调度员与机车驾驶员的通信联系,传送行车指挥话音和数据指挥命令。呼叫方式采用选号呼叫,行车调度员通过行车调度台完成对机车驾驶员的一对一个别选呼,并可以发送数据指令和接收列车上传来的信息。

(2)站务通信子系统:负责完成车站车控室内勤人员与车站外勤人员及本站控制内列车驾驶员间通话。车站人员与驾驶员间通话由调度派接,在本站采取组呼方式进行通话。

(3)车辆段调度通信子系统:负责完成段、厂内的行车调度员与机车驾驶员的通信联系,传送行车指挥话音和数据指挥命令。

(4)维修调度通信子系统:提供维修调度、各专业调度员及本专业维修人员的无线调度通信,一般采取组呼方式。不同专业各自分组,专业之间如要进行通话,可由维修调度临时派接通话。

(5)公安调度通信子系统和防灾调度通信子系统:提供公安、防灾调度员、沿线指挥人员和抢险救灾人员之间的调度通信,采用组呼方式。

(二)城轨无线集群调度通信系统的功能
1.通话功能
(1)无线用户可与有线用户进行通话,通过移动台呼叫调度台实现。

(2)有线用户可与无线用户选址通话,包括个人直呼和组呼,通过调度台呼叫移动台实现。

(3)无线用户之间进行通话(个人选呼和组呼),移动台通过拨打移动台号码进行选呼,还可进行同组移动台之间的组呼。

（4）呼叫类型包括单呼、组呼、全呼和电话呼叫（有线、无线互联呼叫）等。

2. 系统入网功能

（1）自动重发：按下 m 开关时，自动重发电话号码，直到接通为止。

（2）忙时排队自动回叫：当所有话务信道都在使用时，请求入网的用户进入排队等候。当信道空闲时，中央控制器自动依照先来先服务原则为用户分配信道，让其通话。

（3）紧急呼叫：遇到紧急情况，用户按紧急呼叫键，系统保证开放一条信道用于紧急呼叫。

（4）限时通话：系统可设置用户通话时间，当到达通话设定时间后，系统将释放占用信道。

（5）私密通话：移动用户之间通过拨打对方身份号即 ID 号码进行通话。

3. 优先级别

系统有 5~8 个优先级别，特权用户具有强插、通话不限时、全呼、选呼功能；普通用户不具备强插通话、全呼和选呼功能。

4. 特殊功能

（1）常用扫描：移动台可设置对几个通话组进行扫描监听，当某一组有通话时自动建立通话。

（2）自动多站选择：移动台可根据接收信号的强弱选择注册的基地台。

（3）无线电禁止：又称遥毙，系统可以将遗失或有问题的电台关机，使其失去正常通话功能，可以防止非法用户进入系统工作。

（4）动态重组：中央控制器通过控制信道发送指令，更改移动台的组别。

5. 系统可靠性能

（1）多信道：按申请分配，一个信道故障，其他信道仍正常工作。

（2）接收机干扰关闭：当接收机受干扰或故障时自动关闭。

（3）发射机故障关闭：当发射机故障时系统自动将其关闭。

（4）系统自我诊断：系统可进行各种参数的自我诊断，出现软件故障时可自动重新修复，出现硬件故障时提供报警或将其自动关闭。

（5）故障弱化：系统中央控制器出现故障后，系统保持常规通信状态，不能进行跨区漫游通信。

6. 系统维护管理功能

（1）系统参数配置功能：基站及中央控制器系统参数设置、更改、更新等可由系统维护终端远程控制实现。

（2）统计报表功能：计算机管理软件自动统计各信道话务量、移动台话务量、调度台话务量等，并具有显示、数据分析、按用户需求输出打印报表的功能。

（3）网络维护用户管理功能：系统管理员可根据不同用户的管理需要设置用户的权限。

（4）故障报警功能：系统故障管理软件实时监控整个系统设备运行状态，具有声、光显示方式同时报警功能。

（5）基站无人值守：基站信息全部由中央管理软件监控，不需要现场人员监控基站信息。

三、城轨无线集群调度通信系统的分组方案

为更好地保证调度通信畅通，使各移动设备之间及调度台之间不产生干扰，需要对移动台号码及组别进行整体规划。

每个移动台都有自己的 ID 号码即身份号码，在集群系统中此号码是唯一的，不能重复；每个移动台还可以设置一个或多个组别，当移动台设置到某一通话组上时，可以与该通话组的用户进行通话。这两项数据由管理员设置，需要整体规划这两个号码。

1. 便携式手持台号码及分组方案

（1）身份号码（ID 号码）规划。

手持台的 ID 号码一般由六位组成，在单个系统中，此号码不能重复，一般前两位可用作部门编号，中间两位可用作科室编号，最后两位可用作顺序号。

（2）组别规划。

手持台的组别是指该手持台可与哪些通话组进行通话，此号码在系统中可重复使用，也可参照 ID 号原则编制。

2. 车载电台号码及分组方案

（1）ID 号码规划。

车载台的 ID 号码一般由四位组成，在单个系统中，此号码不能重复，一般第一位用来表示车头或车尾电台，后三位表示车载台序号。

（2）组别规划。

车载台电台一般只与行车调度进行通信，因此，一列车的头、尾两个车载电台通话组号相同。不同的轨道交通公司采取不同的列车组织运营机制，所以列车电台的通话组可设置成一样的，或不同列车的车载台组分别是不同的两种方式。

3. 调度台的规划

（1）ID 号码规划。

调度台数量较少，其 ID 号应有显著特征，以方便操作人员记忆。

（2）组别规划。

调度台根据不同需求加载组别。例如，行车调度台加载所有列车的通话组及站务人员通话组；维修调度台加载所有与维修部门有关的通话组；防灾及公安调度台一般加载所有的通话组，以便进行应急指挥调度。

四、城轨无线集群调度通信系统的故障应急

1. 直通模式

直通模式是在移动网络全部瘫痪，或移动台不在网络服务范围内，即移动台不必借助于任何无线网络，而进行的通话模式。

2. 单站集群模式

单站集群的特征是当基站与控制中心之间传输链路中断或中心设备故障时，基站无线收发信机能够单独工作。在此基站覆盖范围的移动设备仍可进行通话，只是不再支持漫游功能，不能呼叫到其他基站覆盖范围内的同组移动台。

3. 调度台故障

行车指挥过程中，当行车调度台突然故障时，可采取以下两种措施。

（1）当行车调度指挥中心还有其他调度台时，可在此调度台上启动行车调度台用户的权限，加载行车调度数据，来临时替代行车调度台。

（2）提前做好一部加载应急通话组的便携式手持台，使用该通话组指挥行车。

五、城轨无线集群调度通信系统设备保养

1. 日常保养

无线集群调度通信系统应每天进行日常保养，具体工作如下。

（1）检查机车电台各项功能是否正常。

（2）检查基站各模块状态指示灯是否正常。

（3）检查主交换机状态指示灯是否正常。

（4）检查录音机状态是否正常。

2. 二级保养

无线集群调度通信系统的二级保养应每月进行一次，具体工作如下。

（1）清洁机车电台、控制头、话筒和扬声器。

（2）检查车顶天线及连接线是否安装稳固。

（3）检查基站风扇是否正常。

（4）检查基站接口单元中主备用激光器的切换是否正常。

（5）检查录音机当前录音磁带，并清洁磁头。

（6）清洁录音机机架、各部件外表以及各个终端、调度台。

（7）检查无线电信号分配设备光纤接口单元和无线中继单元状态指示灯，判断设备是否正常工作，并进行清洁。

（8）目测站厅天线、车站台天线和楼顶天线等有无损坏，并进行呼叫测试。

🚩 任务工单

任务名称	无线集群调度通信系统认知	姓名	
		日期	
操作方法 分组进行演练。			
分析故障原因			
操作中存在的问题及解决方法			
技能掌握程度	非常熟练☐　　比较熟练☐　　一般熟练☐　　不熟练☐		
教师评语			
任务实施成绩			
日期			

项目十三 城轨闭路电视和广播系统

【学习目标】

知识目标
1. 了解闭路电视监控系统的作用和组成。
2. 了解城市轨道交通闭路电视系统基本结构。
3. 了解广播系统的组成。
4. 了解城市轨道交通广播系统的结构。
5. 了解城市轨道交通的广播词。

能力目标
1. 能搭建广播系统。
2. 能播报城市轨道交通广播。

【学习任务】

1. 了解城轨闭路电视监控系统。
2. 了解城轨广播系统。

【教学建议】

可结合视频图片教学,最好在实训室开展"教、学、做"一体化教学;条件满足的话,在车站现场对相关设备及作用进行演示讲解。

项目十三 城轨闭路电视和广播系统

任务一 闭路电视监控系统

工作任务

任务名称	闭路电视监控系统认知	工单号	
姓名		专业	
日期		班级	

任务描述
根据本地地铁车站或者实验室监控系统学习闭路电视监控系统。

任务要求
1. 学习闭路电视监控系统的组成。
2. 画出车站监视系统结构图,说明各部分的作用。
3. 制作视频电缆连接头,连接闭路电视监控系统各硬件设备,使之能够正常运转。

一、闭路电视监控系统的作用

闭路电视监控系统是安全技术防范体系中的一个重要组成部分,是一种先进的、防范能力强的综合系统。在城市轨道交通中,闭路电视(Closed Circuit TV,CCTV)监控系统是保证城轨各车站安全运行的重要手段,它可对各车站主要生产装置、设施、关键设备及重要部位进行全面直观、实时的安全监视,其主要作用如下。

(1)为控制中心调度员、各车站值班员、公安值班人员等提供有关列车运行、旅客疏导、防灾救火和突发事件等现场视频信息。

(2)为调度中心一级行车管理人员(行车调度员、环控调度员、公安值班员和值班主任等)提供各站台区行车情况以及站厅区旅客流向的图像信息。

(3)为车站行车值班员提供本站列车停靠、启动、车门开闭,以及售票机、闸机出入口等处的现场实时图像信息。

(4)为列车驾驶员和站台工作人员提供相应站台旅客上下列车的图像信息。

二、闭路电视监控系统的组成

如图13.1所示,闭路电视监控系统主要由摄像部分、传输部分、控制部分、图像处理显示和记录设备等组成。

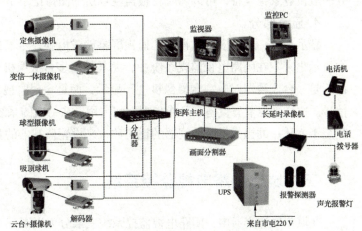

图13.1 闭路电视监控系统

1. 摄像部分

摄像部分是闭路电视监控系统的前沿部分，是整个系统的"眼睛"。它常布置在被监视场所的某一位置上，并使其视场角能覆盖整个被监视区域。摄像部分将监视内容变为图像信号，传送至控制中心监视器。

（1）摄像机的分类。

按显示色彩不同，摄像机可分为黑白和彩色两种。由于黑白摄像机具有高分辨率、低照度等优点，尤其是它可在红外光照下成像，因此，闭路电视监控系统常采用黑白摄像机。

城轨闭路电视监控系统中，常用的摄像机有半球摄像机、云台摄像机、一体化摄像机、枪型摄像机、红外摄像机等。其中，球型摄像机没有角度限制，可以看到摄像头覆盖的全部场景；云台摄像机通过控制云台角度，可改变摄像范围；一体化摄像机镜头与摄像机为一体，不可拆卸镜头；枪型摄像机的摄像头可更换；红外摄像机在摄像头前加装红外灯，可用于夜间拍摄。

（2）摄像机的安装。

根据监视需要，摄像机可安装在电动云台上，并加装变焦镜头。在室外应用的情况下，为了防尘、防雨、抗高低温、抗腐蚀等，可对摄像机及其镜头加装专门的防护罩。

2. 传输部分

传输部分是指系统图像信号传送的通路。一般来说，传输部分单指传输图像信号。由于某些系统中除图像外，还要传输声音信号，有时需要由控制中心通过控制台对摄像机、镜头、云台和防护罩等进行控制，因而传输系统还包含控制信号传输。图像信号的传输，要求在图像信号经过传输系统后，不产生明显的噪声、失真，保证原始图像信号的清晰度和灰度等级没有明显下降。这要求传输系统在衰减、引入噪声方面，以及幅频特性和相频特性方面都有良好的性能。

3. 控制部分

控制部分是整个系统的指挥中心，它的主要功能是视频信号放大与分配，图像信号的校正与补偿，图像信号的切换和记录，摄像机及其辅助部件（如镜头、云台、防护罩等）的控制等。

控制部分能遥控摄像机、镜头、云台、防护罩等，从而完成对被监视场所的监视。控制部分一般设有录像设备，可以随时将被监视场所的图像记录下来，便于事后备查。

4. 显示部分

显示部分一般由多台监视器、监视屏幕墙或电脑显示器组成，它的功能是将传送过来的图像显示出来。在闭路电视监视系统中，尤其是由多台摄像机组成的闭路电视监控系统中，一般都不是一台监视器对应一台摄像机进行显示，而是一台监视器轮流切换显示几台摄像机的图像信号。这样既能节省设备，又能减少空间占用。在一般的系统中，通常都采用四比一、八比一，甚至十六比一的摄像机对监视器的比例数，来设置监视器的数量。

三、城轨闭路电视监控系统

在城市轨道交通中，闭路电视监控系统一般分为以下三部分。

（1）指挥行车及控制客流，监控场所包括车站站厅、站台、车站轨道等。

（2）用于消防楼宇监控，监控场所包括轨道交通企业安装重要设施的场所。

（3）用于公安安防系统，为公安人员提供车站视频信息，一般用于处理纠纷、事故等情况。监控场所包括地铁进入车站内的通道、站厅和站台等。

1. 行车指挥用监控系统

行车指挥用监控系统提供城市轨道交通车站内站厅、站台、轨道上列车停靠、启动、车门开关、客流等与行车有关的现场图像信息，以确保城市轨道交通系统正常运行。使用此监控系统的人员有车站值班人员、列车驾驶员和控制中心调度人员等。行车指挥用监控系统包括车站设备、控制中心设备及传输设备三部分。

（1）车站设备。

车站监视子系统主要由摄像机、多点控制单元（MCU）、工作站和监视器等组成，可为车站值班员提供本站乘客上下车、出入站及列车行车情况。其中，MCU类似于传统的视频切换控制部分，与车站的连接端口为FE（快速以太网）。

在车站的出入通道、站台和站厅等处安装电荷耦合组件（CCD）摄像机，平均每个车站配置10台摄像机，即站台上、下行侧各设2台，站厅区、通道口设6台。上（下）行站台2台摄像机的视频信号通过图像合成器（2合1，MCU内部实现）合成一路信号，即在一个监视器上可以完成对上行或下行站台的客流情况监视。所有摄像机的视频信号经编码后，送往MCU，由MCU进行多播处理，以满足同一路图像同时发送给中央控制室（OCC）、车站值班员和司机的要求。车站值班员通过控制键盘，可将所需要的画面切换到监视器上，或对可变焦摄像机、电动云台进行控制。高架站一般应采用户外型摄像机。

（2）控制中心设备。

控制中心设备由MCU、智能操作台、流媒体服务器和集中维护管理终端组成。大屏幕监视器由主控系统（MCS）统一提供，按十六个画面考虑。正常情况下，OCC对车站摄像机拥有优先控制权。流媒体服务器用来记录所有监视器所显示的图像，可存储为一个星期内OCC显示的所有图像信息。

（3）传输设备。

传输设备是将车站视频信号和控制信号传送到控制中心。本地传输一般直接用电缆连接即可实现，而控制中心与车站距离一般较远，需要相应的传输设备实现视频和控制信号的传送。

在车站分配器输出的视频信号和控制信号经转换设备转换成相应传输设备所需的接口数据后，经传输设备传送到控制中心，控制中心传输设备再将接收的信号转换成视频信号送到视频矩阵及控制信号接口。

2. 消防楼宇监控系统

消防楼宇监控系统一般设置在轨道交通企业的重要设施内，如控制中心、车辆段和停车场等地，由前端摄像机、控制主机、视频切换、视频分配、硬盘录像和监视设备等组成。它的主要功能是进行楼宇内的安防及消防，一般与消防系统有联动功能。消防楼宇系统的摄像机一般安装在楼道、出入口及重要的设备机房。消防楼宇监控系统一般单独组网，视频图像只上传到本地监视器和硬盘录像设备。

任务工单

任务名称	闭路电视监控系统认知	姓名	
		日期	

操作方法
根据学习的结果,搜集闭路电视监控系统相关资料,完成闭路电视监控系统的搭建。

分析故障原因	
操作中存在的问题及解决方法	
技能掌握程度	非常熟练□　　比较熟练□　　一般熟练□　　不熟练□
教师评语	
任务实施成绩	
日期	

任务二　广播系统

🚩 工作任务

任务名称	广播系统认知	工单号	
姓名		专业	
日期		班级	

任务描述
根据本地地铁车站或者学校广播站学习广播系统。

任务要求
1. 识别广播系统的设备。
2. 连接所提供设备，组成广播系统，并使之正常显示。
3. 学习城市轨道交通广播系统的使用规定，并模拟车站、调度有关岗位，根据有关预案播报规定的广播内容。

城市轨道交通中，广播系统可用于对乘客进行广播，通知列车到站、离站、线路换乘、时刻表变化、列车晚点和安全状况等信息；也可对运营人员进行广播，发布有关通知信息，便于协同配合工作，提高服务质量。当遇突发事故或紧急情况时，作为事故抢险、组织指挥的防灾广播，可对乘客进行及时有效的疏导和指引，提高应急响应能力。

一、广播系统的组成和分类

1. 广播系统的组成

广播系统又称为扩声音响系统，它能将语音信息，通过扩声系统发送并重现声音。广播系统一般由音源、音频放大器和扬声器系统组成，如图 13.2 所示。其音响效果既与系统配置有关，也与播放环境有关。

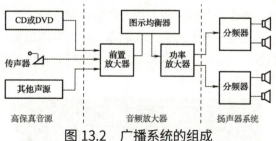

图 13.2　广播系统的组成

（1）音源。
高保真音源设备使广播系统能够重现原始声音和原始声场。常见的高保真音源设备有传声器、CD 播放机、DVD 播放机和 MP3 播放机等。

（2）音频放大器。

音频放大器是广播系统的主体，它包括前置放大器和功率放大器两部分，必要时可插入图示均衡器。音频放大器可对音频信号进行处理和放大，并用足够的功率去推动扬声器系统发声。

①前置放大器。

前置放大器（图 13.3）是广播系统的音质控制中心，具有双重功能，即选择音频并进行音频电压放大和音质控制。前置放大器可将各种不同音源送来的不同电平音频信号放大为大致相同的额定电平，并同时进行加工处理，实现音质控制，从而恢复原始声音，输出高保真音频信号。

图 13.3　前置放大器

②图示均衡器。

图示均衡器（图 13.4）是为修饰美化音色而设置的音频信号处理设备。它将整个音频带划分为五个、七个或十个频段，最多可达三十一个频段，分别进行提升或衰减，从而补偿房间声学缺陷，弥补左、右音箱的频率特性差异。

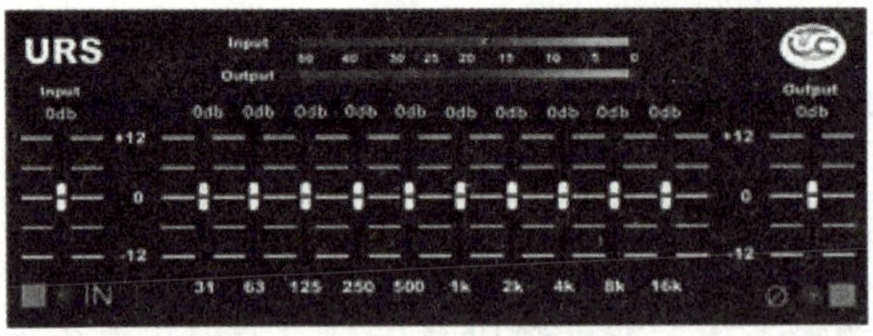

图 13.4　图示均衡器

③功率放大器。

功率放大器（图 13.5）的作用是放大前置放大器的音频信号，产生足够的不失真功率，以推动扬声器发声。功率放大器处于大信号的工作状态，动态范围很大，容易引起非线性失真，因此必须有良好的动态特性。功率放大器性能对广播系统的放音质量有直接影响，其均衡指标主要有频率特性、谐波失真和输出功率等。

图 13.5　功率放大器

（3）扬声器系统。

扬声器系统能将功率放大器输出的音频信号分频段、不失真地还原成原始声音。扬声器系统由扬声器、分频器和箱体三部分组成，如图13.6所示。

（a）扬声器

（b）分频器

（c）箱体

图 13.6　扬声器系统

2. 广播系统的分类

按安装方式的不同，广播系统可分为流动演出广播和固定广播；按使用场所的不同，广播系统可分为公共广播、会议广播和车载广播；按安装位置的不同，广播系统可分为室内广播和室外广播。

二、城市轨道交通广播系统的结构

城市轨道交通广播系统由车站（含中心）广播系统、车辆段广播系统和车载广播系统组成。

（一）车站（含中心）广播系统

车站广播系统主要用来向运营管理人员、维护人员播发相关公务信息；向乘客广播各种公告信息，包括列车运营信息、乘客服务信息等，同时兼作灾害事故发生时的应急广播。

1. 车站（含中心）广播系统的构成

控制中心广播系统由广播控制设备、各种播音操作台（含信源）、通信接口装置、状态显示装置、数字录音装置、功放和负载控制装置、扬声器等组成。其中，功放、负载控制装置及扬声器用于控制中心建筑物内部广播。车站广播设备由广播控制盒（含信源）、综合控制装置、功放立柜、站台插播盒、音量回授控制设备、扬声器等组成，如图13.7所示。

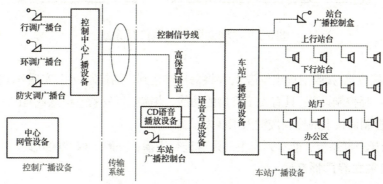

图 13.7　车站广播系统构成

车站广播系统采用车站和控制中心（OCC）两级控制方式，正常情况下控制中心为一级、各车站为二级，可实现人工和自动方式广播。应急时根据"就近原则"，站台、车站广播具有优先权。控制中心一级中心，又分为环控调度和行车调度两级，其中环控为一级调度，行调为二级调度。可视具体情况扩展其他调度广播权。由于广播权限优先级与运营管理规定有关，故各种优先权的设置可以根据需要调整。

2. 车站广播系统的播放信息

控制中心可向各车站发送各种广播信息，可以单选、组选和全选任意车站的任意广播区域进行广播；控制中心在进行广播的同时，可以同步录音，并记录广播的日期和时间；控制中心广播控制设备可预设常用的广播内容，以便于中心人员广播。

车站广播用于向本站乘客提供列车停靠、进出站信息、安全提示、导向、音乐，以及向工作人员播发通知等。

（二）车辆段广播系统

车辆段广播系统是为段内运转值班员向辖区进行作业指挥而独立设置的广播系统。

（三）车载广播系统

车载广播可为乘客发布到站信息、播放背景音乐，紧急情况下可向乘客播放各类重要信息。车载广播系统有两种模式：一种是为地面上行驶的列车设计的模式，另一种是为隧道内行驶的列车设计的模式。

1. 地面列车车载广播系统

当列车行驶在地面时，车上可接收到 GPS 定位信号，车载广播一般采用 GPS 接收机定位触发，实现自动广播方式。如图 13.8 所示，地面列车车载广播系统由 GPS 接收机、车载广播控制设备和车厢扬声器系统组成。

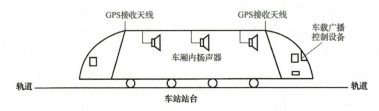

图 13.8　地面列车车载广播系统

（1）GPS 接收机：接收卫星定位信号，并将信号传送到广播控制设备，实现列车信息定位功能。

（2）车载广播控制设备：具有人工广播的功能，当需要播发紧急信息或 GPS 接收机故障时，驾驶员可通过控制面板上的控制按键人工播发信息。

（3）车厢扬声器系统：能对列车上的乘客进行广播，一般采取并联方式。

2. 隧道列车车载广播系统

地铁内的列车一般行驶在隧道内，无法接收 GPS 定位信号，需要通过轨道电路触发设备来实现自动播发广播信息的功能。系统结构如图 13.9 所示，隧道列车车载广播系统由轨道电路触发设备、车载接收设备、车载广播控制设备和车厢扬声器系统组成。

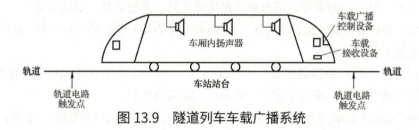

图 13.9　隧道列车车载广播系统

轨道电路触发设备：安装在列车进出站时需要广播的轨道上，为车载接收设备发送位置信息。

车载接收设备：接收轨道电路触发设备发送的位置信息，并将信号传送到车载广播控制设备。

车载广播控制设备：接收车载广播接收设备的位置信息，并判断播发信息内容，其他功能与地面车载广播控制设备相同。

四、城市轨道交通的广播词

广播以及时准确引导乘客安全、快捷乘坐轨道交通为原则。广播要根据监控 CCTV 或站台岗、站厅岗报告，观察、分析和掌握站台、站厅、扶梯、出入口的乘客实时动态，选择适当的时机，确定广播内容和广播区域。当无恰当的录音时，人工广播要先组织好语言，再播放。广播过程中，严禁突然中断，严禁广播与运营服务无关的内容。

车站广播内容包括安全广播、末班车广播、非正常情况下广播和其他广播。

1. 安全广播

候车广播：乘客，您好！为了您的安全，请站在黄线以内候车，谢谢合作！

列车进站广播：乘客，您好！列车即将进站，请注意安全，站在黄线以内候车。上下列车时，请先下后上，注意站台与列车之间的空隙。谢谢合作！

列车关闭车门广播：乘客，您好！车门即将关闭，请不要越出黄线，不要手扶车门，谨防夹伤，谢谢合作！

雨天广播：乘客，您好！由于天气原因，地面和楼梯较滑，请大家在行走、上下楼梯时注意安全，以免滑倒摔伤。

2. 末班车广播

末班车出发预报广播：乘客请注意，开往××方向的末班车即将出发，请抓紧时间上车。

停止购票进站广播：乘客请注意，今天的列车服务已经结束，请停止购票进站。

关站广播：乘客请注意，今天的列车服务已经结束，车站即将关闭，请尽快出站，感谢您乘坐本次列车，欢迎下次光临。

3. 非正常情况下广播

险情疏导广播：乘客请注意，因车站发生险情，可能危及您的人身安全，请听从工作人员指引，尽快离开车站。谢谢合作！

列车故障清客广播：乘客请注意，本趟开往××方向的列车因故需要退出服务，请耐心等候下一趟列车。赶时间的乘客，请改乘其他交通工具。不便之处，敬请谅解！

列车延误广播：乘客请注意，开往××方向的列车因故延误，请耐心等候。赶时间的乘客，请改乘其他交通工具。

列车通过本站广播：乘客请注意，本趟开往××的列车因故在本站通过不停车，请大家注意安全，站在黄线以内，耐心等候下一趟列车，谢谢合作！

车站拥挤广播：乘客请注意，由于车站比较拥挤，请出站的乘客尽快出站，不要在站内逗留，谢谢合作！

自动售票机故障广播：乘客请注意，自动售票机因故暂停使用，请到售票窗口购票，谢谢合作！

4. 其他广播

安全广播：乘客，您好！为了您和他人的健康，请不要在车站内吸烟、吐痰和乱扔废弃物。如果您不慎有物品落入轨道，请不要自行拾取，请与工作人员联系，以免发生危险。

出闸广播：乘客，您好！出站时请将单程票投入右手侧闸机上方回收孔内，绿色指示灯亮后推杆出闸。

进闸广播：乘客，您好！进站检票时，请每人持一张车票放在右手侧闸机上方的绿色感应区内验票，绿色箭头亮后推杆进闸。乘车过程中请妥善保管车票，以免丢失。

自动扶梯安全广播：乘客，您好！为了您的安全，在乘坐自动扶梯时请站稳、扶好，不要将身体倚靠在扶梯上；不要在扶梯上玩耍、逆行，以免发生危险。

购票须知广播：乘客，您好！单程票仅限本站使用，且当天有效，请不要提前购买车票，谢谢合作！

任务工单

任务名称	广播系统认知	姓名	
		日期	

操作方法
根据学习的结果，完成广播系统的搭建，并模拟各种情况下的广播内容。

分析故障原因	
操作中存在的问题及解决方法	
技能掌握程度	非常熟练☐　　比较熟练☐　　一般熟练☐　　不熟练☐
教师评语	
任务实施成绩	
日期	

项目十四

时钟系统与乘客信息系统

【学习目标】

知识目标
1. 掌握城市轨道交通时钟系统的设备组成。
2. 了解时钟系统的组网模式及其特点。
3. 熟悉乘客信息系统的构成、功能以及功能的实现方式。

能力目标
1. 会调整时钟。
2. 会使用乘客信息系统。

【学习任务】

1. 了解轨道交通时钟系统。
2. 了解城轨乘客信息系统。

【教学建议】

可结合视频图片教学,最好在实训室开展"教、学、做"一体化教学;条件满足的话,在车站现场对相关设备及作用进行演示讲解。

任务一 时钟系统

工作任务

任务名称	时钟系统认知	工单号	
姓名		专业	
日期		班级	

任务描述
根据现有设备器材：GPS 接收装置、一级母钟、二级母钟、数字子钟、指针子钟及连接线缆等，连接并组成一个时钟系统。

任务要求
1. 认识时钟系统各设备。
2. 连接一级母钟、二级母钟、子钟及电源，使系统能正常运行。
3. 掌握时钟调整方法。

城市轨道交通时钟系统是通信系统的一个基本组成部分它为各系统提供统一的定时同步信号，使整个城市轨道交通系统执行统一的定时标准，确保通信系统及其他重要控制系统协调一致。

一、GPS 时钟

1. 关于时间的基本概念

时间频率标准源：一般有晶体钟、铷原子钟、氢原子钟和铯原子钟四种。其中，晶体钟会老化，易受外界环境变化影响，对时钟长期精度产生漂移影响；原子钟长期使用后也会产生偏差，需要定时校准。

定时是指根据参考时间标准对本地钟进行校准的过程。

授时是指采用适当的手段发播标准时间的过程。

时间同步是指在母钟与子钟之间时间一致的过程，又称时间统一过程。

守时是指将本地钟与已校准的标准时间保持下去的过程。

2. GPS 时钟的实现

时钟系统一般采用全球卫星定位系统（Globe Position System，GPS）标准时间信息。GPS 时钟系统的基本工作流程为 GPS 接收模块通过接收天线接收到 GPS 卫星信号，传送给微处理器计算出标准时钟，并将此时钟信息显示在液晶显示面板上，如图 14.1 所示；或通过外部接口如串口或以太网口传送给外部设备，为外部设备提供标准时钟信息。母钟采用 GPS 的时钟系统，可为城市轨道交通系统运营提供统一的时钟系统，精确度高，系统可自动校时，无须人工操作。

项目十四 时钟系统与乘客信息系统

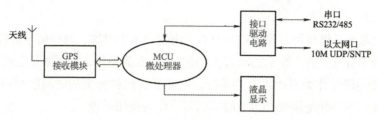

图 14.1　GPS 接收模块示意图

二、城市轨道交通时钟系统的功能

（一）显示统一的标准时间信息

时钟系统提供全线统一的时间基准，由设置在全线各站、车厂的指针式和数字式子钟显示，为乘客和工作人员提供包括年、月、日、星期、时、分、秒等准确时间信息。

（二）向其他系统提供标准时间信号

时钟子系统在控制中心可向其他通信子系统、ATS 自动信号系统、SCADA 电力监控系统、FAS 防灾报警系统、AFC 自动售检票系统等相关系统设备提供准确、统一的时间信息，在全线执行统一的定时标准，为轨道交通行车指挥、列车运行、设备管理提供时间基准，确保通信系统以及其他重要控制系统协调同步。

三、城市轨道交通时钟系统的组成

如图 14.2 所示，时钟系统由 GPS 卫星时间信号接收机、中心母钟（一级母钟）、二级母钟、子钟（时间显示单元）、网络管理维护监控终端、传输通道等组成。控制中心设备和车站/车辆段设备之间的信号传输依靠传输系统提供的低速数据传输通道完成，母钟与子钟间通过电缆连接。

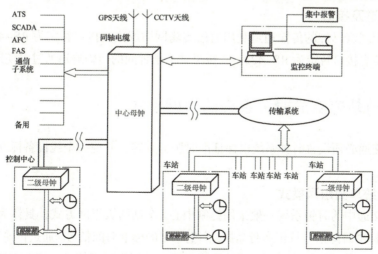

图 14.2　时钟系统构成示意图

217

1. 中心母钟

中心母钟也称为一级母钟，设于控制中心，由主、备用时钟，时钟信号处理，产生及分配单元，监控终端等组成。主、备钟之间能够自动切换、互为备用，其频率稳定度应在 10 以上。中心母钟的主要功能是作为基础主时钟系统，它能接收两种标准的时间信号：一种是 GPS 时钟作为主用时钟；另一种是接收 CCTV 时间信号，作为备用时钟。

2. 二级母钟

如图 14.3 所示，二级母钟设于各车站和车辆段，定时接收一级母钟发送的时间编码信息，以消除累计误差。二级母钟本身具备振荡源，当一级母钟或传输通道发生故障时，仍可驱动子钟并告警；二级母钟还具备多路数字式及指针式输出接口。

图 14.3　二级母钟

3. 子钟

子钟安装于控制中心调度室、车站综合控制室、牵引变电所值班室、站厅及与行车有关的办公室等，为行车部门和乘客提供准确、统一的时间信息。子钟有数显式子钟和指针式子钟两种类型。

4. 网络管理维护监控终端

网络管理维护监控终端设于控制中心，便于控制中心维护管理人员对全线时钟系统设备进行监控。

5. 传输通道及接口

一级母钟至二级母钟的传输通道利用通信传输网络解决，接口暂定为 RS-422，分配给其他系统的时间信息接口暂定为 RS-422。二级母钟至子钟间的传输通道通过电缆连接。

四、城市轨道交通时钟系统的组网模式

城市轨道交通必须设置时钟系统以保证准时服务乘客，并统一全线设备标准时间，它有两种组网模式。

1. 时钟系统单独组网模式

城市轨道交通中的时钟系统一般采用控制中心/车站两级组网方式，具体为：一级母钟接收来自 GPS 的标准时间信号校正本身晶振，产生稳定的标准时间信号，通过传输系统传给车站、车辆段、停车场等的二级母钟；二级母钟接收一级母钟标准时间信号，校正本身晶振，产生稳

定标准时间信号,驱动所带全部子钟显示统一时间,为乘客和工作人员提供统一时间。

一级母钟在控制中心还为其他系统提供统一的时间信号,使各系统的定时设备与时钟系统同步。

2. 与乘客信息系统混合组网模式

乘客信息系统的主要功能是通过文字、图像、声音等形式为进出车站的乘客提供列车到发信息,引导乘客快捷方便地乘车,并可为候车乘客提供新闻、广告、娱乐等服务信息。显示终端一般设在各车站站厅、站台。

时钟与乘客信息系统混合组网络模式为:保留各车站的二级母钟,取消站厅和站台内的子钟。一级母钟在控制中心为乘客信息系统提供时间信号或由车站二级母钟给车站乘客引导设备直接提供时间信号,由乘客信息系统在各车站站厅、站台的显示终端上以固定窗口的形式显示时钟信息,如图14.4所示。

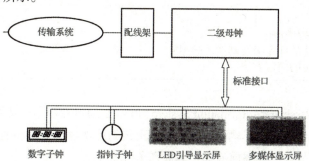

图 14.4　时钟与乘客信息系统整合方案

任务工单

任务名称	时钟系统认知	姓名	
		日期	

操作方法
认识各时钟设备,连接时钟系统并调整。

分析故障原因	
操作中存在的问题及解决方法	
技能掌握程度	非常熟练☐　　比较熟练☐　　一般熟练☐　　不熟练☐
教师评语	
任务实施成绩	
日期	

任务二 乘客信息系统

工作任务

任务名称	乘客信息系统认知	工单号	
姓名		专业	
日期		班级	

任务描述
参观本地车站,学习乘客信息系统,熟悉其功能及其功能的实现方式,熟悉乘客信息系统的分类与构成。

任务要求
1. 掌握乘客信息系统的功能。
2. 掌握乘客信息系统的优先级及其播放顺序。
3. 掌握乘客信息系统的使用方法。

乘客信息系统(Passenger Information System,PIS)是通过专用车—地双向实时通信的设备,它与车辆监控系统相结合,将车辆内部图像实时上传到地铁运营中心和地铁公安系统,能及时发现车辆内的安全事故隐患并提前处理,确保列车行驶安全。

一、PIS 的功能

PIS 的功能包括紧急信息功能、显示信息功能、广告播出功能和定时自动播出功能等。

1. 紧急信息功能

(1)预先设定紧急信息。

PIS 可以预先设定多种紧急灾难告警模式,便于自动或人工触发进入告警模式。操作员通过控制中心操作员工作站,可以预先设定多种紧急灾难告警模式,如火警、恐怖袭击等,并设定每种模式的警告信息及各种警告发布参数。当灾难发生时,由自动告警系统或人工触发,使 PIS 进入紧急灾难告警模式。此时,相应的终端显示屏显示警告信息及人流疏导信息。

(2)即时编辑发布紧急信息。

系统环境可能会发生非预期的灾难,并且需要 PIS 及时发布非预期的灾难警告信息,PIS 软件可以即时编辑、发布紧急信息。操作员通过控制中心操作员工作站或车站操作员工作站,可以即时编辑各种警告信息,并发布至指定的终端显示屏。

2. 显示信息功能

(1)显示列车服务信息。

车站子系统的车站服务器实时地从 ATS 接收列车服务信息,再控制指定的终端显示器显示相应的列车服务信息，如下一班车的到站时间、列车时间表、列车阻塞/异常，以及特别的列车服务安排等。

（2）显示时钟。

PIS 可以读取时钟系统的时钟基准，并同步整个 PIS 所有设备的时钟，确保终端显示屏幕显示时钟的准确性。屏幕可以在播出各类信息的同时提供日期和时间显示。

（3）显示实时信息。

屏幕上不同区域的信息可根据数据库信息的改变而随时更新。实时信息的更新可以采用自动方式或由操作员人为地干预。实时信息包括新闻、天气、通告等。通过车站操作员工作站或控制中心操作员工作站，操作员可以即时编辑指定的提示信息，并发布至指定的终端显示屏，提示乘客注意。操作员可以设定实时信息是否以特别信息形式或者紧急信息形式显示，发放高优先的信息可以即时打断原来正在播放的信息内容，即时显示。

3. 广告播出功能

PIS 可为城市轨道交通引入一个多媒体广告发布平台，通过播出广告，可为城市轨道交通带来更多的广告收入。广告可以与其他各类信息同步播出，提高系统工作效率。

在广告中心子系统，可以预先编辑好各种商业广告节目，再通过广告审片/广告管理工作站，编辑时间表指定广告节目的播放顺序及播放位置，最后将时间表和广告节目数据发布至指定终端显示屏。

4. 定时自动播出功能

PIS 可以提供一套完整的定时播出功能。信息的播出可以采用播出表播出的方式，系统可以根据事先编辑设定好的播出列表自动进行信息播出。播出列表可以以日播出列表、周播出列表、月播出列表的形式定制。

二、PIS 功能的实现方式

1. 广泛兼容终端显示屏

PIS 能良好地兼容多种显示设备，包括视频双基色 LED 屏、视频全彩 LED 屏、双基色 LED 图条屏、带触摸功能的 PDP 屏和其他各种 PDP 屏。另外，PIS 也能良好地支持 LCD 显示屏、投影仪、CRT 显示屏，以及电视墙等各种当前流行的多媒体显示设备。

2. 多区域屏幕分割显示

等离子屏幕可根据功能划分为多个区域，不同区域可同时显示不同的各类信息。文字、图片和视频信息可分区域同屏幕显示，不同区域的信息可采用不同的显示方式，以吸引更多的乘客。播出的版面可以根据城市轨道交通的不同需要而随时进行调整，各子窗口可以独立指定时间表。通过时间表的控制，每一子窗口可以单独用于显示列车服务信息、乘客引导信息、商业广告信息、一般站务信息、公共信息和多媒体时钟等，同时也可对某个信息进行全屏播放。播出区域可达到 10 个以上，极大地增加了信息播出量，可以给乘客耳目一新的感觉。

3. 灵活多样的显示功能

所有车站的所有 PDP、LED 屏在整个 PIS 中都是相对独立的终端，因此中央操作员和车站操作员可以直接控制每块屏的显示内容（车站操作员限本站），即根据需要在同一时间内所有的显示终端显示不同的信息。对于中央下传的实时电视信号，每个车站都具有相对应的解码设备，即信号源同时进入车站子系统。中央和车站操作员可灵活编排显示图像，每路实时图像可根据需要在任意 PDP 屏和全彩 LED 屏上播放。

4. 多语言支持功能

PIS 可支持简体中文、英文、繁体中文同时混合输入、保存、传输和显示，也支持微软 Windows 2000 操作系统支持的语言文字的导入、保存、传输和显示。

5. 全数字传输功能

整个 PIS 从中心信号采集开始就采用全数字的方式，经过视频流服务器处理和 IP 网关的封包，转换成 DVB-IP 数据包进入 SDH 传输网传输，经过 SDH 传输网传输的数字视频流信号在被车站设备接收后直接通过 PDP 显示控制器和 LED 显示控制器解码，转换成数字 DVI 视频信号进行显示。由于 PIS 从中央到显示终端的整个过程都是采用全数字的方式，从而避免了由于传输过程中过多的转换而造成图像质量下降，真正做到广播级的图像质量。

三、PIS 系统支持的信息类型

1. 紧急灾难信息

（1）火灾警报、台风警报、洪水警报等。

（2）逃逸、疏散方向指示，如紧急出口的指示。

（3）紧急站务警告信息，如停电、停止服务等。

（4）有关乘客人身安全的临时信息，如乘车安全须知。

2. 多区域屏幕分割显示

列车服务信息包括列车时刻表、列车阻塞等异常信息，下班车到站时间等。

3. 乘客引导信息

乘客引导信息包括动态指示信息，逃逸、疏散方向指示，轨道交通服务终止通告，换乘站换乘信息，地面交通指示信息等。

4. 一般站务信息和公共服务信息

一般站务信息和公共服务信息包括日期和时钟信息、票务信息、公益广告信息、天气信息、新闻信息、地面公共交通信息，以及公安提示（如当心扒窃）等信息。

5. 商业信息

商业信息包括视频商业广告、视频形象宣传片、图片商业广告、文字商业广告、各类分类广告等。

四、PIS 信息显示的优先级

PIS 要确保乘客快速、安全地到达其目的地，同时要在保证安全运营的基础上，向乘客提供各类信息服务，以及进行商业广告运作。因此，在 PIS 设计中，应充分考虑每一类信息的显示优先级。高优先级信息优先显示，相同优先级信息按照先进先出的规则进行显示。按照这个要求，信息显示的优先级规定如下。

（1）信息类型的优先级按照以下顺序递减：紧急灾难信息、列车服务信息、乘客引导信息、一般站务信息及公共信息、商业信息。

（2）高优先级信息可以中断低优先级信息播出，低优先级信息不能打断高优先级信息的播出。当发生紧急情况时，系统紧急中断当前信息播出，进入紧急信息播出状态，其他各类信息自动停止播出。系统以醒目的方式提示乘客进行紧急疏散。直到警告解除，才能继续进行其他各类信息的播出。

（3）同等优先级的信息按设定的时间播出列表顺序播出。

五、媒体信息的显示方式

PIS 采用先进的图文处理技术，支持多种文字、图片、视频显示方式，画面显示风格多样，同时支持同屏幕多区域的信息显示方式，极大地增加了各类信息的播出量，满足不同乘客对不同信息的需求。

1. 文字显示

（1）支持多种文本格式，包括 TXT 文件、Word 文件、Excel 文件、RTF 文件、ASIIC 文件格式、HTML 文件格式的显示、录入、保存。

（2）支持多语种文字的显示，支持简体中文、英文字符的显示。

（3）用户可以自定义文字显示的属性，包括加边、加影、字体、大小的设置。

（4）支持多种文字显示方式，如底行滚动、闪烁显示、上下左右滑动、淡入淡出等效果。

2. 动画和图像显示

（1）支持 tga 动画图像序列的导入和播出。

（2）支持 flash 动画的播出。

（3）支持图片格式的导入和播出，如 .jpg、.tga、.bmp、.psd 等图片格式。

（4）图片播出支持多种表现形式，如滚屏、淡入淡出、滑像、溶像、擦除等效果。

（5）图片的大小、长宽比用户可调。

3. 视频播放

（1）系统支持多种视频媒体格式，包括 MPEG-2，MPEG-1，MPEG-4 等格式。

（2）支持中心子系统对各站的数字电视视频广播和本地视频素材的播出。

（3）视频窗口的位置和缩放可以自定义。

（4）支持多种信号源，如 DVD 播放机、VCD 播放机、有线电视端子、现场视频直播和电视 DVB 接口等。

4. 时钟显示

（1）支持数字式时钟显示和模拟式时钟显示。

（2）用户可以调整时钟位置、大小。

（3）用户可以自定义调整模拟时钟的指针、表盘的式样和颜色。

六、PIS 的结构

从控制功能划分，PIS 可分为信息源、中心播出控制层、车站播出控制层和车站播出设备四个层次。从结构划分，PIS 可分为中心子系统、车站子系统、车载子系统、网络子系统、广告制作子系统，如图 14.5 所示。

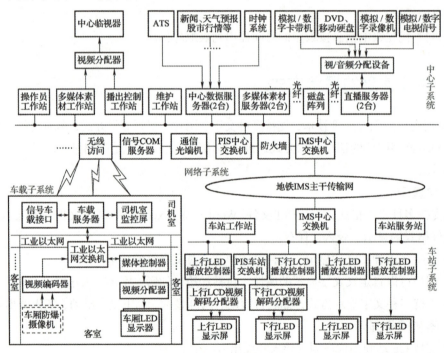

图 14.5 PIS 结构图

1. 中心子系统

中心子系统主要负责外部信息流的采集，播出版式的编辑，视频流的转换，播出控制和对整个 PIS 设备工作状态的监控以及网络的管理。中心子系统的主要设备有中心服务器、视频流服务器、中心操作员工作站、中心网管工作站、播出控制工作站、数字电视设备和外部信号源等，它们构成一个完整的播出和集中控制系统。同时，中心子系统还将提供多种与其他系统的接口。

（1）中心服务器。

中心服务器主要负责创建数据，并从车站子系统、广告中心子系统导入各种日志数据，包括告警日志、事件日志、用户操作日志、分类信息的播放日志、外部系统导入/导出信息日志等。

（2）视频流服务器。

视频流服务器是向整个PIS发放网络视频流数据的设备。它能同时提供标清、高清和DVBASI，可存储超过1 000 h的MPEG-2视频。用户可以从独立的存储服务器开始，简单地升级成共享网络化存储，支持多路视频通道和更大的视频存储量。

（3）中心操作员工作站。

具备超级管理员权限的操作员，通过中心操作员工作站，可以设置整个PIS，如各车站子系统的总体设置、各车站子系统工作站的设置、各车站子系统终端显示设备的设置、终端显示设备分组管理等；还可以设置管理系统的用户账号，包括用户账号的添加、编辑、删除，用户账号权限的设置，用户组的管理，用户账号冻结、激活、重置等。

通过中心操作员工作站，操作员可以创建预定义的中心公共信息，包括紧急灾难信息、紧急疏散信息、轨道交通公司公共公布信息等，并可以控制PIS中的某一/某组/全部终端显示设备的实时信息窗口显示指定的信息内容。

（4）播出控制工作站。

播出控制工作站对本系统内的播出设备进行集中的播出控制管理。播出设备包括控制中心的视频服务器、视频切换器、上载录像机、车站终端显示设备。它们的开机、关机、播出列表的编制和播出的启动都由控制中心的播出控制工作站通过网络进行统一的管理。

（5）数字电视设备。

数字电视可以采用TS信道直接播出，也可以采用MPEG-2 over IP的方式通过TCP/IP网络播出。必须确保MPEG-2数据流的服务质量，不能出现顺序错误。

（6）网络设备。

中心子系统实际上是基于以太网构架组成的。其网络的核心是一台具有三层交换功能的网络交换设备。

2.车站子系统

车站子系统主要由车站数据服务器、车站播控服务器、车站操作员工作站、屏幕显示控制器和网络系统等构成。车站子系统通过传输通道转播来自控制中心的实时信息，并在其基础上叠加本站的信息。

车站子系统的设备分为控制和现场显示两部分。其中，控制部分包括车站服务器/车站播控站、车站操作员工作站、TS流解码器、PDP/LED显示控制器、外部系统接口和网络部分等；现场显示部分包括所有的PDP和LED显示屏。

（1）车站服务器。

车站服务器包括车站数据服务器和车站播控服务器。车站服务器能从中心服务器、广告中心服务器接收控制命令，与中心服务器同步播出时间表、版式和数据，集中转发至站内的终端显示设备控制器，进行解释执行。车站服务器集中管理控制整个车站的所有车站操作员工作站、所有显示控制器和显示终端设备。

（2）车站操作员工作站。

通过车站操作员工作站，操作员可以即时编辑指定的提示信息，并发布至指定的终端显示屏，提示乘客注意；可以进行整个车站的某一/某组/全部终端显示设备的工作状态或工况（紧急告警状态或中心信息直播状态）的切换。车站操作员工作站对本系统内的播出设备进行控制管理。

（3）TS 流解码器。

对于中心下传的实时电视信号，每个车站都具有相对应的 TS 流解码器，即信号源同时进入车站子系统，可根据需要在任意 PDP 屏和全彩 LED 屏上播放，窗口模式和全屏模式均可。

（4）显示屏。

显示屏分为 PDP 显示器和 LED 显示屏。

PDP 显示器是由两片玻璃组成，其内部有接近一百万个像素。这些像素含有载满气体的微小蜂窝，而蜂窝顶部及底部均附有电极。有电流通过时，气体电离后产生紫外线从而激发红、绿及蓝色荧光粉，使其放射出可见光线，形成色彩鲜艳夺目的影像。

LED 显示屏可用来显示文字、计算机屏幕同步的图形。它具有超大画面、超强视觉、显示方式灵活多变等优势，成为目前广泛使用的显示系统。

（5）PDP/LED 显示控制器。

每一个 PDP 等离子显示屏配备一台 PDP 显示控制器，以实现每一显示终端设备能可靠自主地显示指定的内容，并且能智能地处理各种异常情况。PDP 显示控制器既可控制单个 PDP 屏，也可控制一组 PDP 屏。PDP 显示控制器需提供网络接口，并通过 TCP/IP 协议，与车站服务器进行通信和数据交换。

每个 LED 屏都配备一个独立的 LED 显示控制器，以实现每一终端显示设备能够可靠自主地显示指定的内容，并且能智能地处理各种异常情况。

（6）PDP 触摸屏显示控制器。

PDP 触摸屏显示控制器控制车站播放的视频。不对屏进行触摸操作时，正常滚动可显示来自车站服务器的信息；对触摸屏操作时，能实时互动地显示和查询来自车站服务器的信息。通过触摸此屏，乘客可获得所需的各种指南，例如，城轨车站出口信息、地面地理信息，以及分段制收费票价查询等。

3. 网络子系统

网络子系统是指城市轨道交通主干通信网提供给 PIS 的通道，该通道用来传输从 OCC 到各车站的各种数据信号和控制信号。中心局域网、广告中心局域网、车站局域网都是通过网络交换机连接本局域网内的各种设备，再由交换机经防火墙设备连接至传输网上。

4. 车载子系统

中心子系统与各车站子系统通过传输系统相连，车载子系统与各车站子系统通过无线网络相连，接收相关信息，并在列车显示屏上显示。车载子系统最核心的问题是无线传输，目前，车—地通信无线网络常采用无线局域网（WLAN）。

项目十四 时钟系统与乘客信息系统

车载子系统主要由以下两部分设备组成。

（1）车载 PIS 视频无线接收 / 发送及播放控制装置，设置在驾驶室。

（2）LCD 视频传输、分屏和客室视频监视、编解码及传输装置，设置在客室。

5. 广告制作子系统

广告制作子系统主要提供直观方便的用户界面，供业务人员 / 广告制作人员制作广告节目（如广告片、风光片和宣传片，并可承接城市轨道交通以外的一些广告制作），编辑广告时间表，控制指定的显示屏或显示屏组播放，显示指定的时间表，并将制作好的素材经审核通过后通过网络传输到控制中心和各车站进行播出。

广告制作子系统主要包括图像存储服务器（可无限扩容）、非线性编辑设备（用于节目的串编）、视频合成工作站（用于高端广告片、形象片的制作）、数字编辑录像机、数字编辑放像机、数字 / 模拟摄像机、网络系统、合同管理软件系统和屏幕编辑预览系统等。

任务工单

任务名称	乘客信息系统认知	姓名	
		日期	

操作方法
根据参观学习的结果，搜集乘客信息系统相关资料，列出乘客信息系统的分类与构成，整理出乘客信息系统的功能及其功能的实现方式。

分析故障原因	
操作中存在的问题及解决方法	
技能掌握程度	非常熟练□　　比较熟练□　　一般熟练□　　不熟练□
教师评语	
任务实施成绩	
日期	

项目十五

电源及防雷技术

【学习目标】

知识目标

1. 掌握信号智能电源屏的功能和结构。
2. 掌握 UPS 的功能及工作原理。
3. 熟悉蓄电池的主要性能指标。
4. 掌握雷电的危害。
5. 掌握防雷设备及防雷措施。

能力目标

1. 能维护信号电源设备。
2. 能进行简单防雷布置。

【学习任务】

1. 了解城轨信号智能电源屏。
2. 了解城轨防雷措施。

【教学建议】

可结合视频图片教学，最好在实训室开展"教、学、做"一体化教学；条件满足的话，在现场对相关设备及作用进行演示讲解。

任务一 信号电源系统

工作任务

任务名称	信号电源设备认知	工单号	
姓名		专业	
日期		班级	

任务描述
1. 认识信号智能电源屏的各个模块。
2. 进行信号智能电源屏的日常维护练习,查询信号智能电源屏的电压电流值,观察设备工作状态,检查告警。

任务要求
1. 熟悉信号智能电源屏各模块的作用。
2. 掌握信号电源设备的维护方法。

城市轨道交通信号系统是控制列车安全运行的装置,而电源系统是保证信号系统正常运行的可靠保证。信号系统的电源设备包括信号电源屏(含两路输入电源切换装置)、不间断电源(UPS)和蓄电池,可向信号设备不间断地提供高品质、纯净的电源。

一、信号智能电源屏

信号智能电源屏(图15.1)是指采用模块化、计算机技术和电力电子技术对轨道交通信号电源设备系统的运行状态、运行故障、参数进行实时监测、显示、记录、存储、故障报警和管理的供电设备。

1. 信号智能电源屏的技术特征

(1)设有监测模块,具有自动监测功能,可以实现电源系统状态和故障的实时监测、远程监控及管理。

(2)不同程度地实现了模块化,即将各种交(直)流电源按用途设计成不同的模块,用户根据自身的要求选择模块,构成供电系统。

(3)广泛采用电力电子技术,包括无触点切换技术、逆变技术、锁相技术、软开关技术、安全防范技术等,以保证供电系统的可靠性。

图15.1 信号智能电源屏

2. 信号智能电源屏的功能

信号智能电源屏的功能包括提供主、副两路电源的切换；提供多种常见的标准电源；具有完善的保护功能；具有良好的用户界面；具有完善的故障检测功能；具有远程监控功能。

3. 信号智能电源屏的结构

信号智能电源屏的结构如图15.2所示。

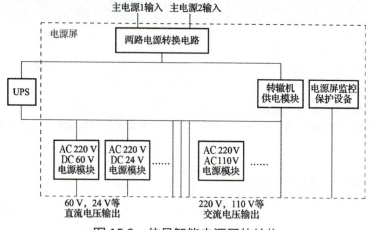

图 15.2　信号智能电源屏的结构

（1）信号智能电源屏提供的电压输出。

信号智能电源屏可分为直流电源屏和交流电源屏。直流电源屏输出的主要直流电压为24 V和60 V；交流电源屏输出的主要交流电压为220 V和380 V。

DC 24 V电源为计算机联锁、光连接模块、继电器和站间联系等供电。

DC 60 V电源为ATP、计轴评估器等供电。

AC 220 V电源为ATC机架、ZC机架、乘客向导显示牌、列车识别系统、道岔表示和信号机等供电。

AC 380 V电源为交流转辙机供电。

（2）信号智能电源屏的主要模块。

信号智能电源屏的主要模块有电源模块、输入切换单元、监控系统和保护系统等。

电源模块分为直流模块和交流模块。

输入切换单元用于两路外电网中的一路发生故障时，迅速、及时地切换到另外一路，以保障系统供电的延续性。

监控系统用于实时监控系统的工作状态，当出现故障时，及时显示和报警，并具有故障记忆功能。

保护系统有输出过压、欠压、限流、短路，以及防雷击等保护。

4. 信号智能电源屏的使用与维护

（1）系统正常时的状态。

当系统正常时，各部件和各监控的状态如下。

各部件状态：系统输入开关全部闭合，各模块开关全部闭合，系统输出开关全部闭合，蜂鸣器报警开关及软消音开关闭合，所有防雷开关闭合，监控模块开关闭合。

各监控显示状态：外电网指示绿灯亮；系统故障红灯灭；监控单元显示"正常"；监控单元绿灯亮，故障红灯灭；交（直）流模块显示正确电压值；交（直）流模块绿色电源指示灯亮，黄色保护指示灯灭，红色故障指示灯灭；报警蜂鸣器没有发出报警音。

（2）更换模块的方法和步骤。

①断开模块输入空开。

②用螺丝刀拧下模块前面板上方的螺钉。

③沿模块导轨方向轻轻拉出模块，并托住模块底部，取下模块，放在平稳的台面上。

④把新模块按反顺序安装到模块插框上，并紧固螺钉。

⑤按原模块地址码拨新模块地址码。

⑥合上模块输入空开。

（3）信号智能电源屏的日常维护。

①检查设备房的温度、湿度，并对设备进行清洁。

②检查设备的运行状态，查看各指示灯和报警信息。

③检查防雷单元。

④检查线缆连接。

⑤查验实时数据，从监控单元读取各电压电流值，该值应在技术指标范围内。

⑥检查通信功能。

⑦检查告警功能，对应声光告警指示应正常。

⑧用兆欧表测试电源各主要回路的绝缘情况。

二、UPS

1.UPS 的功能

在城市轨道交通信号系统中，UPS 的功能如下。

（1）UPS 能够确保信号系统在瞬间停电或主、副电源切换过程中正常工作。

（2）当市电中断或发生其他故障时，UPS 能够保持信号系统在一定时间内正常工作，使调度员能够在这段时间内通过列车调度控制设备指挥列车运营到安全区域，并存储重要运营数据，为下次来电尽快复原创造条件，不致因系统内部运营数据瞬间丢失而造成运营混乱。

（3）UPS 还能消除引入外电源的电涌、瞬间高电压、瞬间低电压和频率偏移等"电源污染"，改善电源质量，为信号系统提供高质量的电源。

2.UPS 的种类

按工作原理不同，UPS 可分为后备式、在线式、在线互动式三种。

（1）后备式 UPS。

后备式 UPS 是一种价格低廉、仅能满足一般客户要求的普及型 UPS。它的功率变换回路构成比较简单，主要由滤波器、转换开关、蓄电池、充电器及逆变器等组成。

①工作原理。

后备式 UPS 原理框图如图 15.3 所示。当市电正常时，市电经滤波后送给负载，同时给蓄电池充电，这时逆变器不工作，处于停机状态。当市电发生故障时，逆变器将蓄电池的直流电转换为交流电送给负载。转换时间由继电器动作时间和逆变器启动时间决定，一般要求在 10 ms 以内。

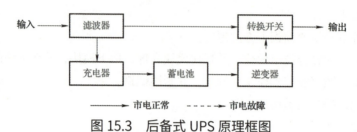

图 15.3　后备式 UPS 原理框图

②特点。

后备式 UPS 结构简单，体积小，成本低，但输出电压易受电网波动影响，有切换时间，供电质量不高。

（2）在线式 UPS。

在线式 UPS 由滤波器、整流器、逆变器、转换开关、充电器和蓄电池等组成。

①工作原理。

在线式 UPS 原理框图如图 15.4 所示。在线式 UPS 开机后，逆变器始终处于工作状态。当市电正常时，输入的交流电先通过滤波器滤除电网中的污染，再进行整流提供直流电压，一方面给逆变器工作，由逆变器向负载提供交流电；另一方面给蓄电池充电。当市电异常时，由蓄电池提供能量给逆变器保证无间断输出。当维修和测试 UPS 整流逆变主机时，自动旁路连续以市电向用电设备供电。

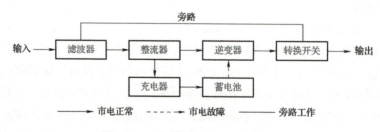

图 15.4　在线式 UPS 原理框图

②特点。

在线式 UPS 在市电正常和市电中断时，都由逆变器对负载供电，消除了市电中原有的干扰和脉冲电压，有极宽的输入电压范围，无切换时间，且输出电压稳定、精度高，特别适合对电源要求较高的场合，但是成本较高。

（3）在线互动式 UPS。

在线互动式 UPS 是介于后备式 UPS 和在线式 UPS 工作方式之间的 UPS 设备，它集中了后备式 UPS 效率高和在线式 UPS 供电质量高的优点。在线互动式 UPS 主要由滤波器、稳压器、转换开关、蓄电池、充电器和逆变器等组成。

①工作原理。

在线互动式 UPS 原理框图如图 15.5 所示。当市电供电电压为 220×（1±20%）V 时，UPS 认为电网基本正常，市电通过滤波器、稳压器直接输送给负载；当市电供电电压为 150~276 V 时，UPS 通过逻辑控制驱动继电器动作，使变压器抽头升压或降压，然后向负载供电；当市电电压低于 150 V 或高于 276 V 或故障时，UPS 将启动逆变器工作，由蓄电池逆变向负载供电。因此，在线互动式 UPS 的市电逆变切换时间比后备式 UPS 短。

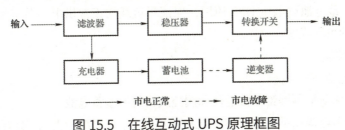

图 15.5 在线互动式 UPS 原理框图

②特点。

在线互动式 UPS 有较宽的输入电压范围，具有噪声低、体积小、效率高的特点，但同样存在转换时间问题，与一般后备式 UPS 相比，这种机型的保护功能较强，逆变器输出电压的波形较好。

3.UPS 的保养

（1）日常保养。

①UPS 的工作运行环境应保持清洁，无灰尘、无污染、无有害气体。

②观察 UPS 显示控制操作面板，确认液晶显示面板上的各图形显示单元都处于正常运行状态，所有电源的运行参数都处于正常值范围内，显示记录内没有出现任何故障和报警信息。

③UPS 在运行过程中应无异响、无异味，检查是否有明显的过热痕迹。

④检查 UPS 风扇是否有异响，确保过滤网中没有任何堵塞物。

⑤当发现 UPS 的输出电压异常升高时，应检查 UPS 的滤波电容是否完好。

⑥检查 UPS 电源的接地线是否良好，空调系统工作是否正常，机房安全消防措施是否落实。

⑦记录上述巡检结果，分析是否有任何明显的偏离正常运行状态的情况发生。

⑧通过 UPS 显示控制操作面板测试蓄电池组的浮充电压值、蓄电池的充电电流、UPS 的输入（输出）电压、UPS 的输入（输出）线电流，并将测试结果与面板上的参数进行比较。

（2）定期保养。

①清洁设备，定期清洗防尘网。

②检查 UPS 各主要模块和风扇电机的运行温度有无异常，保证 UPS 散热良好。

③测试 UPS 系统的各项功能，检查逆变器、整流器的启停及 UPS 与市电的切换等工作是否正常。

④检查各种自动告警和自动保护功能是否正常，检查设备工作和故障指示是否正常。

⑤查看 UPS 主机内部元器件的外观是否正常，当发现异常现象时，应查明故障原因，并及时处理。

三、蓄电池

1. 蓄电池的功能

蓄电池作为 UPS 的重要组成部分，用于储存能量。当市电正常时，对蓄电池浮充电；当市电发生故障时，蓄电池放电供 UPS 使用，保证对负载的正常供电。蓄电池的优劣直接关系到整个 UPS 系统的可靠程度。

2. 蓄电池的种类

（1）铅酸蓄电池。

铅酸蓄电池分为防酸隔爆铅酸蓄电池和阀控式密封铅酸蓄电池。

防酸隔爆铅酸蓄电池在早期的 UPS 系统中使用较多，只要维护得当，会有较长的使用寿命，但由于在运行中存在大量的电解液水分散失，需经常性地测量电解液的温度、密度，往电池内部添加蒸馏水，维护工作量极大，因此现在已很少使用。

阀控式密封铅酸蓄电池又称免维护蓄电池，因其体积较小、密封性能好、维护工作量小而被广泛应用于各类 UPS 电源中。低温下运行时，电池寿命较长，但电池容量较低；高温下运行时，电池容量较高，但寿命较短；当温度超过 25℃时，每升高 8.3℃，电池的寿命将减少一半；在 20~25℃使用时，可以获得最高寿命。

（2）镉镍碱性蓄电池。

镉镍碱性蓄电池不同于铅酸电池，它使用氢氧化钾和氢氧化钠电解液，电解时产生氢气和氧气，不产生腐蚀性气体，可安装在电子设备的旁边，并且水的消耗很少，一般不需要维护。镉镍碱性蓄电池的正常寿命为 20~25 年，初始安装费用约为阀控式密封铅酸蓄电池的 3 倍。镉镍碱性蓄电池对温度不敏感，不会因温度的变化而影响电池的寿命或容量。

3. 蓄电池的主要技术参数和性能指标

（1）充电电压。

阀控式密封铅酸蓄电池的充电电压如表 15.1 所列。

表 15.1 阀控式密封铅酸蓄电池的充电电压

序号	电压种类	电压要求
1	初（补）充电电压	按厂家说明书规定
2	浮充充电电压	按厂家说明书规定（一般为 2.23~2.28 伏/节，温度为 25℃）
3	均衡充电电压	2.30~2.35 伏/节

（2）放电率。

蓄电池放电到终了电压的速度，称为蓄电池的放电率。它是指蓄电池在这种放电情况下所放出的容量与放电电流的比值，通常以时间表示。例如，额定容量为 300 Ah 的蓄电池，用 10 小时将其容量放完，这种放电率称为 10 小时率，此时的放电电流称为 10 小时率电流。通常以 10 小时率作为正常放电率。

（3）容量。

蓄电池的容量标志着储存电量的多少，一般用安时（A·h）表示。

蓄电池的额定容量是指根据国家标准在 25 ℃下 10 h 放电率的容量，放电终止电压不低于 1.8 V。当环境温度为 −40~40 ℃时，蓄电池的放电容量随温度的升高而升高。一般来说，当环境温度为 0~25 ℃时，温度每下降 1 ℃，容量将下降 1%。

（4）蓄电池的寿命。

蓄电池在使用中，由于活性物质脱落、硫酸化、隔板腐蚀等，容量会逐渐降低。当容量降低到额定容量的 70%~80% 时，就认为其寿命结束。当阀控式密封铅酸蓄电池在全浮充状态下运行时，2 V 系列的使用寿命不低于 8 年，6 V 和 12 V 系列的使用寿命不低于 6 年。

4. 蓄电池的使用和保养

（1）阀控式密封铅酸蓄电池宜放在有空调的机房（机房内定期通风）内，确保室内温度为 20~25 ℃，最好为 25 ℃。

（2）新蓄电池在安装完毕后，一般要进行一次较长时间的充电，待电池组充电完毕后，进行一次放电，放电后再次充电，这样做的目的是延长电池的使用寿命，提高电池的活性和充放电特性。

（3）检查蓄电池的外观是否完好，是否有破裂、漏液现象。阀控式密封铅酸蓄电池的外壳是否鼓胀、变形，蓄电池通气孔的密封是否完好，极柱、安全阀周围是否有酸雾逸出。

（4）通过电源集中监控系统对总电压、电流、单体电压、温度进行监控，并定期测量各蓄电池的端电压、内阻，通过电池监测仪了解电池充放电曲线和性能，发现故障及时处理。

（5）尽量避免过电流充电、过压充电。

（6）定期充、放电。

（7）进行容量试验。

（8）更换活性下降、内阻过大的电池。

（9）避免新、旧蓄电池混用或混合充电。

任务工单

任务名称	信号电源设备认知	姓名	
		日期	

操作方法
1. 信号智能电源屏的日常维护。
2. UPS 的日常保养。

分析故障原因	
操作中存在的问题及解决方法	
技能掌握程度	非常熟练□ 比较熟练□ 一般熟练□ 不熟练□
教师评语	
任务实施成绩	
日期	

任务二 防雷技术

🚩 工作任务

任务名称	防雷必要性的认知	工单号	
姓名		专业	
日期		班级	

任务描述
1. 了解雷害。
2. 防雷设备及防雷措施。

任务要求
掌握现代防雷技术。

一、雷害

雷电是一种自然现象，由于它的能量极大，极易对设备和人体造成严重损伤。雷电分为直击雷和感应雷，直击雷是指直接侵入设备或与设备相关联的传输线，其电压可高达几十万伏，但袭击信号设备的概率很小；感应雷是指由于电磁感应作用，在电气设备上感应出的雷电压，在设备中流过感应电流，从而破坏线路设备。

二、通信信号设备雷电侵入途径

轨道交通通信信号设备属于低压电气设备或电子设备，绝缘耐压程度较低，点多面广，发生感应雷害概率较高。雷害对通信信号设备的破坏途径，主要由以下几类。

（1）由交流电源侵入。

雷电侵入高压电线路传至高压变压器，如若变压器防雷避雷失效，就会击穿变压器初、次级绕组间绝缘，直接侵入交流低压电源，严重破坏低压侧的通信信号设备。

（2）由电缆侵入。

当电缆附近的大地遭受雷击时，电缆绝缘护套可能被击穿，雷电流直接侵入电缆芯线或沿电缆铠装层流动，对电缆芯线产生较高的感应过电压，当一根电缆的一根芯线有过电压侵入时，其他芯线也将产生感应电压。

（3）由空间电磁感应侵入。

雷电电磁脉冲将在机房的信号设备中产生过电压和过电流，致使设备损坏。尤其在信号机房外屏蔽不良的情况下，危害更大。

（4）由轨道电路侵入。

暴露程度最大的是用作轨道电路的钢轨线路，它一般高出地面，并在铁路两侧有高山、树木、桥梁等地面突出物，更易遭受雷电袭击。一旦雷电由轨道电路侵入，传导到轨道电路器材上，即可造成信号器材损坏。

三、防雷元器件

1. 金属陶瓷放电管

按电极数量，金属陶瓷放电管可分为二极放电管和三极放电管，如图15.6所示。具有通流容量大、残压较低、雷击后使回路处于断路状态的特点，起到导线间和导线对大地间的隔离作用。形成对信号设备防雷电路粗保护，但其响应速度较慢。

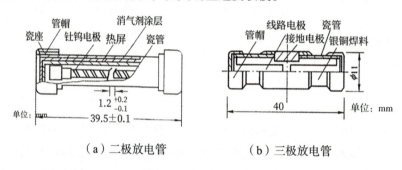

图15.6　金属陶瓷放电管

2. 氧化锌压敏电阻器

氧化锌压敏电阻器（图15.7），具有通流容量大、非线性特性好、残压较低、响应时间快及抑制过电压能力强的特点，既可作电子设备的防雷器件，也可作电磁系统的防雷器件。但可能出现短路故障，为解决短路故障问题，可采用劣化指示氧化锌压敏电阻器。

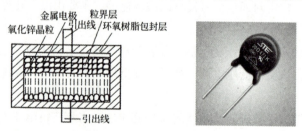

图15.7　氧化锌压敏电阻器

3. 瞬变电压抑制器

瞬变电压抑制器（图15.8），和以上两种防雷元器件相比，其瞬态功率更大，响应速度特别快，漏电流低，无损坏极限，体积小，但流通容量小，耐浪涌冲击能力较差。只能作为电子设备防雷细保护。

4. 防雷变压器

防雷变压器（图 15.9），采用静电屏蔽接地，以初、次级间串入面积足够大的金属板作屏蔽体。当雷电侵入时，初级绕组的纵向电压可通过电容耦合到次级，感应出相当高的电压。但当初级侵入的纵向雷电过电压时，只有极少部分耦合到次级。从而达到防雷的目的。

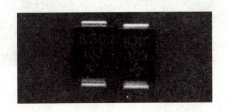

图 15.8　瞬变电压抑制器

图 15.9　防雷变压器

5. 浪涌保护器

浪涌保护器（防雷保安器）采用密封结构，由防雷元件组成。主要用于电源引入处和室内外信号传输线，对信号设备进行雷电防护。例如，轨道电路所用 FL-GD-1 型防雷保安器由压敏电阻和金属陶瓷二极放电管串联而成，可以应付频繁的动作，寿命长。

四、通信信号直击雷防护技术

直击雷防护主要指对信号楼的防护，即外部防雷。防护技术有接闪器（避雷针、避雷带、避雷网）、引下线和接地装置等，如图 15.10 所示。

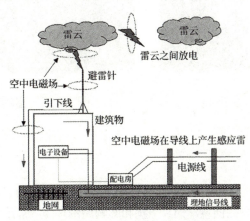

图 15.10　直击雷防护技术

1. 接闪器

接闪器有避雷针、避雷带、避雷网、避雷线等，如图 15.11 所示。接闪器利用其高出被保护的突出地位，把雷电引向自身，然后通过引下线和接地装置，把直击雷电流泄入大地，以保护信号机房建筑物免遭雷击。

（a）避雷带

（b）避雷网

图 15.11　接闪器

2. 引下线

引下线（图 15.12），上与接闪器连接，下与接地装置连接，它的作用是把接闪器截获的雷电流引至接地装置流入大地。

3. 接地装置

接地装置能把雷电流通过低电阻的接地体向大地泄放，保证信号设备正常运行，因此对接地装置可靠性有很高的要求，如图 15.13 所示。

图 15.12　引下线

图 15.13　接地装置

五、屏蔽技术

运用屏蔽技术，即可以防止外来雷电电磁脉冲能量进入屏蔽体内，避免电子设备受到干扰，也可以限制设备内部辐射的电磁能量漏出，干扰和影响周围环境。常用的屏蔽形式有以下三类。

（1）金属板式——电子设备外壳，如箱、柜。

（2）网状式——建筑物的避雷网、地网网格。

（3）金属纺织带式——电缆屏蔽层或屏蔽线。

六、共用接地技术

1. 信号机械室的接地装置

信号设备的防雷地线、安全地线和屏蔽地线、电力地线、通信地线和房屋建筑地线等。

2. 独立接地

需要接地的各系统设备分别独立地建立接地装置。

3. 共用接地

需要接地的各系统设备将地线统一接到一个地网上。

4. 等电位连接技术

为了消除雷电流引起的毁灭性电位差,将信号楼内所有不带电金属物,用电气连接的方法通过等电位箱(排)与共用接地系统连接起来,使整个信号楼成为一个良好的等电位体。

任务工单

任务名称	防雷必要性的认知	姓名	
		日期	

操作方法
生活中有用到的防雷技术。

分析故障原因	
操作中存在的问题及解决方法	
技能掌握程度	非常熟练□ 比较熟练□ 一般熟练□ 不熟练□
教师评语	
任务实施成绩	
日期	

参考文献

[1] 王瑞峰. 铁路信号运营基础 [M]. 北京：中国铁道出版社，2008.

[2] 林瑜筠. 铁路信号基础 [M]. 北京：中国铁道出版社，2006.

[3] 林瑜筠. 区间信号自动控制 [M]. 北京：中国铁道出版社，2007.

[4] 董昱. 区间信号与列车运行控制系统 [M]. 北京：中国铁道出版社，2008.

[5] 《铁道概论》编委会. 铁道概论 [M]. 北京：中国铁道出版社，2004.

[6] 王祖华，刘晓娟. 车站信号自动控制系统 [M]. 兰州：兰州大学出版社，2003.

[7] 高继祥. 铁路信号运营基础 [M]. 北京：中国铁道出版社，1998.

[8] 贾毓杰. 城市轨道交通通信与信号 [M]. 北京：机械工业出版社，2009.

[9] 王永信. 车站信号自动控制 [M]. 北京：中国铁道出版社，2007.

[10] 唐涛. 列车运行控制系统 [M]. 北京：中国铁道出版社，2012.

[11] 徐金祥. 城市轨道交通列车运行自动控制技术 [M]. 北京：中国铁道出版社，2013.

[12] 林瑜筠. 城市轨道交通联锁系统 [M]. 北京：中国铁道出版社，2013.

[13] 胡思继. 列车运行图编制理论 [M]. 北京：中国铁道出版社，2007.

[14] 候启同. 调度集中和列车调度指挥系统 [M]. 北京：中国铁道出版社，2008.

[15] 郭进. 铁路信号基础 [M]. 北京：中国铁道出版社，2010.